Paul U. Unschuld

Transition
Deutschlands Weg in eine neue Identität

1. Auflage 2019
Originalausgabe
© CYGNUS Verlag, Berlin
info@cygnusverlag.de
Gesamtherstellung: Verlagsdruckerei Schmidt, Neustadt/Aisch
Umschlagdesign unter Verwendung eines Gemäldes von
Xu Xiukai
Printed in Germany
ISBN 978-3-926936-19-6

„Jetzt muss zusammenwachsen, was bisher nicht zusammengehört hat."
    Joachim Gauck, 3. Oktober 2015

„Wer sich vorstellt, quasi als imaginierter Vertreter eines Weltbürgertums alle Grenzen des Nationalstaates hinweg zu nehmen, überfordert nicht nur die materiellen, territorialen und sozialen Möglichkeiten eines jeden Staates, sondern auch die psychischen Möglichkeiten seiner Bürger."
    Joachim Gauck, 31. Januar 2018

Inhalt

Vorwort / 7

1. Worum geht es? / 11
2. Den Adler auf der Brust, die Lippen fest verschlossen / 23
3. Werte und Gemeinschaft / 28
4. Gesellschaft und Vertrauen / 33
5. Die Türkei – zurück zur einzelnen Gemeinschaft / 37
6. EU als europaweite Vergesellschaftung / 46
7. Das Textil / 54
8. Symbole und Neutralität / 58
9. Der Nationalstaat: die Geister, die er rief / 69
10. Volksgemeinschaft, Volkskörper / 84
11. Die deutsche Einfalt / 95
12. Alternative zu Deutschland / 107
13. Sorgen – allein gelassen / 111
14. Aussteiger / 133
15. Das tut man nicht / 144
16. Die Gesellschaft der Vielfalt / 161
17. Die Herausforderungen / 174
    17.1 Europa / 181
    17.2. Souveränität / 192
    17.3 Die innere Vielfalt / 201
18. Ausblick auf Deutschland / 228
19. Ausblick auf Europa / 234

Vorwort

Familie ist der engste Zusammenhalt von Menschen; er ist naturgegeben. Gemeinschaft gründet auf gegenseitiges Vertrauen. Eine Gesellschaft ist durch den aus Vernunft erwachsenen dauerhaften Umgang mit Fremden gekennzeichnet. Was aber ist eine „Nation"? Was ist ein „Volk" innerhalb staatlich vorgegebener Grenzen? Kann ein „Volk" eine Gemeinschaft bilden? Oder ist die Bevölkerung eines Landes bestenfalls eine Gesellschaft?

Eine Familie folgt anderen Regeln als eine Gemeinschaft. Eine Gesellschaft folgt anderen Regeln als eine Gemeinschaft. Von einem „Volk" als Familie zu sprechen, würde das Bild der Familie überstrapazieren. Aber von einer „Volksgemeinschaft" ist in der Vergangenheit die Rede gewesen. Dieser Vergleich beinhaltete, mehr oder weniger explizit, den Anspruch, in einer solchen Volksgemeinschaft sei keiner dem anderen ein Fremder, in einer solchen Volksgemeinschaft existiere gegenseitiges Vertrauen und – als sichere Konsequenz – auch Solidarität.

Tatsächlich war das Bild der „Volksgemeinschaft" von Anfang an eine idealisierende Wunschvorstellung, zumindest für ein so künstliches Gebilde wie das „deutsche Volk," genauer gesagt: die Bevölkerung in Deutschland.

Die Bevölkerung in Deutschland ist eine "Gesellschaft." In Deutschland leben innerhalb geographisch bestimmter Grenzen unterschiedlichste Bevölkerungsteile, die sich vielfach einander fremd sind. Es sind Individuen, die als Familie oder Gemeinschaften seit eh und je hier leben oder aber erst vor kurzem nach Deutschland zugezogen sind. Sie sind unterschiedlichen Weltanschauungen und Kulturen verbunden. Sie sind durch eine Verfassung, durch Gesetze und aus sonstigen Gründen gezwungen, miteinander auszukommen. Dieses Miteinander-Auskommen ist ein andauernder Balanceakt. Der Blick in die eigene Geschichte und in die Vergangenheit und Gegenwart anderer Staaten zeigt, wie prekär der Zustand eines Miteinander-Auskommens stets ist und welche Gruppeninteressen ihn dauerhaft gefährden.

Dieses Buch handelt von der Belastungsprobe, der sich sowohl die Bevölkerung als auch die Politiker Deutschlands seit geraumer Zeit ausgesetzt sehen. Es geht um die Frage, wie viel Heterogenität, wie viel ethnische und kulturelle Vielfalt eine Gesellschaft verkraften kann, ohne auseinander zu brechen.

Viele Faktoren spielen hier eine entscheidende Rolle. Dazu zählt in Deutschland, vielleicht noch ein wenig mehr als in anderen Ländern, der dunkle Schatten der Geschichte, der immer noch jede gesellschaftliche Entwicklung und Entscheidung bewusst oder unbewusst beeinflusst und auf unabsehbare Zukunft beeinflussen wird.

Die Bevölkerung Deutschlands ist seit der Gründung eines Staates unter diesem Namen nicht nur kulturell sondern auch ethnisch vielfältig gewesen. Diese Vielfalt, dieses Eindrucks kann sich kaum ein Beobachter entziehen, nimmt seit einigen Jahren stetig zu. Insbesondere die Öffnung der Grenzen im Jahre 2015 hat eine Herausforderung an die Politik und jeden Einzelnen erkennbar werden lassen, sich darüber Gedanken zu machen und möglicherweise zu strukturellen Veränderungen beizutragen, die der wachsenden ethnischen und kulturellen Vielfalt gerecht werden.

Die folgenden Seiten beleuchten die neue Situation aus verschiedener Hinsicht. Der Blick richtet sich nicht nur auf die Gegenwart und die Vergangenheit Deutschlands. Deutschland liegt in Europa und die Ereignisse in Deutschland sind eng verknüpft mit dem Bemühen, Europa über die historische kulturelle Verbundenheit hinaus zu einer politischen Einheit zu führen. Damit ist auch die Einbindung nicht nur Deutschlands sondern auch Europas in globale Entwicklungen angesprochen. Die territoriale und politische Souveränität einzelner Staaten ist zunehmend internationalen und globalen Verpflichtungen und Zwängen ausgesetzt, die sich auf die innere Verfasstheit dieser Staaten auswirkt.

Der Titel des hier vorgelegten Essays lautet *Transition*. Er deutet bereits an, dass Deutschland sich in einem Übergang befindet, der nicht als Alleingang stattfindet und bewerkstelligt werden kann. Der Untertitel „Deutschland auf dem Weg in eine neue Identität" verdeutlicht noch einmal, worum es geht. Es gibt Kräfte, die an einer wie auch immer willkürlich definierten, althergebrachten Identität festhalten möchten. Für sie ist es offensichtlich, dass eine Zukunft ohne diese Identität bedrohliche Schatten voraus wirft. Es spielen in dieser Übergangsphase andere Kräfte mit, denen die Entwicklung zu mehr Vielfalt sinnvoll, erfreulich oder auch schlicht unausweichlich erscheint und die eine harmonische Zukunft erwarten, wenn man nur mit Vernunft die anstehenden Probleme angeht.

Genau hier zeigt sich ein Defizit. Eine Identität, sei es das Selbstbewusstsein eines jeden Einzelnen oder aber die Sicht einer größeren Gruppe von Menschen auf sich selbst, ist nicht allein mit Vernunft und Fakten zu erklären. Ein gefühlter Identitätsverlust berührt zutiefst die Emotionen der Beteiligten. Diese Emotionen lassen sich nicht so einfach durch Vernunft und Fakten beeinflussen und in eine von außen gewünschte Richtung lenken. Eine Argumentation, die sich über die Emotionen der Beteiligten hinwegsetzt und nur auf Vernunft und Fakten setzt, ist zum Scheitern verurteilt.

Letztlich geht es um die Frage, ob das so wichtige Vertrauen der Bürger untereinander und die vielen Menschen so wichtige Solidarität in der zunehmend heterogenen Gesellschaft erhalten bleiben werden. Oder müssen die Menschen dieses Landes Abschied nehmen von liebgewordenen Vorstellungen des Miteinanders und sich auf neue Formen gesellschaftlichen Lebens einstellen? Wie können Tradition und Wandel in Einklang gebracht werden?

Eine eindeutige Antwort auf diese Fragen wäre verfrüht. Aber die Komplexität der Herausforderung in Betracht zu ziehen, das darf von allen Beteiligten eingefordert werden.

Berlin, Januar 2019
Paul U. Unschuld

1. Worum geht es?

Im August und September 2018 erregte ein Tötungsdelikt an einem Einwohner in Chemnitz durch zwei oder drei junge Asylbewerber landesweit die Gesellschaft. Die öffentlichen Reaktionen auf diese Vorkommnisse bieten ein gutes Beispiel dafür, wie oberflächlich eine Entwicklung, die in engem Zusammenhang mit der weitgehend ungeregelten Aufnahme von Migranten seit dem Jahr 2015 steht, von Politikern und Interessengruppen aller Seiten bewertet und für ihre jeweiligen Weltanschauungen und Ziele ausgenutzt wird.

Unbestreitbar ist, dass in Städten wie Chemnitz und Frankfurt/Oder, um nur zwei Beispiele zu nennen, denen in den Medien besondere Aufmerksamkeit gewidmet wurde, jeweils zwischen eintausend und zweitausend Migranten aus dem Nahen Osten, dem Iran und Nord-Afrika leben, von denen ein sehr kleiner Teil als wiederholt straffällig und verhaltensauffällig polizeibekannt ist.

Unbestreitbar ist auch, dass die unguten Verhaltensweisen dieser vergleichsweise geringen Zahl von Migranten von einem Teil der Bevölkerung in direktem Kontakt wahrgenommen und als überaus störend und unangenehm empfunden werden. Die unbescholtene Rentnerin, die es wagt, einen jungen Mann mit offensichtlichem Migrationshintergrund darauf hinzuweisen, dass man leere Flaschen nicht einfach auf der Straße zerschellen lässt, und die dann – so ihre Schilderung – mit den Worten „Halt die Schnauze, du deutsche Sau" bedacht wird, schaut nicht darauf, dass sie nur mit einem Bruchteil der Migranten solche Erfahrungen macht. Sie vergleicht dieses Verhalten mit den Berichten in den Medien über andere Vergehen solcher Menschen und fühlt sich persönlich bedroht und verletzt.

Damit ist sie keineswegs allein, denn nicht wenige ihrer Mitbürger in Chemnitz, in Frankfurt/Oder, in Berlin und anderenorts haben ähnliche Erfahrungen gemacht, ohne dass darüber in den Medien berichtet wird. Von dieser Rentnerin und ihren Mitbürgern zu erwarten, dass sie im Sinne einer Vernunft handeln, wie es die Logik eines Universitätsseminars in den Politischen Wissenschaften verlangt und wo sie wahrscheinlich erführen, dass auch manche einheimische junge Deutsche aggressiv und verletzend auf solche Zurechtweisungen reagieren, ist schlicht realitätsfern.

Niemand nimmt die Sorgen dieser Menschen Ernst. Sie sind nicht notwendig „fremdenfeindlich" oder „ausländerfeindlich." Sie sind in erster Linie besorgt, dass eine vertraute Umgebung durch Menschen bedroht ist, die einen anderen Glauben, den Islam, und andere zwischenmenschliche Verhaltensweisen hierzulande mit Nachdruck etablieren möchten. Die etablierten Parteien scheuen sich, die Erfahrungen dieser Menschen und ihre Wünsche differenziert zu diskutieren. So ist es nicht verwunderlich, dass sich diese Menschen, ohne sich einer Neo-Nazi-Gesinnung anzunähern, auf Demonstrationen zeigen, die ihnen eine Stimme verleihen.

Schaut man nun auf die politischen Kommentare, so sieht diese Entwicklung freilich ganz anders aus. Da wird behauptet, dass Populisten durch die Lande ziehen und den Menschen eine nationalistische Fremdenfeindlichkeit einreden, denen sich rasch tausende Bürger anschließen - also in den Worten der SPD-Vorsitzenden Andrea Nahles „der rassistisch *motivierte* Mob" – die es bisher nur nicht gewagt haben, ihre (neo-)nazistische Gesinnung laut hinaus zu brüllen.

Derartige Bewertungen verkehren den Gang der Ereignisse. Sie tragen nicht zur Lösung der Probleme und zur Beruhigung der Lage bei. Im Gegenteil. Sie verhindern eine angemessene Bewältigung der Vorkommnisse.

Am 1. September 2018 bot der Deutschlandfunk ein Interview mit Esra Kücük, der neuen Leiterin der Kultur-Stiftung der Allianz in Berlin, zu der Migrationsproblematik im Allgemeinen und den Vorgängen in Chemnitz im Besonderen. Frau Kücük sprach nicht von den „Sorgen" der Menschen in Chemnitz und anderswo, sondern von den „vermeintlichen Sorgen." Als der 35-jährige Familienvater Daniel H. von Migranten aus dem Nahen Osten durch Messerstiche getötet wurde, sahen nicht wenige Chemnitzer in dieser Tat eine weitere Eskalation der Straffälligkeit von Migranten und gingen auf die Straße, um ihren Protest auszudrücken, weil von keinem der etablierten politischen Entscheidungsträger irgendwelcher Zuspruch kam. Diesen Menschen insgesamt zu unterstellen, dass sie Populisten gefolgt seien, die ihnen etwas eingeredet hätten, was in Wirklichkeit nur „vermeintlich," also bedeutungslos sei, darf man entweder als eine Unverschämtheit bezeichnen oder aber als ideologisch bedingte Blindheit der bisherigen Geschäftsführerin der Junger Islam Konferenz.

Das Interview des Radiosenders steht als ein Beispiel für eine umfassende Übereinstimmung darin, die Verantwortung und die Schuld an den Vorkommnissen einseitig deutschen Akteuren anzulasten. Welchen Anteil das Verhalten einer kleinen, aber umso auffälligeren Teilmenge der Migranten an den Ereignissen hat, das kommt in diesem Interview wie auch in der politischen Kommentierung durch die etablierten Parteien nicht zur Sprache. Jeder hat seinen eigenen Schuldigen dort gefunden, wo er seinen politischen Gegner ohnehin verortet. Ein führender FDP-Politiker sieht die Verantwortung bei der Bundeskanzlerin. Ein führender Grünen-Politiker bezichtigt den CSU-Chef Seehofer als Schuldigen. Der sächsische Ministerpräsident sieht die Ursachen gar im Verhalten des „Bundes," was immer das bedeuten soll.

So bleibt der Eindruck, dass die Vorkommnisse in Chemnitz von allen Seiten instrumentalisiert wurden. Es sind mitnichten „vermeintliche Sorgen," sondern aus realen Vorkommnissen erwachsene Sorgen, die einen Teil der Bürger antreiben. Diese Sorgen werden in der Tat von denjenigen ewig Gestrigen aufgenommen und wiederum auf einer nationalistischen Meta-Ebene vervielfältigt und dramatisiert, die hier eine weitere Chance gekommen sehen, die unumgänglichen Veränderungen, die auf die deutsche Gesellschaft zukommen, vielleicht noch aufzuhalten.

Die andere Seite, nennen wir sie pauschal „die Linken," nutzt die Ereignisse in Chemnitz und in vergleichbaren Szenarien, um pauschal von einem „Rechtsruck" der deutschen Gesellschaft zu sprechen und auf diese Weise ihre eigenen politischen Ziele zu verfolgen. Von den wenigen hundert oder gar tausend Menschen in Chemnitz, die tatsächlich einem rechtsextremistischen Block zuzuordnen sind, auf die Bevölkerung von ganz Chemnitz oder gar Sachsen, oder gar Deutschland zu schließen, wie es in der Reaktion auf die teilweise gewalttätigen Demonstrationen in der Folge des Todes des Daniel H. immer wieder zu hören war, ist genauso unbegründet, wie von den Straffälligkeiten einer kleinen Zahl von Migranten auf die Migranten insgesamt zu schließen.

Wenn das Magazin *Der Spiegel* in seiner englischsprachigen online-Nachrichtenversion als Überschrift formuliert „Return of the Ugly German," dann ist das pauschalisierend und irreführend. Eine vergleichbare Überschrift „Arrival of the Ugly Muslim" nach den Silvesternachtübergriffen in Köln würde wohl gerade von den *Spiegel*-Verantwortlichen als unzumutbar zurückgewiesen.

Als Sarah Wagenknecht, Fraktionsvorsitzende der Partei Die Linke, den Versuch andeutete, die Sorgen der Betroffenen ernst zu nehmen, wurde sie von Parteigenossen sogleich in die Riege der rechtsextremen AfD eingeordnet. Rein politisch motivierte Parteistrategie verhindert ein Bemühen um eine differenzierte Bewältigung der Situation.

So verwundert es nicht, dass für die „Linke" die Zeit zu einer Generalabrechnung mit den „Rechten" gekommen zu sein scheint. Die feine aber wichtige Unterscheidung zwischen Rechtsextremen und Rechten wird aufgelöst; es geht darum, alles zu verleumden, was angeblich „rechter" Gesinnung und Tendenzen zugeordnet werden kann. Das ist genauso unangemessen, wie die feine aber wichtige Unterscheidung zwischen Linksextremen und Linken aufzulösen und alle Linken insgesamt für die Straftaten verantwortlich zu machen, die regelmäßig von den Linksextremen verübt werden.

Horst Seehofer, Parteivorsitzender der CSU und Innenminister der Bundesrepublik Deutschland, hat sich nach den Ereignissen in Chemnitz mit der Feststellung zu Wort gemeldet, die Migration sei „die Mutter aller Probleme" in Deutschland. Das sieht mancher anders. Festzuhalten ist, dass die vergangenen vier Jahre Deutschland zunehmend in eine Identitätskrise getrieben haben, die es in diesem Ausmaß seit der Gründung der Bundesrepublik und auch im Zusammenhang mit der Wiedervereinigung nicht gegeben hat.

Hunderte Bürger standen am 5. und 6. September 2015 am Hauptbahnhof in München und hießen mit Applaus, Lebensmitteln, Kinderspielzeug und Sachspenden tausende Flüchtlinge aus Syrien willkommen. Im Oktober 2015 tauchten Gerüchte in der Presse auf, die Bundesregierung rechne mit einem Zuzug von bis zu 1,5 Millionen „Flüchtlingen" und dem Nachzug von vier bis sechs Angehörigen nach Deutschland je akzeptiertem Asylbewerber. Eine repräsentative Umfrage zu derselben Zeit ergab, dass mehr als die Hälfte der Befragten durch die Flüchtlingswelle verursacht wesentliche Veränderungen der deutschen Gesellschaft erwartet. Die *International New York Times* machte sich Gedanken, wie der Zustrom fremdkultureller Menschenströme nach Deutschland die Identität Deutschlands verändern und wie die Bevölkerung langfristig auf diese Veränderungen reagieren wird.[1] Ende November 2015 warnte der Vorsitzende des Zentralrats der Juden in Deutschland in einem Interview in der Tageszeitung *Die Welt* vor unbegrenztem Zuzug von Flüchtlingen aus Kulturen, „in denen der Hass auf Juden und die Intoleranz ein fester Bestandteil ist."

2015 erhielt ein Muslim den Friedenspreis des Deutschen Buchhandels. Ein Muslim wurde Co-Direktor der Passionsfestspiele in Oberammergau. Eine türkisch-stämmige Berlinerin mit Kopftuch erhielt von einem Berliner Gericht knapp 9000 Euro „Schmerzensgeld" zugesprochen, weil das Land Berlin ihr auf Grund des Neutralitätsgesetzes eine Stelle im Schuldienst verweigert hatte. Alsbald gingen zehntausende Ostdeutsche auf die Straße und protestierten gegen die gefühlte „Islamisierung Deutschlands". Brandanschläge wurden verübt auf Menschen, die sich aktiv gegen Rechtsradikale einsetzen. Am 13. März 2016 zog die Partei „Alternative für Deutschland" in mehrere Landesparlamente ein; in Sachsen-Anhalt erhielt sie 24% der Stimmen, nicht zuletzt auf Grund ihrer Attraktivität für Wähler, die bisher für DIE LINKE und die SPD votiert hatten. Seit 2018 ist die AfD nicht nur im Bundestag sondern auch in allen Landesparlamenten der Bundesrepublik vertreten.

Rassismus-Vorwürfe fanden sich gegen die Rentnerin, die es nicht wagte, einem Schwarzafrikaner ein Zimmer zu vermieten. Ein SPD-Mitglied und ehemaliger Politiker, der es für sinnvoll hielt, in einem Buch aus seiner Sicht unerträgliches Verhalten einiger Neubürger beim Namen zu nennen, schrieb einen Bestseller und wurde als Rassist und Sprecher der „Neuen Rechten" angegriffen.

2015 meldeten einige Zeitungen, in einigen Gemeinden seien alteingesessene Mieter von den Behörden aus ihren Wohnungen in kleinere Räume umgesiedelt worden, um

---

1   Melissa Eddy, New Arrivals in Germany challenge an identity. *International New York Times*. 7. 9.2015, S. 1.

Platz für Flüchtlinge zu schaffen. Bürgermeister mehrerer Ortschaften, in denen Flüchtlinge aus Syrien einquartiert wurden, sahen sich veranlasst, die Neuankömmlinge auf bestimmte Verhaltensregeln hinzuweisen und wurden dafür mit massiver Kritik überzogen.

Nach einem Anti-Terror-Alarm an einer Berliner Grundschule am 6. Juni 2018 beschwerten sich Eltern, dass die Durchsagen der Polizei nur auf Deutsch, nicht aber zusätzlich auch auf Türkisch und Arabisch erfolgt seien.

Worum geht es?

Wir durchleben den Übergang Deutschlands aus der Ära des Nationalstaats hin zu einer neuen politischen Struktur. Die Nationalstaaten des 19. und 20. Jahrhunderts gründeten in der Vorstellung, dass es wohl definierte „Deutsche", „Franzosen", „Schweden", „Engländer" gibt, die in ihren Grenzen leben und durch nationale Geschichte und Eigenarten verbunden sind. In den politischen Strukturen, die sich jetzt bilden, leben Menschen aus aller Welt zusammen, die nicht mehr durch historische Gemeinsamkeiten eine Identität als Volk besitzen, sondern als Individuen und Gruppen unterschiedlicher kultureller Prägung eine irgendwie geartete Einheit bilden.

Dieser Übergang, das sei hier in aller Deutlichkeit betont, ist unvermeidlich und unwiderruflich – er ist alternativlos. Ob man die damit verbundenen Veränderungen erfreulich findet oder nicht, ist jedermanns persönliche Angelegenheit. Die Abneigung gegen diesen Wandel wird erst dann zu einem öffentlichen Problem, wenn sie zu Handlungen führt, die anderen Menschen ein Leid zufügen. Es gibt keinen einzigen aus der Vernunft geborenen Grund für eine „Fremdenfeindlichkeit". Aber die Emotionen, die durch Fremdes hervorgerufen werden, sind in der Bevölkerung nicht einheitlich.

Ein Zusammenleben in einer kulturell heterogenen Gesellschaft ist vielen Menschen in Europa ungewohnt und nicht wenigen wohl auch unangenehm. Andere begrüßen diesen Wandel und halten die neuen Gegebenheiten für einen Gewinn, für eine Bereicherung des kulturellen, wirtschaftlichen und politischen Lebens. Damit ist ein wesentliches Element der folgenden Erörterung angedeutet. Es sind nicht so sehr die wissenschaftlich oder im gelehrten Diskurs relevanten Fakten, die für den alltäglichen Umgang mit den Begleiterscheinungen und den Folgen des Wandels entscheidend sind. Es sind die Emotionen, die der Wandel bei den Betroffenen auslöst. Sie entfalten sich durch die äußeren Umstände im Inneren der Menschen und kommen dann öffentlich zum Ausdruck.

So werden sie nicht selten auf die Straße getragen, sie bestimmen das Wahlverhalten, sie äußern sich in Wort- und Schrift-Beiträgen in den Medien und auch in ganz privaten Verhaltensweisen, die freilich nur gelegentlich die Aufmerksamkeit der Öffentlichkeit finden. Manche dieser Emotionen erscheinen im Zuge einer von der Vernunft geforderten *Political Correctness* als nicht wünschenswert. Ihre Skandierung im öffentlichen Raum ist von höchster politischer Instanz als eine „Schande für Deutschland" bezeichnet worden.

Dieses Buch spricht einige Aspekte der komplexen Natur des Übergangs Deutschlands in eine neue politische Realität an, für die es kein Vorbild gibt – weder die großen USA noch die kleine Schweiz taugen als solches. Das zukünftige Deutschland wird nur noch wenig gemein haben mit dem Deutschland, das sich zwei Jahrhunderte lang bemüht hat, eine deutsche Nation zu sein. Das ist nicht zuletzt an dem zunehmenden Einfluss der englischen Sprache auf die deutsche Sprache abzulesen. Eine „reine" deutsche Sprache wird es in Zukunft noch weniger geben als bisher. Deutschland öffnet sich der globalen Kommunikation; die deutsche Sprache kann sich genauso wenig abgrenzen wie die deutsche Nation. Doch nicht nur der Nationalismus ist unwiderruflich überholt, auch die demokratische Verfassung erscheint auf Grund wachsender internationaler Vernetzung zunehmend unrealistisch.

Den Übergang in die ethnisch und kulturell noch sehr viel stärker als bisher vielfältige Gesellschaft in geordnete Bahnen zu lenken, das ist Aufgabe der politischen, wirtschaftlichen und gesellschaftlichen Verantwortungsträger. Sie sind imstande, durch öffentliche Aussagen die Meinungen und Empfindungen der Menschen zu beeinflussen. Wenn man ein Defizit in der gegenwärtigen Situation benennen möchte, dann wäre das in einem Mangel an Aufklärung über die Unvermeidlichkeit der zunehmenden Einbindung eines jeden Landes, nicht nur Deutschlands, in die internationalen Netzwerke des Handels zu benennen. Deutschlands Wohlergehen hängt in erster Linie von seinen wirtschaftlichen Erfolgen im internationalen Handel ab. Es ist unrealistisch zu erwarten, dass die Grenzen für Menschen fremder Ethnien und Kulturen geschlossen bleiben können, während wir gleichzeitig unsere Produkte der gesamten Welt anbieten. Gelegentlich wird die Unvermeidlichkeit der wachsenden ethnischen und kulturellen gegenseitigen Durchdringung aller Länder in Worte gefasst, so wenn die Bundeskanzlerin von einer Politik spricht, die „alternativlos" ist. Das ist sie in der Tat. Aber die Beweisführung, die solche Aussagen unterstützt, ist auf breiter Ebene erforderlich – und hieran fehlt es.

Es sind zahlreiche Bücher und Medienereignisse, von den Talkshows im Fernsehen bis hin zu öffentlichen Reden verantwortlicher Politiker im Umlauf, die darauf angelegt sind, die Sorgen eines Teils der Bevölkerung mit Blick auf den Übergang Deutschlands in eine ungewisse Zukunft zu beschwichtigen. Aber es sind kaum seriöse Analysen vorhanden, die sich den Begleiterscheinungen und Reizen widmen, die diese Gefühle hervorrufen. Nur wenn man sich dieser Begleiterscheinungen und Reize bewusst ist, kann eine Debatte entstehen, ob sie beachtet werden müssen, ob sie abzumildern sind, ob sie erklärt werden müssen, oder ob sie ganz abgestellt werden können. Erst auf dieser Grundlage kann man möglicherweise auch die negativen Emotionen kontrollieren, die öffentlich zum Ausdruck kommen.

Die mit der Flüchtlings- und Migrantenproblematik befasste öffentliche Debatte kennt kaum Zwischentöne. Jeder scheint gefordert, sich für eine Seite deutlich zu entscheiden: für diejenigen, die im akademischen und politisch korrekten Rampenlicht stehen und jeden an der offenen Grenzpolitik und der Integrierfähigkeit hunderttausender fremdkultureller Zuwanderer Zweifelnden als Ausländerfeind und Rassisten kennzeichnen, oder für diejenigen, die sich stetig radikalisierend einem veralteten Nationalismus verpflichtet fühlen. Dass unter den Zweiflern viele wenn nicht gar die Mehrheit solche Menschen sind, die den verständlichen Wunsch hegen, auch weiterhin ein Leben führen zu können, das ihren wohlbegründeten Wertvorstellungen entspricht, findet in der medienwirksamen Auseinandersetzung nur selten Ausdruck, so etwa in einem Leserbrief in einer Berliner Tageszeitung vom 21./22. Mai 2016 als Reaktion auf einen der üblichen pauschalisierenden Berichte über die angeblich aus bestimmten Lebensläufen resultierende fremdenfeindliche Einstellung ganzer Bevölkerungsgruppen:

„Ja, ich gehöre zu den Rentnern mit dem angeblichen ‚extremen Schwarz-Weiß-Denken' und dem ‚stark materiellen Sicherheitsbedürfnis,' die als Kriegskinder Schlimmes erlebt haben. Und nein, wir waren keine Nazi-Familie, unser Opa hat keine Kriegsverbrechen in Russland begangen, er verstarb sehr früh. Ich habe keinen Hass gegenüber Flüchtlingen, die aus Kriegsgebieten unter unsäglichen Strapazen flüchten mussten. Soweit es mein Geldbeutel erlaubt, beteilige ich mich an vielen Spendenaktionen. Ich habe aber etwas gegen Zugewanderte, die ständig herummotzen, die mit ihren kriminellen Familien ganze Stadtviertel beherrschen, die nur fordern, sich ständig als Opfer fühlen und die uns ihre Religion überstülpen wollen. Ich mag keine Einwanderer, die es nur auf unsere Sozialleistungen abgesehen haben, die unsere Kultur, unsere Werte verachten, die junge Frauen begrapschen und unsere Polizisten verprügeln. Und ich mag keine Experten, die nicht den Mut haben, die wirklichen Ursachen für die Erfolge der AfD zu benennen, die gegen Ostdeutsche und ehemalige deutsche Heimatvertriebene hetzen und kritische Bürger als Flüchtlingshasser verunglimpfen."[2]

In der hier vorgelegten Betrachtung stehen daher nicht intellektuelle Analysen, die in kleinen akademischen Zirkeln die Problematik von Migration und gesellschaftlichem Wandel erläutern, im Vordergrund. Vielmehr sollen die Emotionen gegenüber diesem gesellschaftlichen Wandel deutlich werden, die aus historischen Gegebenheiten, dem Festhaltenwollen an langfristigen Gewohnheiten und nicht zuletzt aus den Informationen entstehen können, die in den täglichen Medien der Bevölkerung dargeboten werden.

Deutschland steht vor drei gewaltigen Herausforderungen: Das ist die zunehmende innere ethnische und kulturelle Vielfalt. Das ist die Integration Europas, in dem nun Länder unterschiedlicher, historisch bedingter innerer Verfassung eine Einheit, ja sogar eine „Gemeinschaft" bilden sollen. Da ist schließlich die Einbindung Deutschlands über Europa hinaus in ökonomische, militärische und somit politische Netzwerke, die unvermeidlich einen Souveränitätsverlust mit sich bringen. Das ist nicht etwa ein abstrakter Verlust, den man im Alltag nicht bemerkt. Im Gegenteil, der Souveränitätsverlust geht für jeden Einzelnen damit einher, immer weniger über die herkömmlichen demokratischen Regulierungsmöglichkeiten auf die Gestaltung des Alltags Einfluss nehmen zu können. Diese drei Herausforderungen sind eng miteinander verknüpft.

---

2 Leserbrief von A. Hoffmann, Berlin-Friedrichshain, *Berliner Zeitung* Nr. 117, S. 17.

Viele nachdenkliche Menschen sind bemüht, ihren Beitrag als Reaktion auf diese Herausforderungen zu leisten. Es fehlt allerdings eine politische Vision, die alle drei Herausforderungen gemeinsam benennt und zu meistern verspricht.

Die zentrale Frage, jetzt und für geraume Zeit lautet: welche Zukunft soll Deutschland haben?

Die Bundeskanzlerin hat im Jahre 2015 verkündet: „Wir schaffen das". Das mag so sein. Eine Bedingung dafür lautet, dass wir sehen, dass nicht nur die „zu kurz Gekommenen" einen Unmut bis hin zu einer Wut angesichts einiger Formen entwickeln, die der Wandel annimmt. Tatsächlich ist Unmut in offenbar allen Schichten der Bevölkerung anzutreffen; es gehen nur nicht alle Schichten der Bevölkerung auf die Straße, um ihre negativen Emotionen zu äußern. Die Beschwichtiger übersehen auf diese Weise, dass sich ein Nährboden aufbaut, der für den Missbrauch fruchtbar ist. Das hat es schon einmal gegeben; es darf nicht wieder vorkommen.

Die Bundeskanzlerin hat im Jahre 2016 verkündet: „Deutschland bleibt Deutschland." Das ist mit Sicherheit nicht so.

Welches Deutschland soll denn Deutschland bleiben? Das Deutschland von 2016 ist nicht das von 1968, und auch nicht das von 1950 oder 1933 oder gar 1870/71. Deutschland hat sich stets verändert. Es hat nicht zuletzt in den vergangenen Jahren Ballast der Vergangenheit abgeworfen, die Paragraphen 175 und 218 aus dem Strafgesetzbuch gestrichen, die Gleichberechtigung von Männern und Frauen ein gutes Stück vorangebracht, und vieles Andere mehr. Vor allem, und dem gilt dieses Essay, hat sich die Bevölkerungsstruktur so sehr geändert, dass vielleicht nicht in jedem Dorf in Niederbayern, im Steigerwald oder in der Uckermark aber doch in jeder größeren Ortschaft und in allen Städten eine Vielfalt der Menschen, ihrer Denkweisen, politischen Anschauungen und vor allem kulturellen

Orientierungen eine Wirklichkeit angenommen hat, die das Wort „Deutschland bleibt Deutschland" als das offenlegt, was es tatsächlich ist: eine Beschwörung, die Beunruhigung dämpfen soll – aber genau dazu nicht geeignet ist, weil die Menschen die tiefgreifenden Veränderungen Deutschlands wenn nicht aus eigenem Erleben, dann aus den Medien tagtäglich verspüren. Es geht nicht darum, eine Illusion aus vergangenen Zeiten zu stärken; es geht darum, sich dem Übergang mit offenen Augen zu stellen und das Beste für alle Beteiligten daraus zu machen.

2. Den Adler auf der Brust, die Lippen fest verschlossen

Wir erinnern uns an folgende Begebenheit, die sich seit Jahren vor jedem Länderspiel der Mannschaft des Deutschen Fußballbundes wiederholt. Die Spieler stehen angespannt auf dem Platz. Die Nationalhymnen werden gespielt. Die Fernsehkamera gleitet vor den Spielern entlang, die in wenigen Minuten für Deutschland Tore bei dem Gegner schießen oder im eigenen Netz verhindern sollen. Die Gesichter erscheinen in Großaufnahme. Der eine bewegt die Lippen, der andere nicht. Mit Sicherheit bewegen diejenigen ihre Lippen nicht, die im heutigen Sprachgebrauch einen Migrationshintergrund haben. Sie schauen starr nach vorne. Sind vielleicht mit ihren Gedanken bei der bevorstehenden Aufgabe. Sie wissen, dass sie von Millionen beobachtet werden. Mitsingen können sie nicht. Wie auch: „Deutschland, einig Vaterland" passt nicht. Da bleiben sie stumm – und das ist auch gut so.

Deutschland ist nicht das Vater- oder Mutterland derer, die in der Türkei, in Kroatien oder den USA geboren, oder aber von solchen Müttern und Vätern in Deutschland auf die Welt gebracht wurden, die aus allen möglichen Ländern nach Deutschland gekommen sind, hier einen deutschen Pass erworben haben, und deren Kinder nun auf die eine oder andere Weise zum Wohlstand oder aber auch, mit umsichtigem Fußballspiel, zum Wohlbehagen der Bevölkerung beitragen. Einige mögen sich nach ein, zwei Generationen tatsächlich als Deutsche fühlen. Ihr ethnischer Hintergrund mag verblassen. So ist es in den vergangenen Jahrhunderten immer wieder geschehen. Auch die Tilkowskis, die Juskowiaks und andere, die im 19. Jahrhundert aus Osteuropa nach Deutschland einwanderten, haben sich nach ein, zwei, spätestens drei Generationen hier heimisch gefühlt – als Deutsche. Und doch ist die Situation heute eine andere.

Der Optimismus, die Einwanderer nach wenigen Jahrzehnten als Deutsche integriert zu sehen, ist fragwürdig. Dafür gibt es mehrere Gründe. Da ist zum einen die Anzahl. Es sind eben nicht mehr nur Hunderttausende, die wie Ende des 19. und Anfang des 20.Jahrhunderts aus Polen in das Ruhrgebiet kamen, um dort zu arbeiten – es sind Millionen, mehrere Millionen. Die Integration kann nicht mehr so reibungslos wie früher vor sich gehen. Die Zugewanderten, und die größte Gruppe stellen bekanntlich die Türken, können sich assimilieren, können sich integrieren, können erleben, wie ihre Kinder sich mit deutschen Einheimischen verheiraten und allmählich Deutsche werden – aber das ist nicht mehr die Regel. Die große Zahl der Ankömmlinge und die unterschiedlichen Motive der Einwanderung lassen einen immer größeren Teil darauf vertrauen, dass sie in einer Parallelgesellschaft, mit oder ohne deutschen Pass, mit oder ohne deutsche Sprachkenntnisse, viele der Vorteile, und dies sind zumeist ökonomische Vorteile, genießen können, die man gemeinhin mit dem Leben in Deutschland verbindet.

Die Bildung von Parallelgesellschaften ist ohne weiteres möglich. Apothekerinnen, Ärzte, Rechtsanwälte sind Landsleute; Landsleute führen Koranschulen, Bäckereien, Lebensmittel- und Obstgeschäfte. Die Beschriftungen auf Ämtern und in vielen anderen öffentlichen Einrichtungen sind in der Sprache der zahlenmäßig größten Einwanderergruppe lesbar – wozu also muss man noch Deutsch lernen? Selbst der frühe Abbruch der Schule oder einer Lehre mangels Sprachkenntnissen und sozialer Kompetenz muss nicht in die Katastrophe führen, wie mit Sicherheit in manchem Herkunftsland. In Deutschland ist Platz und allen ist es gegeben, hier zu überleben.

Doch die Schwierigkeiten, die großen und immer noch anwachsenden Zahlen an Einwanderern und Asylbewerbern, seien es solche, die aus wirtschaftlicher Not, oder andere, die aus politischer Bedrängnis, den Weg nach Deutschland gesucht haben, nun in die deutsche Gesellschaft zu integrieren, nähren sich noch aus einem anderen Grund. Die vielen Polen, die zu Beginn des 20. Jahrhunderts in das Ruhrgebiet reisten, um dort mit harter Arbeit in den Zechen untertage ihr Geld zu verdienen, trugen keine fremdkulturelle Identität mit sich. Sie unterschieden sich nicht vom Aussehen her, und sie konnten problemlos in die katholischen Kirchen in Bochum, Dortmund oder Herne gehen, um mit den Einheimischen den Gottesdienst zu feiern.

Das bedeutete für alle sichtbar und wurde auch gar nicht hinterfragt: hier kamen Menschen, die in ihrem Alltag, ob unter der Woche oder am Sonntag, denselben Werten folgten wie die Alteingesessenen. Ihr Gott war der Gott der Einheimischen; niemand wäre auf die Idee gekommen, ihnen gesetzlich zu verbieten, für ihren „Gott" dieselbe Bezeichnung zu verwenden, die die Einheimischen für ihren Gott gebrauchten. Sie besaßen von Kindheit an gleiche Vorstellungen von Gut und Böse, von Sünde und Gottes Wohlgefallen.

Wie sie sich an die gesellschaftlichen Regeln hielten, die aus diesen Vorstellungen entsprangen, auch das entsprach weitgehend dem Verhalten der Alteingesessenen.

Das ist nun anders. Die anfangs, in den späten 1950er Jahren, zunächst noch als „Fremdarbeiter" und dann als

„Gastarbeiter" bezeichneten Italiener, Spanier, Griechen, Jugoslawen fügten sich noch in das Schema der kulturell Verwandten ein. Doch die Wirtschaft brauchte mehr Menschen und die Türen öffneten sich für die Türkei und dann den Vorderen Orient. Es kamen alle möglichen Berufsgruppen. Einige planten, für eine kurze oder längere Zeit in Deutschland zu arbeiten, Geld anzusparen und dann im Heimatland ein Haus zu bauen oder ein Geschäft zu eröffnen. Aber die Mehrzahl ist gekommen und geblieben. Das sind keineswegs allein Arbeiter, die schwere Arbeit verrichten, die Einheimische nicht ausführen wollen.

Kaufleute und Ingenieure, die sich florierende Unternehmen und Tätigkeitsfelder im Wettbewerb mit Einheimischen aufgebaut und erschlossen haben, sind in der ersten, zweiten oder folgenden Generation der Einwanderer ebenso vertreten, wie etwa Künstler und Intellektuelle, deren kluge Visionen und Ideen das kulturelle Leben bereichern. Und dennoch, wer heute noch der Meinung ist, dass alle Einheimischen nur guten Willens und freundlich genug sein müssen, damit diese neuen Mit-Bürger sich hier allesamt wohl fühlen und sich integrieren, der muss sich wohl einer blinden Naivität bezichtigen lassen. Deutschland, und auch andere europäische Staaten in ähnlicher Verfassung, stehen vor einem in Friedenszeiten nie gekannten gesellschafts-politischen Umbruch. Dieser Umbruch wird, so hat es den Anschein, bisher nicht von Voraussicht begleitet; einer Voraussicht, die sich aus ehrlicher Diskussion bereits eingetretener und noch zu erwartender Probleme ergeben könnte.

Realität ist, dass in Deutschland eine fremdkulturelle Vielfalt erwächst, die schon den Ruf nach Integration nicht nur fragwürdig erscheinen lässt. Er mag gar eine Gefahr für den gesellschaftlichen Frieden sein. Denn der Ruf nach Integration weckt Erwartungen, die nur schwer zu erfüllen sind. Die Erwartung, eine Integration sei möglich, führt dazu, dass diejenigen fremdkulturellen

Einwanderer, die ihre heimische Kultur nicht aufgeben möchten und Verhaltensweisen, Normen und auch Forderungen zur Schau tragen, die dem Gebot der Integration zuwider laufen, dass diese Menschen dann von vielen als störende Fremdkörper gering geschätzt werden.

Wohin der Fingerzeig auf diejenigen führen kann, deren Andersartigkeit sichtbar bleibt und irgendwann einmal instrumentalisiert wird, das hat die Geschichte im 19. und vor allem im 20. Jahrhundert deutlich gezeigt. Über die Jahrhunderte sind Juden in bemerkenswerter Anzahl mit einem eigenen Glauben, mit eigenen Ritualen, eigenen Sitten und einem eigenen Verständnis von Gott nach Deutschland gekommen. Sie haben ihren Gottesdienst nicht in Kirchen sondern in Synagogen gefeiert. Viele von ihnen haben sich im 18. und 19. Jahrhundert von ihrem Glauben und kulturellen Erbe losgesagt und sind Deutsche geworden – Deutsche, von denen Deutschland in Kultur, Wirtschaft, Technologie und Wissenschaft in heute kaum noch vorstellbarem Ausmaß profitieren konnte. Und doch konnte diese Gruppe als solche der Ausgrenzung nicht entkommen, als ewig Fremde nicht nur gebrandmarkt, sondern schließlich der Vernichtung zugeführt zu werden.

Tatsächlich zählten zu denen, die dieser Vernichtung zum Opfer fielen, ungezählte, die sich gar nicht mehr ihrer angeblichen Andersartigkeit bewusst waren und die erst durch die Gesetze der Vernichter von ihrer angeblichen Andersartigkeit erfuhren. Gegenkräfte gab es durchaus. Sie waren einfach nicht stark genug und konnten sich das Ausmaß der schließlichen Bereitschaft einer Mehrzahl der Mitbürgerinnen und Mitbürger und die konkrete Vorgehensweise der Vollstrecker, den „Volkskörper" von dem Andersartigen wieder zu „säubern", wohl zumeist auch nicht vorstellen. Weder gestern, noch heute und in ferner Zukunft wird die Vernichtung eines Teils der deutschen Bevölkerung (und über Deutschland hinaus) je mit irgendeiner dem Verstand nachvollziehbaren Erklärung versehen werden können. Wie deutsche Geistesgrößen, die noch heute verehrt und bewundert werden, von Martin Luther (1459 – 1530) bis Richard Wagner (1813 – 1883), ihrer Judenfeindschaft freimütig Ausdruck gaben, das lässt sich nicht verstehen, auch nicht durch Hinweise auf den jeweiligen „Zeitgeist" – es sei denn, man versucht eine Motivation in den Gefühlen zu ergründen, die sich jeder Vernunft entziehen.

Die Bevölkerung Deutschlands hat in den vergangenen Jahren, sicherlich auf Grund des anhaltenden Bewusstseins um die Verbrechen der 1930er und 1940er Jahre eine bemerkenswerte Resistenz gegenüber denjenigen Kräften gezeigt, die die Gefühle der Menschen für solche politische Zwecke beeinflussen wollen, die einem friedlichen Zusammenleben entgegenstehen. Diejenigen Parteien, die sich solchen Zielen verschrieben haben, konnten bislang bestenfalls kurze Strohfeuer entfachen und sind dann wieder in der Bedeutungslosigkeit verschwunden. Die Stabilität, die sich daraus ablesen lässt, ist bemerkenswert. Doch das periodische Aufflackern der Strohfeuer lässt auch erahnen, dass ein emotionales Potential für größere Brände vorhanden ist – sobald die geeignete Lunte gelegt wird. Es wird an dem gesellschaftspolitischen Umgang mit dem Übergang Deutschlands in eine neuartige politische Struktur einer bislang nie gekannten kulturellen Vielfalt liegen, ob die Lunte nicht nur gelegt, sondern auch gezündet werden wird.

3. Werte und Gemeinschaft

Das Zusammenleben in der modernen Gesellschaft eines Industriestaates wie Deutschland vollzieht sich heute in weitgehend friedlichen und reibungslosen Bahnen.

Möglich geworden ist dies durch organisatorische Strukturen, die sich im Laufe der Jahrhunderte, ja sogar der Jahrtausende allmählich herausgebildet und als nützlich erwiesen haben. Sie bestimmen die kulturellen Eigenarten, die sich in Staaten wie Deutschland, Frankreich, Spanien, oder Schweden entwickelt haben. Zunächst als Notwendigkeit des Überlebens, abhängig von der Besonderheit des Klimas, der Verfügbarkeit von Tieren, dem Reichtum der Flüsse, Seen, Meere, der Beschaffenheit des Bodens in der Tiefebene oder im Gebirge, im Walde oder in der Steppe. Und weiter als Notwendigkeiten des sozialen Lebens in Architektur, Musik, den Bildenden Künsten und der Sprache, der Literatur.

Dem einzelnen Menschen, der freiwillig oder gezwungen sein Leben aus einem Land in ein anderes, von einem Kontinent in einen anderen verlegt, gelang es früher und auch heute aus einer organisatorischen Struktur in eine andere hinüber zu wechseln. Er wird sich den neuen Umständen anpassen und sich irgendwann auch heimisch fühlen. Je größer allerdings eine Menschengruppe ist, die sich geschlossen aus einer herkömmlichen Sozialkultur in eine andere, ihr fremde begibt, umso schwieriger wird der Übergang sein. Die alten Regeln des Miteinanders lassen sich von einzelnen Menschen ablegen. Sie haften einer Gruppe umso stärker an, je mehr Mitglieder sie hat. Je größer ihre Anzahl desto mehr trägt die Gruppe die herkömmlichen Strukturen mit sich. Letztlich sind diese Strukturen der organisatorische Ausdruck von Grundwerten, die sich in der Auseinandersetzung mit der Natur und im Umgang mit anderen Menschen herausgebildet haben.

Es waren kleine Gemeinschaften mit vielleicht 60-70 Personen wie sie heute noch in Australien existieren, die in großer bis zu hunderten von Kilometern weiter Entfernung zur nächsten Gemeinschaft lebten. So groß musste der Radius sein, um aus der kargen Natur genügend Lebensmittel zu gewinnen. Isoliert waren diese Gemeinschaften nicht. Dort, wo sich ein Fenster in ihre Lebenswelten öffnet, zeigen sich bereits früh weiträumige Verbindungen. Waren, wie Salz und Werkzeuge, die aus einem nur lokal vorhandenen Naturstoff gefertigt werden konnten, fanden den Weg über weite Entfernungen. Der Austausch verlangte sprachliche Verständigung. Bis in die jüngste Zeit und Gegenwart beherrschten die Mitglieder einer solchen Gemeinschaft neben der Sprache des eigenen Clans noch mehrere andere Sprachen, die ihnen den regelmäßigen Kontakt mit den entfernt lebenden Nachbarn ermöglichten. Sollte er über lange Zeiten geordnet ablaufen, dann standen Leistung und Gegenleistung, Geben und Nehmen in einem komplexen Verhältnis zueinander.

Es entstanden Normen, die nicht allein innerhalb der eigenen Gemeinschaft die Partnersuche, den Umgang mit Jungen und Alten und die Übertragung von hierarchischer Herrschaftsmacht bis hin zum Konsum des an Lebensmitteln Verfügbaren regelten. Die Bildung von organisatorischen Strukturen, also einer Kultur, die das Überleben sicherte und das einigermaßen friedliche Miteinander von Generation zu Generation ermöglichte, erforderte eine Intelligenz für das Erforderliche und das Mögliche, die dem Beobachter aus dem „aufgeklärten" Europa lange Zeit verborgen blieb.

Ferdinand Tönnies hat in seinem Werk *Gemeinschaft und Gesellschaft* im Jahre 1887 als erster eingehend das Wesen solcher sozialen Verbünde als „Gemeinschaft" und die daraus später hervorgegangene Struktur der „Gesellschaft" beschrieben. Eine Gemeinschaft, so seine Definition, kann eine Gemeinschaft des Blutes, also von Verwandten sein. Es kann eine Gemeinschaft des Ortes sein, also in enger Nachbarschaft Lebender, und es kann eine Gemeinschaft des Geistes sein, also derer, die weder verwandt sind noch nahe beieinander leben, aber sich dennoch in Freundschaft verbunden fühlen. Hier sollen nur die beiden ersten Arten, verwandtschaftliche- und nachbarliche Gemeinschaften, betrachtet werden.

In der familiären Clan-Struktur und auch dort, wo mehrere Familien oder Clans eine Gemeinschaft bildeten, kannte jeder jeden. Jedem war bewusst, wie er sich in einer bestimmten Situation zu verhalten hatte. Um zu überleben bildeten sich Normen des guten Verhaltens und Tabus des gefährlichen, also schlechten Verhaltens heraus. In diesen Normen und Verboten äußerten sich die Grundwerte der Gemeinschaft. Wer gegen die Werte verstieß, dem war bewusst, dass er Bestrafung zu erwarten hatte, entweder von einem Clan-Chef, mit entsprechenden Machtbefugnissen, oder von einer Clan-Versammlung.

So fanden es die europäischen Siedler, als sie in Nord-Amerika nach Westen vordrangen, noch bei den Ojibwe-Indianern im Nordwesten vor. Der Fortbestand ihrer Gemeinschaft beruhte auf drei Säulen: Gleichbesitz, Nicht-Aggressivität und Vorgaben für die Partnerwahl zwischen den einzelnen Totem-Gruppen. Wer gegen diese Werte verstieß, musste sein Vergehen vor der Stammesversammlung von Alt und Jung im Sinne eines sündhaften Verhaltens offen darlegen und dort auch die Strafe empfangen. Auf diese Weise wussten schon die kleinen Kinder, die an diesen Versammlungen teilnahmen, welche Verhaltensweisen gefragt und welche geächtet waren.

Im Vordergrund stand der gemeinsame Zugriff auf die Ressourcen der Natur, sei es zu Lande oder zu Wasser; Privatbesitz war hier unbekannt. Die aus der Natur gewonnenen Lebensmittel wurden geteilt. Das Wirtschaften war arbeitsteilig, Frauen und Männer gingen getrennten Aufgaben nach; den Alten und den Jungen kamen unterschiedliche Pflichten zu. Die Ergebnisse allen Wirkens sollten allen gleichermaßen zu Gute kommen. Solch egalitärer Anspruch stieß freilich immer dann an seine Grenzen, wenn der Kräftigere, der Klügere, der Ehrgeizigere mehr ansammeln konnte als der geistig oder körperlich Schwächere.

Die Ojibwe begegneten der steten Gefahr, dass solcher Mehrbesitz langfristig zu Ungleichheiten führen könnte, in ähnlicher Weise, wie andere vormoderne Gemeinschaften nicht nur auf dem nordamerikanischen Kontinent. Nach der Erntezeit begann der verbindliche Wettstreit der Schenker. Jeder schenkte der Gemeinschaft so viel von den geernteten Ressourcen, wie er konnte, und wer am meisten geschenkt hatte, der erhielt für das kommende Jahr befristet eine vorrangige Herrschaftsstellung. Im nächsten Herbst endete dieser Vorrang und wieder entschied der Wettstreit der Schenker über die Hierarchie der nächsten zwölf Monate. So wurde Jahr für Jahr materieller – und damit möglicherweise langfristig anhaltender Vorteil – in immateriellen und zum Jahresende wieder vergänglichen Vorteil umgewandelt.

Die Kultur der Ojibwe war in dem Moment zum Untergang bestimmt, als Europäer ihnen die Vorteile des individuellen Besitz- und Gewinnstrebens darlegten; als sie die Ojibwe darüber aufklärten, dass es keine Sünde ist, sich eine Frau eigener Wahl ohne Rücksicht auf die komplizierten Clanstrukturen zu nehmen; und dass ein gehöriges Maß an Aggressivität im Sinne einer Konkurrenz durchaus sinnvoll sei.

An manchen Orten der Welt konnten kleinere Stammesgemeinschaften bis in die jüngere Zeit ihre traditionalen Lebensweisen bewahren. Die allgemeine Entwicklung verlangte jedoch nach größeren Verbünden, und bewirkte damit den Übergang von der Gemeinschaft zur Gesellschaft.

4. Gesellschaft und Vertrauen

Ferdinand Tönnies erklärt Gesellschaft mit dem dauerhaften Umgang zwischen Fremden innerhalb eines Siedlungsgebiets.

„Gesellschaft ist der Verbund von Menschen, die voneinander wesentlich getrennt sind, während sie in der Gemeinschaft wesentlich miteinander verbunden waren. Handlungen in einer Gesellschaft erfolgen daher nicht im Hinblick auf eine vorhandene Einheit oder ein Gemeinwohl, sondern entspringen dem je eigennützigen Einzelwillen. Tut jemand etwas für einen anderen, so verlangt er dafür eine Gegenleistung".[3]

Eine der einschneidenden Veränderungen, die den Übergang von der Gemeinschaft zur Gesellschaft begleiteten, war die Ergänzung des in der Gemeinschaft auch weiterhin geübten Teilens des Erwirtschafteten durch den Austausch der Überschüsse zwischen den verschiedenen Gruppen in der Gesellschaft. Neue Konzepte wie Kauf und Vertrag gewannen an Bedeutung.

„Der einigende Wille im Tausch heißt Kontrakt und ist der Überschneidungspunkt zweier Einzelwillen. Im Kontrakt wird von beiden Seiten ein Versprechen gegeben, dass gleich oder zu einem späteren Zeitpunkt Waren ausgetauscht werden. Der Kontrakt gibt also das Wort statt der Ware. .. Ein besonderer Kontrakt ist jener, in dem eine Seite die Ware abgibt, ohne zunächst Geld dafür zu nehmen: der Kredit."[4]

Der Übergang von der Gemeinschaft zur Gesellschaft verlief keinesfalls glatt und reibungslos. Hier zeigte sich eine Kluft im gegenseitigen Miteinander, die geschlossen werden musste. Leben konnte man miteinander nur, wenn man sich wie auch in der Gemeinschaft vertraute.

---

3   Ferdinand Tönnies, *Gemeinschaft und Gesellschaft*, 1887, §19.

4   Ebenda, §22.

Die Bezeichnung „Kredit" sagt genau aus, worum es geht: Ohne gegenseitiges Vertrauen kann kein geordnetes Miteinander der Menschen von Dauer sein.

Kern des Vertrauens ist in der Regel die Familie. Auch in der Familie ist Mord und Totschlag, Verrat und Hintergehen möglich. Doch in den allermeisten Kulturen steht die Familie zusammen; sie ist gezwungen, zusammenzuhalten. Das muss nicht Vater-Mutter-Kinder sein; das können auch andere, unterschiedliche Familienstrukturen sein, denen jedoch allen eines gemeinsam ist: sie sind zuständig für die Fortpflanzung und vererben einen Generationenvertrag. Die Älteren ziehen die Jüngeren auf, bis sie stark genug sind, selbst wieder Jüngere zur Welt zu bringen und aufzuziehen.

Die Jüngeren danken es den Älteren, in dem sie sie pflegen und nähren, wenn die Zeit der Schwächung gekommen ist. Es gibt Ausnahmen, in denen die Älteren früher aus dem Dasein gedrängt werden, als vielleicht die Biologie es fordert, und die Verpflichtungen der Jüngeren gegenüber den Älteren können die unterschiedlichsten Formen annehmen. Aber im Mittelpunkt des familiären Zusammenhalts, wie auch immer er im Detail in den verschiedenen Kulturen organisiert sein mag, steht das Vertrauen. Man schläft zusammen, man isst zusammen und kann nicht jedes mal prüfen, ob das Essen vergiftet und der einzelne Schlafplatz vor Eindringlingen gesichert ist. Vor allem muss der Einzelne nicht horten und sein Eigentum vor den anderen schützen. Alle haben Anteil an allem. Denn die Familie ist auf Vertrauen aufgebaut und ohne dieses Grundvertrauen ist die Fortdauer der Generationen nicht gewährleistet.

Dass der Generationenvertrag keine Selbstverständlichkeit ist, zumal in komplexeren Gesellschaften, mag das Beispiel Chinas zeigen. Vor mehr als zwei Jahrtausenden in einer Zeit des „Jeder-gegen-Jeden", in der jahrhundertelangen Periode der "Kämpfenden Reiche" vor der Reichseinigung im Jahre 221 v. Chr. war auch die Familie kein Garant mehr für Sicherheit und Vertrauen. Der Konfuzianismus sah es daher als dringend notwendig an, die Beziehungen in der Familie durch ein enges Netz gegenseitiger Verpflichtungen und somit Erwartungen zu stabilisieren. Erst diese Stabilisierung vermittelte eine Gewissheit der gegenseitigen Abhängigkeit und aus dieser gegenseitigen Abhängigkeit erwuchs eine Gewissheit des zu erwartenden Handelns eines jeden anderen Familienmitglieds, und diese Gewissheit schließlich bildete die Grundlage des Vertrauens.

China ist wohl die älteste Kultur, die dem heutigen Betrachter ein recht genaues Bild von den Verhältnissen einer Gesellschaft vermittelt, die als Mischkultur aus unzähligen Gemeinschaften erwachsen war. Die schwierige Aufgabe in der frühen Bildungsphase einer Gesellschaft bestand darin, die Vertrauenskluft zu überbrücken zwischen den nun zum Zusammenleben vereinten Gemeinschaften. Das mögen Familienverbünde, mit hunderten Mitgliedern gewesen sein oder größere Einheiten mit tausenden von Angehörigen, die sich bereits unter dem Schirm eigener verbindlicher Normen vereint hatten und nun mit denen in engem Kontakt lebten, die ähnliche, andere oder sehr unterschiedliche Grundwerte mit einbrachten.

Wenn Menschen als Familie oder Familienverbund zusammen leben, dann ist der Austausch von Gütern gegen Güter, von hilfreicher Handlung gegen einen Wertgegenstand, oder sonstiger Dinge und Tätigkeiten, die der eine gibt und für die er eine Gegengabe erwartet, informell geregelt. Jeder weiß, wer wem gegeben hat, und was der Empfänger schuldet. Und wenn der Empfänger seiner Pflicht zur Gegengabe nicht nachkommt, hat das für ihn unausweichliche Folgen. Jeder weiß, was auf ihn zukommt, wenn er das Vertrauen verletzt.

Das ist nicht so im Umgang mit Fremden. Auch hier findet ein Austausch von Gütern, Wissen, Handlungen statt, aber der Empfangende kann sich seinen Verpflichtungen entziehen, ohne Folgen befürchten zu müssen. Er kann sich in seine Region, in seinen Clan, in seine Familie zurückziehen ohne dort eine Strafe befürchten zu müssen. Das ist dann ein Raub, und nicht selten waren die Beziehungen benachbarter Stämme oder Völker durch solche Raubzüge gekennzeichnet. Überall dort, wo sich die Erkenntnis durchsetzte, dass letztlich beide Seiten davon profitieren, wenn Gabe mit Gegengabe vergolten wird, ohne dass die Gegengabe mit Gewalt eingefordert werden muss, bestand die Aufgabe darin, das notwendige Vertrauen zu schaffen.

Der Vertrag ist nichts wert, wenn es keine Instanz gibt, die seine Durchsetzung ohne Bevorzugung der einen oder anderen Vertragsparteien garantiert. Nur wo eine solche Instanz existiert, die das Vertrauen auf Unparteilichkeit aller genießt, kann auch ein Vertrauen zwischen den Mitgliedern verschiedener Gemeinschaften entstehen. Es sind Gemeinschaften, die den Austausch ihrer Güter nicht nur im gleichzeitigen Geben und Nehmen mit der linken und der rechten Hand üben, sondern in komplizierteren Handelsbeziehungen, die immer auch eine Vorleistung einer der beiden Seiten bedingen. Die Lösung lag in der Schaffung von Autoritäten, die gleichsam über den beteiligten, von einander durch Misstrauen getrennten Parteien standen. Es war die Gründung des Staates mit seinen Behörden und Institutionen, die vermittelnd wirkte. Der Staat gründet auf Institutionen, die sich als neutrale, unparteiische Vermittler für die Rechte aller Beteiligten einsetzen. Das Justizwesen, die Banken, Polizei, die Regierung sollten in einer wohl organisierten Gesellschaft das Vertrauen aller genießen und über den Partikularinteressen der einzelnen Gemeinschaften stehen, die als Verbund die Gesellschaft bilden. Der Blick auf viele Gesellschaften der Gegenwart zeigt, dass die realen Strukturen allzu oft nicht diesen Grundbedingungen einer Gesellschaft entsprechen.

5. Die Türkei – zurück zur einzelnen Gemeinschaft

Ein naheliegendes Beispiel ist die moderne Türkei, die als Republik im Jahre 1923 gegründet wurde. Das Gebiet der heutigen Türkei war vor einem Jahrtausend ein rein christlicher Siedlungsraum. Die Eroberung Konstantinopels am 29. Mai 1453 besiegelte das Ende des Byzantinischen Reiches und war der Beginn der Islamisierung der fortan von den Türken beherrschten Regionen. Das Osmanische Reich räumte allerdings selbst in seiner Endzeit im 19. Jahrhundert den christlichen Minderheiten gegenüber immer noch weitere Rechte und Möglichkeiten der Religionsausübung ein als der moderne türkische Staat zu Beginn des 21. Jahrhunderts. Noch um die Jahrhundertwende zum 20. Jahrhundert lebten auf dem Gebiet der heutigen Türkei mehr als zwei Millionen Christen. Doch schon zur Mitte des 19. Jahrhunderts entwickelten sich religiöse islamistische und nationalistische Bestrebungen, die gesellschaftliche Vielfalt im Sinne einer rein islamistisch-sunnitischen Gemeinschaft umzuformen.

Eine Kette an umfangreichen Mord- und Vertreibungsaktionen setzte in der Mitte des 19. Jahrhunderts ein. Im Jahre 1843 wurden durch den kurdischen Stammesführer Bedirxan Beg bei Massakern mindestens 10.000 Armenier und Bergnestorianer in Aşita (Hoşut) im Sandschak Hakkâri ermordet. Frauen und Kinder wurden z. T. in die Sklaverei verkauft. Das mal mehr, mal weniger ausgesprochene Ziel der Völkermorde, Vertreibungen und auf sonstige Weise verwirklichten „Säuberungen" war es, ein Territorium unter die Kontrolle oder Herrschaft allein einer Ethnie oder einer religiösen Wertegemeinschaft zu zwingen, und somit das Rad der Geschichte zurück zu drehen. Ziel war es ebenso wie im Deutschland der ersten Hälfte des 20. Jahrhunderts, aus der Vielfalt einer Gesellschaft in die Einfalt der einen Weltanschauung, des einen Glaubens, der einen Ethnie zurück zu kehren.

Die islamistisch-nationalistischen Säuberungsaktionen zählen zu den im Rückblick schrecklichsten und im Sinne ihrer Anstifter „erfolgreichsten" jener etwa einhundert Jahre. Bereits zwischen 1894 und 1896 wurden armenische Christen in größerem Ausmaß ermordet. Die Schätzungen gehen naturgemäß weit auseinander, aber die Zahlen von mindestens 80 000 Getöteten bis 300 000 sprechen für sich. Als sich die Pogrome über die Armenier hinaus auf Christen insgesamt ausweiteten, fielen den Aktionen auch die Assyrer zum Opfer; die Schätzungen sprechen von bis zu 25 000 Opfern. Im Jahre 1909 dienten wiederum armenische Christen als Zielscheiben der islamistischen Mord-Aktionen mit geschätzten 30 000 Opfern.

Die Kolonialtruppen des Kaiserlichen Deutschlands eröffneten in den Jahren 1904/1905 die Reihe der Völkermorde des 20. Jahrhunderts mit der Vernichtung von etwa 80 000 Angehörigen des Herero-Volkes und 10 000 Angehörigen des Volks der Nama. Anschließend fand die unter der Bezeichnung „Völkermord an den Armeniern" bekannte umfangreichste „Säuberungsaktion" auf dem Gebiet der heutigen Türkei zwischen 1915 und 1917 statt, als mindestens 300 000 bis möglicherweise 1,5 Millionen armenische Christen ermordet und vertrieben wurden; der Rest schrumpfte auf kaum 100 000 Überlebende zusammen.[5] Ähnliches Schicksal wurde den Aramäern und Pontosgriechen zuteil.

Das Ausmaß des im Namen Deutschlands von den Nationalsozialistinnen und Nationalsozialisten und ihren Helferinnen und Helfern weit über die Grenzen Deutschlands hinaus verursachten Holocausts mag im allergröß-

---

5   Rolf Hosfeld: *Tod in der Wüste. Der Völkermord an den Armeniern*, C. H. Beck. München, 2. Auflage, 2015.

ten Teil der deutschen Bevölkerung für viele Jahre und Jahrzehnte die Sehnsucht nach dem „reinen Volkskörper" erstickt haben. Da die Schuld an jener Katastrophe einzig bei deutschen Politikern, Teilen der kulturellen Elite Deutschlands und den ihnen ergebenen Bevölkerungsmassen liegt, sahen sich andere europäische und mehr noch nicht-europäische Staaten nicht veranlasst, ähnlich tiefgreifend umzudenken. Ethnische und religiös motivierte Morde und Vertreibungen hat es seitdem an vielen Orten gegeben. Sie sind heutzutage in aller Bewusstsein.

Die Türkei bildet hier keine Ausnahme. Noch 1955 sahen sich Tausende von Griechen nach einem Pogrom mit 30 Todesopfern in Istanbul gezwungen, das Land zu verlassen. In der Nacht vom 6. zum 7. September 1955 erreichte die anti-griechische Stimmung ihren Höhepunkt. Vergleiche zu der Reichspogromnacht in Deutschland im Jahre 1938 drängen sich auf. Nachdem in sorgfältiger Vorbereitung alle türkischen Geschäfte als solche markiert waren, konnte sich der Mob in einer im Nachhinein als türkische „Kristallnacht" bekannten Orgie an den Geschäften, Kirchen, Friedhöfen und Schulen der Griechen austoben – angestachelt durch eine Kampagne der Regierung, die den Griechen die Schuld an der angeblichen Schändung des Geburtshauses von Atatürk in Thessaloniki zuschob. Nicht nur die griechisch-orthodoxe Minderheit, auch die türkischen Juden und Armenier wurden zu Leidtragenden dieser Verbrechen.

In den 1960er Jahren setzte sich die Vertreibung der Griechen fort, diesmal als angeblich Mitschuldige an der Zypernkrise. 1962 wurde der Gebrauch der griechischen Sprache auf der Straße verboten – eine Kulturgeschichte von 2000 Jahren fand so ein gewaltsames Ende. 1963 – auch hier bieten sich Vergleiche zu Vorgehensweise während der NS-Zeit an – folgte die Kampagne „Der Türke kauft beim Türken." Schilder mit der Aufschrift „Kauft nicht bei griechischen Händlern" lagen in den türkischen

Geschäften aus. 1964 kündigte die türkische Regierung den Türkisch-Griechischen Freundschaftspakt und erzwang die Auswanderung von noch einmal etwa 50 000 Griechen – jeder durfte 22 US Dollar bei sich tragen (auch hier werden Erinnerungen an Deutschland wach. Man erinnere sich: die Höchstsumme, die die deutschen Juden bei der Auswanderung mitnehmen durften, war 10 Reichsmark), und 20 kg persönliches Gepäck. Die Vertriebenen erhielten keinen Zugriff auf ihre Bankkonten und durften ihre Immobilien nicht verkaufen. Das so in den Besitz des türkischen Staates gelangte Eigentum der Griechen wurde bis heute nicht restituiert.

Der Hass der Türken zu jener Zeit auf die Griechen speiste sich aus dem Versuch der Griechen, gegen Ende des Ersten Weltkriegs aus den Wirren des zerfallenden Osmanischen Reiches eigenen Nutzen zu ziehen. Die griechische Politik hatte bekanntlich bis 1917 abgewartet, auf wessen Seite sie in den Ersten Weltkrieg eintrete, und sich dann, als sich deutlich Sieger und Verlierer abzuzeichnen begannen, für die Entente entschieden, um die Gunst der Stunde wahrzunehmen und sich die Kontrolle über die mehrheitlich von Griechen bewohnten Regionen auf dem klein-asiatischen Kontinent zu sichern. Nach anfänglichen Erfolgen in dem griechisch-türkischen Krieg von 1919 und 1920 erlitt Griechenland eine unerwartete Niederlage, nicht zuletzt auch deswegen, weil Italien seine eigenen Interessen durch die Ausdehnung Griechenlands auf das Gebiet des ehemaligen Osmanischen Reiches beeinträchtigt sah, und die Truppen Kemal Atatürks militärisch unterstützte.

Es folgte ein Friedensschluss, der auf dem Prinzip ethnisch-religiöser Einheit in den Jahren 1922/1923 einen Bevölkerungsaustausch zwischen den beiden Staaten vorsah und zu der Vertreibung von 1,2 Millionen Griechen aus der Türkei nach Griechenland, und in der Gegenrichtung zu der Vertreibung von etwa 500 000 muslimischen Türken aus griechischem Territorium in die Türkei führte. Der „Bevölkerungsaustausch" war begleitet von der Ermordung Zehntausender Griechen nach der Eroberung der von ihnen zuvor bewohnten Regionen durch die Türken, die alles daran setzten, die in einer von ihnen selbst durchgeführten Volkszählung von 1914 erwiesene griechische Bevölkerungsmehrheit auszulöschen.

Der von Atatürk 1923 ausgerufenen Türkischen Republik fehlten folglich bereits zwei der drei großen Bevölkerungsgruppen, die der ethnisch-religiösen Einheit entgegenstanden. Es blieben noch die Kurden, die immerhin als Muslime ein gewisses Bleiberecht genossen. Sie erhielten freilich keine Rechte als ethnische Minderheit, sondern wurden in der türkischen Terminologie als „Bergtürken" gewissermaßen eingemeindet, freilich unter dem Verbot, ihre eigene Sprache zu nutzen und ihre Kultur weiter zu leben. Eine vorsichtige Lockerung der türkischen Politik schien in jüngster Zeit erkennbar. Doch am 27. Juli 2015 rechtfertigte der türkische Staatspräsident die militärischen Angriffe auf Kurden-Stellungen im Nachbarland – unter Aufkündigung des bis dahin geltenden Waffenstillstands – allein mit der Begründung, die „Kurden untergraben die Einheit der Türkei".

Eine ethnisch und weltanschaulich vielfältige Türkei ist Erdogan und seinen Mitstreitern undenkbar. Es ist der den Entwicklungen in Deutschland entgegengesetzte Weg. Es wäre nicht überraschend, wenn die Argumente des Präsidenten in anderer Richtung am rechten Rand in Deutschland Anklang fänden. Die Weigerungen, wie es türkische Integrationsaktivistinnen mit Bedauern feststellen, immer größerer Anteile der hier lebenden Türken, sich in die deutsche Gesellschaft zu integrieren, lässt sich auch als ein „Untergraben der Einheit Deutschlands" bezeichnen. Freilich wird sich nur wer rückwärtsgewandt ist, und es noch für gegeben hält, eine solche „Einheit" als politisches Ziel anzustreben, den Argumenten des türkischen Präsidenten öffnen können.

Die Reinheit des nationalistisch-religiösen Selbstverständnisses der modernen Türkei baut auf diesen Grundlagen. Zwar hatte Atatürk die Republik als laizistischen Staat in der Verfassung definieren lassen, aber knapp 100 Jahre nach der Gründung dieser Republik ist das Verlangen einer überwältigenden Mehrheit der Bevölkerung nicht nur nach Fortdauer sondern sogar nach Ausweitung des nationalistisch-religiösen Einheitsgedankens ungebrochen. Die Türkei, das ist der Schluss, den der Blick auf dieses Land nahelegt, hat den Schritt in eine moderne Gesellschaft bislang nicht vollzogen, und es sind auch kaum Anzeichen erkennbar, dass sich daran etwas grundlegend ändern könnte.

Alle diese Entwicklungen sind innere Angelegenheiten der Türkei und können von außen mit Zustimmung oder Missbilligung wahrgenommen werden. Wenn die türkische Bevölkerung mehrheitlich diesen Islamisierungskurs durch die Wahl entsprechender Regierungspolitiker unterstützt, dann ist das zu akzeptieren. Bemerkenswert ist hier allerdings, und daher diese knappe Auflistung einiger ausgewählter Daten aus der jüngsten Geschichte der Türkei, dass das Bestreben, ein nationalistisch-religiös homogenes Staatsgebilde zu schaffen, in der Türkei nach wie vor höchste Priorität im Volksbewusstsein und daher auch in der staatlichen, regionalen und lokalen Politik genießt. Die politischen Aktionen der türkischen Regierungen im abgelaufenen Jahrhundert gegenüber ethnischen Minderheiten und religiös Andersgläubigen - das sind für die Einen notwendige Aktionen zur Schaffung einer rein islamischen türkischen Gesellschaft, und das sind für andere Scheußlichkeiten, die im 20. Jahrhundert einfach nicht hinnehmbar sind - seien hier aus dem Grunde angeführt, weil im Juli 2015 53% der Türken, die in die Bundesrepublik Deutschland eingewandert sind und sich an türkischen Parlamentswahlen beteiligt haben, die für diese Aktionen verantwortliche Regierung gewählt haben. Bei den Parlamentswahlen am 1. November 2017 stieg diese Zahl auf 59%. Bei der vorgezogenen Präsidenten- und Parlamentswahl am 24. Juni 2018 wurde diese Zahl noch einmal überboten: zwei Drittel der in Deutschland lebenden Wähler stimmten für Erdogan und die neue Verfassung, die ihm noch deutlich mehr Macht einräumen soll. Sie bringen damit zum Ausdruck, dass sie eine solche Politik für angemessen und wünschenswert halten. Der Glaube, dass ein Leben in Deutschland die türkischen Mitbürger allmählich auf den Wertekanon der deutschen, demokratischen Gesellschaft einstimmen wird, erweist sich zunehmend als Irrglaube. Tatsächlich verfestigt sich das Nebeneinander von Parallelgesellschaften.

Manch ein Leser der *Frankfurter Allgemeinen Zeitung* mag sich am 7. September 2015 die Augen gerieben haben.[6] Da beklagt sich Ahmet Davutoglu, ehemaliger Ministerpräsident der Türkei und Absolvent des zur Hälfte mit deutschen Lehrern ausgestatteten und von deutschen Steuerzahlern finanzierten Elite-Gymnasiums Istanbul Lisesi, über die „Errichtung einer christlichen Festung Europa" und spricht von Geschichtsvergessenheit in Hinblick auf die historischen Fakten. Eine „christliche Festung Europa", in der mehr als 10 Millionen Muslime unbehelligt leben, allerorten Moscheen eröffnen dürfen und alle Rechte genießen, die christlichen Gemeinschaften in der Türkei nicht zugestanden werden? Wahrscheinlich geht der türkische Politiker davon aus, dass „die Europäer" nicht nur die längst vergangene europäische Geschichte nicht kennen, sondern auch mit der jüngeren türkischen Geschichte keineswegs vertraut sind. Dort wird schließlich die christliche Vergangenheit weiter Bereiche des heute türkischen Territoriums geleugnet. Zielstrebig wird

---

6 Ahmet Davutoglu, Der Verlust der Unschuld. *Frankfurter Allgemeine Zeitung*. Nr. 207, 7.9.2015, S. 8.

die islamische „Festung" errichtet mit der Auslöschung auch der letzten noch verbliebenen Spuren christlicher Präsenz; all dies mit Billigung und tatkräftiger Unterstützung der politischen Kreise, die Herrn Davutoglu an die Regierung gebracht haben.

Die Frage für die nicht-türkischen Deutschen lautet: wer wird in Zukunft das Zusammenleben der nicht-islamischen Bürger Deutschlands mit den türkischen Migranten bestimmen: Die 59 % Erdogan/AKP-Wähler oder die 41% der in Deutschland lebenden Türken, die sich nicht für Erdogan und seine AKP-Islamisierungspolitik begeistern können? Im Frühjahr 2015 besuchte der türkische Staatspräsident und vormalige Vorsitzende der AKP die Bundesrepublik, um seine in Deutschland lebenden Mitbürger zur Wahl der AKP zu bewegen. Zum Auftakt der Kundgebung in der Messehalle in Rheinstetten bei Karlsruhe begrüßte Erdogan die Tausenden Türken, die gekommen waren, um ihm zu huldigen, mit den Worten: „Ihr seid für uns nicht Gastarbeiter, sondern unsere Stärke im Ausland." Die Türken in der Bundesrepublik seien „die Stimme der Nation". Die Anhänger skandierten „Wir lieben dich, Erdogan, wir sind stolz auf Dich", und auf Erdogans Aufforderung riefen sie die Formel „Eine Nation – eine Fahne – ein Vaterland – ein Staat".

Als am 17. November 2015 in allen Fußballstadien Europas die letzten Ausscheidungsspiele für die Europameisterschaft 2016 in Paris stattfanden und zugleich zahlreiche internationale Freundschaftsspiele angesetzt waren, bestand allerorten Einigkeit, die Spiele im Gedenken an die islamistischen Verbrechen in Paris nur wenige Tage zuvor mit einer Schweigeminute einzuleiten. In Istanbul war ein Spiel der Türkei gegen Griechenland angesetzt. Ein Großteil der Fans nahm die Schweigeminute wahr, um ihre Sympathie für die Schlächter von Paris zu demonstrieren. Sie sangen die Hymne der Nationalisten: „Die Märtyrer sind unsterblich; das Vaterland ist unteilbar!" Mit solchen

Bildern und Berichten in den deutschen Medien werden Gefühle nicht nur der hier lebenden Türken, sondern auch der hier lebenden Nicht-Türken angesprochen. Und diese Gefühle wirken sich aus.

Wie tiefgreifend die Distanz zwischen den einheimischen Deutschen und einer Vielzahl der in Deutschland lebenden Türken geblieben ist, zeigte sich auch Ende Mai/Anfang Juni 2016 im Vorfeld der für den 2. Juni geplanten Resolution des Deutschen Bundestags zu dem Völkermord an den Armeniern vor 100 Jahren. Zehntausende wütender E-Mails, abgesandt aus Deutschland und der Türkei, überschwemmten den Deutschen Bundestag. Tausende Türken demonstrierten auf der Straße gegen die Verabschiedung der Resolution. Mit Drohungen und Erpressungsversuchen wurde Druck nicht zuletzt auf Abgeordnete mit türkischem Migrationshintergrund ausgeübt.

Die deutsche Kultur der Selbstbesinnung und der uneingeschränkten Schuldeingeständnisse des Gesamtvolkes angesichts der Verbrechen der NS-Zeit begegnet jedem, der in Deutschland lebt, auch mehr als 70 Jahre nach Kriegsende noch tagtäglich in den Medien, im gesamten öffentlichen Leben, an ungezählten Gedenkorten, einschließlich der vielen Stolpersteine vor den ehemaligen Wohnungen der Opfer. Offenbar hat dieses kulturelle Umfeld überhaupt keinen Einfluss auf das Denken derjenigen neuen Mitbürger gehabt, die auch 100 Jahre nach den Verbrechen an den Armeniern der historischen Wahrheit nicht zu begegnen wünschen.

Man möchte meinen, sie hätten genügend Zeit und Gelegenheit gehabt, an dem Beispiel Deutschlands einzusehen, dass das Eingeständnis auch schwerster Verfehlungen nicht das Ende des Staates und der Gesellschaft ist – im Gegenteil, als Befreiung von großer Last empfunden werden kann. Aber zu dieser Art von Integration in die deutsche Kultur der kollektiven Erinnerung sind diejenigen offenbar nicht fähig, die sich auch in Deutschland an des Präsidenten Erdogans Mahnung halten, allerorten „die Stärke der Türkei" zu repräsentieren. Selbst die Beauftragte des Bundestags für Integrationsfragen, eine SPD-Politikerin türkischer Herkunft, distanzierte sich öffentlich von der Resolution.

6. EU als europaweite Vergesellschaftung

Der Weg in die Gesellschaft als politische Struktur, die das Zusammenleben von Fremden als notwendig, sinnvoll und daher wünschenswert ansieht und durch entsprechende staatliche Institutionen ordnet, wird in der Türkei nicht eingeschlagen. Auch das muss im Grunde als innerstaatliche Eigenart betrachtet werden. Dennoch ist der türkische Weg allgemein wichtig aus zumindest zwei Gründen. Da ist zum einen das von der Türkei ausgesprochene und von manchen westlichen Politikern geförderte Aufnahmeverfahren in die EU. Hier muss man sich fragen, ob die Türkei Europa-„gesellschafts"-fähig ist. Die EU ist die nach den Nationalstaaten logische nächsthöhere Ebene der Vergesellschaftung.

Nicht nur aus deutscher Sicht hat die Nationalstaatlichkeit ihre Grenzen erreicht. Die verschiedenen Stufen der Vergesellschaftung in Deutschland, ob es die Gründung des Norddeutschen Bundes war, dann die Gründung des Deutschen Reiches, waren stets notwendig, die kontinuierliche Ausweitung Existenz-sichernder Handelsbeziehungen in feste politische Strukturen einzubinden. Jede neue, höhere Ebene der Vergesellschaftung bedeutete, dass immer größere bisherige „Gemeinschaften" mit eigenem komplexem Innenleben gezwungen waren, den kontinuierlichen Umgang mit den bislang Fremden, vielleicht sogar vormals feindlich gesinnten Nachbarn als Normalität anzusehen und durch Institutionen zu stabilisieren, die über den Teil-Gemeinschaften standen. Die Veränderungen in der zweiten Hälfte des 20. Jahrhunderts in den Beziehungen zwischen den ehemaligen „Erzfeinden" Deutschland und Frankreich, von der Montan-Union bis zu einem gemeinsamen Deutsch-Französischen Bataillon sind eines der schönsten Beispiele für diese Entwicklung. Sie wurde zur Keimzelle der europäischen Einigung. Der Verlust bisheriger Souveränität war in dieser Dynamik stets inbegriffen.

Und nun die EU. Sie bildet auf europäischer Ebene die höchstmögliche Ebene der Vergesellschaftung. Die bis zu dem erfolgreichen Brexit-Referendum britischer Wähler am 23. Juni 2016 28 und in Zukunft noch 27 EU-Mitglieder nehmen auf dieser Ebene die Rolle von „Gemeinschaften" ein, die den Umgang mit den einzelnen, zuweilen höchst unterschiedlichen übrigen „Gemeinschaften", also den mehr oder weniger „Fremden", als vorteilhaft ansehen. Die enge Verbindung mit den Nachbarn ist wiederum der Ausweitung des Handels geschuldet, und – so die Erwartung – sie ist für alle Teilnehmer von Nutzen, wenn sie bereit sind, die Spielregeln zu befolgen, die der „Vergesellschaftung" bereits von der niedrigsten Ebene an zu Grunde lagen. Diese Spielregeln verlangen, dass alle Beteiligten ihre eigenen Partikularinteressen ein Stück weit zurück zu stellen und sich unter neutrale, übergeordnete Instanzen begeben, die darauf angelegt sind, das Vertrauen aller zu genießen.

Die Gründung der EU ist ungleich komplizierter als die Schaffung früherer Ebenen der Vergesellschaftung. Der Norddeutsche Bund, das Deutsche Reich - die „Gemeinschaften", die dort zusammen fanden, man denke an die Animositäten etwa zwischen Preußen und Bayern, waren nicht zu vergleichen mit der europaweiten Zusammenführung von unterschiedlichen Völkern wie der Finnen mit den Italienern, der Balten mit den Portugiesen, selbst der Deutschen mit den Franzosen. Die europäischen Nationalstaaten in eine neue, übergeordneten „Gesellschaft" zusammenzuführen ist deshalb so schwierig, weil einige Staaten intern, auf der eigenen, niederen „Gesellschafts"-Ebene, noch nicht die Stabilität im Zusammenleben ihrer eigenen Teil-„Gemeinschaften" erreicht haben. Die sollen sie aber nun auf der nächsthöheren Ebene einbringen und mittragen, auf der sie zukünftig als Nationalstaat den Status einer „Gemeinschaft" unter vielen einnehmen.

Die Situation ist insbesondere dort nicht dem Ideal nahe, wo die „Vergesellschaftung" – zumeist vor bereits Jahrhunderten – nicht durch Einsicht aller Beteiligten in das gesteigerte Gemeinwohl auf höherer Ebene zustande kam, sondern durch einseitige Machtansprüche und Herrschaftsausübung. Ein solches historisches Erbe spiegelt noch heute die Lage auf dem Balkan wider, wo noch 1995 mit dem Massenmord an 8000 bosnischen Muslimen durch bosnische Serben der jüngste Völkermord in Europa das althergebrachte Ziel einer ethnisch-religiösen Homogenität eines Territoriums angestrebt wurde. Eine harmonische Eingliederung der dort lebenden ethnischen und religiösen Gemeinschaften in ein Staatswesen, das in eine gesamteuropäische Gesellschaft überführt werden könnte, ist momentan kaum vorstellbar.

Nicht mit vergleichbar gewalttätigen Auseinandersetzungen aber ebenfalls mit enormen inneren Spannungen belastet ist die Situation in Großbritannien und Spanien. Dort sind die Wunden der Schotten und der Katalanen nie völlig verheilt, und der Drang, sich aus der „Gesellschaft" Großbritannien und Spanien zu lösen, findet immer wieder neue Anhänger.

Die Zustimmung der Bevölkerung in Großbritannien zu einem Referendum am 23. Juni 2016, die EU zu verlassen, wurde vornehmlich durch die Wähler in England entschieden; die Schotten und die Nord-Iren bewiesen in ihrem Wahlverhalten mehrheitlich ein anderes Interesse. Es mag sein, dass das Vereinigte Königreich an der Frage einer fortdauernden Zugehörigkeit zu der EU zerbricht. Den

Wunsch der Engländer und hier insbesondere der älteren Bürger, die EU zu verlassen, haben Beobachter in dem Unwillen eines Großteils der Bevölkerung begründet gesehen, eine wachsende Zahl von Fremden, in erster Linie osteuropäische Arbeitsmigranten, in ihr Land zu lassen. Die Bildung der Europäischen Union, die selbstverständlich mit der Freizügigkeit aller ihrer Bewohner einhergehen sollte, gerät hier mit der Erkenntnis einer einheimischen Bevölkerung in Konflikt, dass die nationale Eigenart, man könnte auch sagen: die ethnische und kulturelle Reinheit, über ein akzeptables Maß hinaus gefährdet ist und unwiderruflich zerstört wird. Die emotionale Belastung eines Teils der englischen Bevölkerung angesichts des Drucks, nach Millionen von Einwanderern aus den ehemaligen Kolonien nun auch hunderttausende Migranten aus (Ost-)Europa aufnehmen zu müssen, entlud sich – durchaus verknüpft mit noch weiteren Zweifeln am Sinn einer weiteren Mitgliedschaft - in dem Ausgang des Brexit-Referendums und ist ein deutlicher Hinweis darauf, wie schwierig es ist, das Ziel einer "Gesellschaft" aus den europäischen Staaten zu erschaffen.

Manch einer hätte vermuten können, dass die hohe Zahl muslimischer Bürger in Großbritannien für den Austritt aus der EU gestimmt haben, da sie mit den Grundwerten der Europäischen Union nach allen Umfragen wenig gemein haben. Das Gegenteil war der Fall. Für einen Verbleib in der EU haben prozentual weit mehr Muslime gestimmt als Angehörige christlicher Glaubensbekenntnisse.[7] Der Grund für dieses Verhalten ist aufschlussreich und verweist auf die mangelnde innerbritische Gemeinschaftsbildung der unterschiedlichen Religionsgruppie-

---

7 "58% der sich selbst als Christen bezeichnenden Wähler stimmten für den Austritt, während 70% der Muslime für einen Verbleib stimmten." Lord Ashcroft Polls. http://lordashcroftpolls.com/2016/06/how-the-united-kingdom-voted-and-why/. Abgerufen: 3. 7. 2016

rungen. Die Anführer der großen muslimischen Verbände in Großbritannien hatten ihre Mitglieder dazu aufgerufen, für einen Verbleib zu stimmen. Sie fürchteten, im Falle eines Austritts Großbritanniens aus der EU den Schutzschirm der EU zu verlieren, der sich noch immer wirksam auf die Situation fremdkultureller Einwohner in den EU-Ländern auswirkt.[8]

In der EU ist diese Dynamik der Vergesellschaftung nicht durch einseitige Machtausübung sondern durch einen freiwilligen Entschluss der beteiligten Staaten zustande gekommen. Dieser Prozess befindet sich zur Zeit noch in einer Phase, in der diejenigen Institutionen langfristig angelegt werden, die von allen Mitgliedsstaaten als neutrale Mittler und Anwälte des Gemeinwohls akzeptiert sind. Anders als im Falle des Deutschen Reiches, dessen Gründung als Zusammenschluss deutscher Kleinstaaten ein einmalig abgeschlossener Vorgang war, hat die EU seit ihrem Bestehen kontinuierlich neue Mitglieder aufgenommen, und zwar Mitglieder unterschiedlichster Eignung für eine gesamteuropäische „Vergesellschaftung." Folglich musste auch die Bildung der neutralen, übergeordneten Institutionen kontinuierlich den neuen Verhältnissen angepasst werden.

Entscheidend für das Gelingen einer Gesellschaft in diesem Sinne ist das Vertrauen in übergeordnete Institutionen. Das sind in der EU der Europäische Gerichtshof ebenso wie EuroPol, die Kommission ebenso wie die Bürokratie in Brüssel, die EZB ebenso wie das Europäische Parlament oder die gemeinsamen Streitkräfte, und andere mehr. Die im September 2015 von führenden Politikern der "Linken" initiierte Kampagne eines "zivilen Ungehor-

---

8 Sunday Express News: Leading Islamic association calls on Britain's Muslims to vote to REMAIN in EU. http://www.express.co.uk/news/uk/682335/Muslim-Association-of-Britain-Brexit-Remain-vote-EU-referendum. Abgerufen: 3.7.2016.

sams" gegenüber der Europäischen Kommission ist nur einer der vielen Hinweise darauf, dass die EU noch weit davon entfernt ist, übergeordnete Institutionen geschaffen zu haben, die von allen Beteiligten als dem Gemeinnutz dienend anerkannt werden.

Das Misstrauen, das von den europäischen Nachbarn insbesondere dem Koloss Deutschland in ihrer Mitte entgegengebracht wird, ist verständlich. Die Bilder der Vergangenheit lassen sich nicht so schnell aus den Köpfen verdrängen. Ob die Deutschen „den Italienern" und „den Griechen" vertrauen, auch das ist nicht ganz gewiss. Wolfgang Schultheiß, ein ehemaliger Botschafter Deutschlands in Griechenland, und sein Kollege im Auswärtigen Amt Ulf-Dieter Klemm, haben im Jahre 2015 einen seriösen Sammelband mit zahlreichen Beiträgen veröffentlicht, die die Ursachen des griechischen Dilemmas ausleuchten. Die dort ausgebreiteten Informationen zum Beispiel über das seit der Zugehörigkeit zum Osmanischen Reich gestörte Staatsverständnis und den lange Zeit sehr hilfreichen Klientelismus sind nicht geeignet, das Vertrauen deutscher Leser dieses Buches in die europäische Integrierbarkeit dieses Landes zu stärken.[9] Damit die Europäische Union zu einem Erfolg wird, ist nicht notwendigerweise ein Vertrauen eines jeden Mitglieds in jedes andere Mitglied erforderlich. Unabdingbar dagegen ist das Vertrauen aller „Gemeinschaften" in die Neutralität der Institutionen der „Gesellschaft" Europa.

Je besser die einzelnen Teilnehmerstaaten als Gesellschaften auf der Ebene unterhalb der EU ihre eigenen Hausaufgaben hinsichtlich der Ordnung im Zusammensein der ihnen innewohnenden Gemeinschaften erledigt haben, umso größer ist die Wahrscheinlichkeit, dass sie die Fähigkeit zu Souveränitätsaufgabe und Kompromiss auch auf die nächsthöhere Ebene mitbringen. Dass inner-

---

9   Ulf-Dieter Klemm, Wolfgang Schultheiß (Hg): *Die Krise in Griechenland*. Campus, Frankfurt/ New York.

halb eines Staates noch Aversionen zwischen einzelnen Gruppen und Ethnien bestehen, ist kaum zu vermeiden und muss den Erfolg der Vergesellschaftung zur EU nicht gefährden. Problematisch wird es dann, wenn eine nationale Regierung, gestützt auf den mehrheitlichen Wählerwillen, die Anforderungen an die Vergesellschaftung in Frage stellt.

Hier nun kommt der oben angedeutete Zustand der Türkei in den Blick. Die Türkei zeigt sich bisher nicht für die EU gesellschaftsfähig. Die von der Mehrheit der türkischen Bevölkerung legitim in demokratischen Verfahren gewählte Regierung geht den entgegengesetzten Weg zur Vergesellschaftung. Sie strebt die Schaffung einer Gemeinschaft der Islamisten an. Die Bezeichnung Islamisten ist hier gerechtfertigt, da die Politik der Durchsetzung eines Alleingeltungsanspruchs des Islam den Weg bahnt. Jedes Kind in der Türkei ist in der Schule gezwungen, am sunnitisch-islamischen Religionsunterricht teilzunehmen; eine Alternative ist nicht erlaubt.

Doch selbst wenn sich in der bisherigen EU diejenigen durchsetzen werden, die die Türkei als nicht Europa-tauglich ansehen und diesem Land die Mitgliedschaft in der EU verwehren, wird sich der innere Zustand des Landes und die Mentalität seiner Bevölkerung auch auf die innere Situation in Deutschland und in anderen Mitgliedsstaaten der EU auswirken. Der Grund liegt in der großen Anzahl von Menschen, die die islamistische Regierungspolitik in der Türkei unterstützen, die nach Deutschland einwandern und die hier in einer Weise aktiv werden, die dazu beiträgt, dass auch in Deutschland die Struktur einer „Gesellschaft" im beschriebenen Sinne beschädigt wird. Dass in deutschen Grundschulen türkische Kinder sich weigern, neben kurdischen Kindern die Schulbank zu drücken, ist zwar ein bedauerliches, aber noch nicht allzu Besorgnis erregendes Anzeichen für die überregionalen

Auswirkungen der Abgrenzungspolitik in der Türkei auf Deutschland.

Vor diesem Hintergrund verdient der Versuch einer türkisch-stämmigen Muslima in Berlin im Mai 2015 Beachtung, die für ihr juristisches Referendariat einen Antrag stellte, in eine hoheitlich tätige Behörde aufgenommen zu werden und im Dienst ihr Kopftuch zu tragen. Das wurde ihr zunächst verwehrt, weil das Berliner Neutralitätsgesetz das Tragen religiöser Symbole im Zuge einer Ausübung hoheitlicher Aufgaben nicht gestattet. Ein Kompromiss sollte es der jungen Frau ermöglichen, gleichsam ungesehen von der Öffentlichkeit Referendarstätigkeiten auszuüben, auch ohne das Kopftuch abzunehmen. In der öffentlichen Diskussion zeigte ein türkisch-stämmiger Politiker der Partei „Die LINKE" Unverständnis für die Abweisung der Frau. Er verband seine Kritik mit der Forderung, auch Gläubigen weiterer Religionen das sichtbare Tragen ihrer religiösen Symbole im hoheitlichen Bereich zu erlauben. Nach dem ein Berliner Gerichts am 8. 2. 2017 das Land Berlin zu einer Zahlung von knapp 9000 Euro „Schmerzensgeld" an eine Muslima verurteilt hatte, die wegen ihres Kopftuchs nicht zum Schuldienst zugelassen worden war, unterstützte der Berliner Justizsenator von der Partei DIE GRÜNEN diese Forderung und liess verlauten, er hoffe, dass nun das Neutralitätsgesetz insgesamt auf den Prüfstand komme.

Andere Politiker, unter anderem die Berliner Senatoren für Inneres und Schulen, beide von der SPD, zeigten Verständnis für die strikte Befolgung des Berliner Neutralitätsgesetzes. Ein Verfassungsrechtler wies auf die verschiedenen Grundrechte hin, die hier zusätzlich berührt seien, insbesondere die Freiheit der Berufswahl und die Freiheit der Religionsausübung.

Worum geht es? Zum einen um den Erhalt der „Gesellschafts"-Struktur. Sie besteht darin, dass unterschiedliche Gemeinschaften, das sind insbesondere religiöse und explizit-nichtreligiöse Gruppierungen, innerhalb eines politischen Gemeinwesens einigermaßen friedlich zusammen leben können. Da ist zum anderen die Frage, ob ein Kopftuch als religiöses Symbol mit dem christlichen Kreuz vergleichbar ist.

7. Das Textil

Vor mehr als einhundert Jahren hat Siegfried Seligmann in seinem zweibändigen Werk *Der Böse Blick* erstmals ausführlich die weltweit in vergangenen Jahrtausenden erkennbare kulturprägende Rolle von Bemühungen aufgezeigt, die vielleicht destruktivste zwischenmenschliche Emotion, das ist der Neid, in ihrer zerstörerischen Kraft zu mäßigen, wenn nicht gar völlig auszulöschen. „Der böse Blick" – *mal ojo* im Spanischen, *evil eye* im Englischen – ist in althergebrachten Vorstellungen zahlreicher Völker die Ursache für Krankheit der Frauen, der Kinder, des Viehs, ebenso wie für Unheil und Unglück, das unerklärlich und unvorhersehbar einen Menschen oder eine Familie befällt.

„Der böse Blick" geht stets von den Benachteiligten aus. Das können alle die Menschen sein, die benachteiligt auf diejenigen schauen müssen, denen es gut oder jedenfalls besser geht. Vielleicht weil sie kräftiger sind und mehr Wild erjagen oder Fische fangen konnten, weil das Stück Land, das sie bebauen etwas mehr Ernte erbringt, oder weil sie ein wenig klüger als die anderen sind und daher überdurchschnittlich viel von dem erhalten, was die Natur für alle bereit hält. Seligmann erkannte in der Vorstellung vom „Bösen Blick" die Angst vor dem Neid der Zukurzgekommenen.

Dem Neid, so Seligmann, ist keinerlei konstruktive Facette zu eigen; der Neider sieht das eigene miserable Dasein durch diejenigen bedingt, denen es besser geht, und er sinnt allein darauf, letzteren zu schaden. Die potlatch- und andere Schenkungs-Riten beispielsweise der nordamerikanischen Indianer, die dazu bestimmt waren, den Mehrbesitz innerhalb der Gemeinschaft immer wieder zu Gleichbesitz zurück zu verwandeln, bildeten die eine kulturelle Maßnahme, dem Neid zuvorzukommen. Wenn alle das Gleiche besitzen, oder jedenfalls davon ausgehen können, dass Mehrbesitz immer nur vorübergehend ist und keine Machtansprüche eines Teils der Gemeinschaft über einen anderen begründet, dann kann auch kein Neid entstehen. Aber das war nur die eine Seite: die Vorbeugung.

Der Vorbeugung des Möglichen stand die Abwehr des Faktischen gegenüber. Benachteiligte, die sich nicht in ihr Schicksal ergeben können, wird es stets geben Wie aber schützt man sich vor dem Bösen Blick des Neiders? Noch heute benutzt man im Mittelmeerraum dazu Amulette. Eine vielleicht noch wirksamere Methode ist es, den Besitz, der dem Anderen fehlt, und der dessen zerstörerischen Bösen Blick hervorrufen könnte, zu verbergen. Materielle Güter können umverteilt werden. Eine gesunde, schöne Frau und ein gesundes Kind sind nun einmal dem einen gegeben, dem anderen nicht – und dieser Vorteil wird auch auf lange Zeit bestehen bleiben. Die Frauen zu verbergen, war in traditionellen Teilhabe-Gemeinschaften ein weit verbreiteter Brauch. Sie wurden entweder gar nicht in die Öffentlichkeit gelassen oder aber so verkleidet, dass sie den Blicken eines Fremden nicht ausgesetzt waren.

Die Ganzkörperbekleidung, die so genannte Burka im Orient, ist ein Relikt aus dieser Zeit. Ihr Ursprung ist wohl kaum noch jemandem bewusst, aber die Funktion ist geblieben, nämlich die Frau den Augen der Fremden außerhalb der Familie, außerhalb der schützenden Mauern des Hauses zu entziehen. Der fundamentalistische Islam hat die Ganzkörperbekleidung für sich als Symbol identifiziert und diesen Brauch seiner ursprünglichen kulturellen Bedeutung entzogen. Übrig geblieben ist lediglich ein fragmentarisches Symbol – das Kopftuch. Wenn junge Muslimas im Internet auf die Frage, warum sie ein Kopftuch tragen, antworten, „der Kopf ist meine Intimzone", dann messen sie dem Textil eine schützende Funktion vor dem Blick fremder Männer zu.

Das Kopftuch wird innerhalb der Familie abgelegt. Es richtet sich also allein gegen fremde Blicke. Obwohl ein Kopftuch so schmückend und hübsch sein kann, dass es die Blicke geradezu auf sich zieht –betrachtet wird eben nur die Hülle und nicht das, was darunter ist.

So gesehen ist das Kopftuch heute ein ganz banales Stück Textil geworden, wie jedes andere Kleidungsstück. Das Kopftuch ist primär kein religiöses Symbol. Dass männliche Imame das auf eine harmlose Kopfbedeckung geschrumpfte ursprüngliche Kleidungsstück als religiös begründete Verpflichtung einfordern, ist unverständlich.

Auch das Christentum hat die Abwehr der vorgeblichen Lüsternheit der Männer mit dem 9. Gebot, „Du sollst nicht begehren Deines Nächsten Weib", in den Kanon seiner religiösen Verpflichtungen aufgenommen, und damit die Forderung des 6. Gebots, „Du sollst nicht ehebrechen", noch einmal ausdrücklich auf das Verhalten von Männern konzentriert. Die Schöpfer des Islams haben ihr Wissen um die Lüsternheit der Männer nicht durch den Appell in Geboten kundgetan. Sie haben sich entschieden, den Männern den Anblick auf das zu nehmen, was außereheliche Begehrlichkeiten wecken könnte.

Aber da besteht dann noch eine ernstere Perspektive, und hier kehren wir zu den Spielregeln zurück, die eine Gesellschaft von der Gemeinschaft unterscheidet. Die Gesellschaft, und wir bleiben vorerst auf der bisherigen nationalen Ebene, wird nicht bestehen können, wenn sie nicht die übergeordneten, neutralen Organe schafft oder auf Dauer beibehält.

Hier kommt nun der Widerspruch von Vernunft und Emotion zum Tragen. Man kann an die Vernunft der Bürger appellieren, dass die Neutralität auch gegeben ist, wenn sich die Handelnden der hoheitlichen Organe deutlich erkennbar zu der religiösen oder sonstigen Weltanschauung bekennen, der sie nun einmal angehören. Schließlich weiß jeder Bürger, dass jeder Funktionsträger, auch wenn er dies nicht durch offensichtliche Symbole zu erkennen gibt, irgendeine religiöse oder sonstige Weltanschauung in sich trägt und wahrscheinlich dadurch in seinen Urteilen und in seinem Handeln mehr oder weniger geleitet wird. Doch für das Empfinden derer, die hoheitliches Verhalten erdulden müssen, spielen solche Vernunftargumente möglicherweise nicht die größte Rolle. Sie sehen in den zur Schau gestellten Symbolen weniger das Individuum, das sie trägt, als die Wertorientierung, für die diese Symbole stehen. Der Sinn übergeordneter, hoheitlicher Organe, das Vertrauen aller in der Gesellschaft vereinten Gruppen zu erlangen, ist gefährdet, wenn die für diese Organe Tätigen ihre persönliche Wertorientierung offen zur Schau stellen. Sie zeigen damit an, dass sie sich nicht in erster Linie einer neutralen, übergeordneten Instanz verpflichtet fühlen, sondern ihrer persönlichen Glaubens- oder Gruppenzugehörigkeit.

Das Kopftuch ist ein Symbol, das unabhängig davon, ob eine Trägerin tatsächlich der Meinung ist, sie müsse damit ihre „Intimzone" verbergen, auf die Mitgliedschaft der Trägerin in einer Wertegemeinschaft verweist, die seit geraumer Zeit durch Aggressivität, Selbstmordanschläge, Terrorangriffe und andere Scheußlichkeiten mehr weltweit Schlagzeilen macht und ganze Regionen in Angst, Schrecken und wiederkehrende Blutbäder versetzt. Wenn am so genannten Al-Quds-Tag in Berlin Tausende auf die Straße gehen, um sich öffentlich in hasserfüllten Tiraden gegen Israel zu ergehen, da tragen die teilnehmenden Frauen ein Kopftuch. Die Gefährtinnen der IS-Mörder verstecken sich, ihrer Religion gehorchend, in der Ganzkörperverkleidung. Das Tragen eines Kopftuchs war in der Türkei zuvor verboten und ist durch die islamistische Regierung der AKP weitgehend legalisiert worden. Es sind diese Signale, die sich auf die Aversion gegen Kopftuchträgerinnen auch in Deutschland auswirken.

Man kann die Vernunft bemühen, in der Schule, in den Medien, in Sonntagsreden und darauf hinweisen, dass unter dem Kopftuch höchst unterschiedliche Charaktere und individuelle Mentalitäten vereint sind. Man kann darauf hinweisen, dass 47% der in Deutschland lebenden und an der Wahl des türkischen Parlaments teilnehmenden Türkinnen und Türken aus welchen Gründen auch immer nicht für die AKP stimmen – aber die Vernunft erreicht nur selten die Ebene der Emotionen, der Verunsicherungen, der Ängste.

8. Symbole und Neutralität

Das Kopftuch ist erkennbarer und bewusst gestalteter Ausweis einer eng definierten Wertorientierung. Die Symbolik dieses Textils ist eine gänzlich andere als die des Kreuzes, mit dem sich manche Christen sichtbar zu ihrer Religion bekennen. Es ist nicht nur der vorreligiöse kulturelle Ursprung dieses Kleidungsstücks, der es von der originär religiös verankerten Symbolik des Kreuzes unterscheidet, an dem Christus starb, und das somit unmittelbar für die im christlichen Glauben verheißene Erlösung der Menschen steht. Ein vergleichbarer Sinngehalt geht dem Kopftuch ab.

Das Kreuz ist beileibe kein unschuldiges Symbol. Es hat sich über lange Zeiten als Schwert erwiesen, an dessen Schneide das Blut ungezählter Opfer des Machtstrebens unter dem Deckmantel religiösen Sendungsbewusstseins klebt. Wichtiger aber ist, dass die schweren Verbrechen, die im Namen des christlichen Symbols weltweit verursacht worden sind, und zwar nicht nur vor knapp eintausend Jahren im Schatten der Kreuzzüge im „Heiligen Land", heutzutage und bereits seit langer Zeit ein Ende gefunden haben. Diese dunklen Seiten des Christentums sind nach zunehmend erfolgreicher Gegenwehr der säkularen Gegenkräfte – zumindest vorübergehend - durch ein Bemühen aller christlichen Kirchen ersetzt worden, sich an die humanitären Aufgaben der christlichen Botschaft zu halten. Die Medien können über Pädophilie-Skandale im Vatikan und in der deutschen Katholischen Kirche berichten und das Ansehen der Priester beschädigen, aber es gibt keinen Grund, über christliche, fundamentalistisch-kriminelle Gruppierungen zu berichten, die ähnliche Verunsicherungen und Ängste hervorrufen könnten, wie das nationalistisch-islamistische Gebaren der AKP oder die Schreckenstaten der mörderischen Banden des aus muslimischem Fundamentalismus erwachsenen Islamischen Staats. Die aber prägen die Gefühle vieler Nicht-Muslime. Ob die Trägerinnen des Kopftuchs das beabsichtigen oder nicht, das Textil ist ein Symbol, das sie mit den Exzessen verbindet. Symbole der Gemeinsamkeit entfalten immer wieder von neuem ihre Wirkung. Das ist schließlich ihr Zweck.

Manche Antisemiten und Interessenvertreter der Palästinenser stellen eine Verbindung her zwischen Kippa-Trägern und dem von Israel im Gaza-Streifen verursachten Leid mit enormen menschlichen Verlusten und materiellen Schäden einerseits und den weltweit zerstreut lebenden Juden andererseits. Dementsprechend lassen sie ihre Aversionen an Kippa-Trägern aus. Die zerstörerischen Aktivitäten der israelischen Armee in den Palästinensergebieten kann man als harte, wenn nicht gar überharte und kontraproduktive Selbstverteidigung eines Staates ansehen, der sich durch den Raketenbeschuss seiner Nachbarn verletzt und in der Existenz bedroht sieht. Im Rückblick auf eine leidvolle, jahrtausendelange Geschichte seines Volks besitzt dieser Staat erstmals die Mittel, sich seiner Feinde zu erwehren.

Zwischen den Gegenschlägen als Reaktion auf Granatenhagel und andere Terroraktivitäten aus den Nachbarländern einerseits und den Individuen fernab von Israel und dem Gaza-Streifen, die die Kippa tragen und sich somit als Juden zu erkennen geben, andererseits eine Beziehung der Gemeinsamkeit im Bösen zu erkennen, ist schon sehr weit hergeholt. Eine solche Beziehung ist dennoch Realität für diejenigen, die an dem so genannten Al-Quds Tag auf die Straße gehen, oder jüdische Individuen in Berlin oder sonstwo allein wegen der Kippa als Vertreter des Bösen identifizieren und nicht selten auch tätlich angreifen. Die Kippa gilt ihnen als Symbol der Zugehörigkeit der Träger zu der übergeordneten Macht, der ihr Hass gilt.

Die Beziehung zwischen Kopftuchträgerinnern und den täglichen Nachrichten über den Abbau von demokratischen Strukturen in dem Land, das uns von allen Staaten mit vergleichbarer Politik am nächsten liegt und in dem das Kopftuchtragen geradezu zum Symbol der Re-Islamisierung durch die AKP geworden ist, sowie die Beziehung zwischen den Kopftuchträgerinnen und den täglichen Nachrichten aus dem muslimischen Mörderstaat des IS Kalifats sind sehr viel direkter und unmittelbarer. Man kann endlos für eine Äquivalenz von Kippa, Kreuzsymbol und Kopftuch argumentieren. Diese Äquivalenz kann man auf einer oberflächlichen Ebene finden; sie ist jedoch in Wirklichkeit nicht gegeben. Das Kopftuch nimmt die Trägerin ab, sobald sie die Schwelle ihres Hauses, ihrer Wohnung übertreten hat. Die Kippa behält der Träger von morgens bis abends auf, gleich ob er sich außerhalb des Hauses oder im Familienkreis befindet. Dasselbe gilt für das Kreuz an der Halskette. Das Kopftuch hat eine völlig andere Funktion als Kippa und Kreuz. Das Kopftuch dient der Trennung ihrer Trägerinnen von anderen Menschen; die Kippa und das Kreuz dienen der Verbundenheit ihrer Träger mit Gott.

Nicht zuletzt deshalb erreichen entsprechende Appelle und Argumentationen nicht die Gefühle aller Menschen, die den Medien täglich Nachrichten über islamistische Aktionen entnehmen, die im mildesten Fall Kopfschütteln, vielfach aber blankes Entsetzen hervorrufen. Es geht um die gegenwärtige Symbolik und die von dieser Symbolik getragene Aussage, dass man einer Gruppe angehört, die Herrn Erdogan wählt, der die Demokratie schwächt und Frauen in die zweite Reihe hinter die Männer verweist.

Das Kreuz ist ein Symbol, das durchaus Außenwirkung haben soll: „Ich bin Christ!" ist seine Botschaft. Auch dem Kopftuch kommt diese Außenwirkung zu: „Ich bin Muslima!" ist seine Botschaft. Anders als das Kreuz ist das Kopftuch nur auf diese Außenwirkung ausgerichtet. Eine Christin wird nicht, wenn sie die schützenden Vier-Wände ihrer Wohnung erreicht hat, das Kreuz abnehmen und an die Wand hängen oder in die Schmuckschatulle legen. Das Kopftuch verliert seine Gültigkeit sobald die Muslima sich in ihre Familie zurück gezogen hat. Es ist daher sehr viel expliziter als Hinweis an andere Menschen konzipiert; als Ausrufezeichen der Gesinnung und der Zugehörigkeit.

Es ist nicht zu erwarten, dass eine größere Anzahl der Kopftuchträgerinnen in Deutschland, geschweige denn jede Kopftuchträgerin, glücklich über die Durchsetzung ihrer Glaubensideale aus dem Hintergrund zusieht, wie ihr IS-Kämpfermann einen Ungläubigen ans Kreuz schlägt, zwei Homosexuelle enthauptet oder sonstige Taten verursacht, die er aus seiner Religion heraus für gerechtfertigt hält. Genauso mögen die Schneiderin in Gütersloh, die Bäuerin in Niederbayern oder die Drogerieverkäuferin in Nordhorn, die die NSDAP gewählt haben und 1933, 1938, 1941 das Parteiabzeichen trugen, keineswegs schlechte Menschen gewesen sein, die an Judenmord und Vernichtungskrieg im Osten gedacht haben, oder gar sich dieser Aktivitäten bewusst waren. Sie sind dennoch Teil des Ganzen gewesen, aus dem diese Aktionen heraus erst möglich sein konnten.

Es geht also nicht um die Einzelfallprüfung, wie nahe jede einzelne Kopftuchträgerin tatsächlich den Demokratie- und Frauenrechtsfeinden der AKP oder gar den mörderischen Methoden der IS-Muslime steht. Das Kopftuch kann aber die Vermutung wecken, dass sie diesen Kräften in der muslimischen Welt näher steht als denjenigen, die die demokratisch-freiheitliche Ordnung gewahrt sehen möchten. Der Beobachter in Deutschland wird von den Medien mit Berichten versorgt über eine Entwicklung in der Türkei, deren islamistische Partei und Entdemokratisierung offenbar nicht zuletzt von den Kopftuchträgerinnen unterstützt wird. Es bleibt ihm die Ungewissheit, welche politische Macht sich hier in Deutschland bildet und welche Forderungen diese Macht dereinst erheben wird, wenn die Unterstützer Erdogans und der AKP erst einmal ausreichend an der Zahl sind, um ihre Vorstellungen wirksam durchzusetzen. Der türkische Staatspräsident hat auf seiner Wahlempfehlungsreise durch Deutschland im Frühjahr 2015 solche Unsicherheiten noch bestärkt. Er empfahl seinen Landsleuten, sich in Deutschland zu integrieren, zugleich aber auch die Werte, die Religion und die Sprache ihrer Heimat zu bewahren. „Je stärker unser Zusammenhalt in der Welt, umso stärker sind wir alle". Das klingt nach Fünfter Kolonne.

Kehren wir also zurück zu der jungen Muslima, die im Rahmen ihrer Ausbildung zur Juristin in Deutschland als Kopftuchträgerin beanspruchte, in einer hoheitlich tätigen Behörde tätig zu sein. Als sie an dem Neutralitätsgesetz des Landes Berlin scheiterte, kritisierte sie das öffentlich als Berufsverbot und unangebrachte Diskriminierung. Wir wissen nicht, ob diese Frau zu denjenigen Muslimas zählt, die das Kopftuch zum Schutz einer auf dem Kopf lokalisierten „Intimzone" tragen, oder ob sie tatsächlich der Meinung ist, mit dem Tragen dieses Textils in der Öffentlichkeit ein islamisches Glaubensbekenntnis zu demonstrieren. Festzuhalten ist, sie hat sich für ein Symbol entschieden und über alle Vernunft der Betrachter hinaus weckt dieses Symbol Emotionen, weil es auf Assoziationen verweist, die manchen Betrachtern unangenehm sind.

In einem ähnlich gelagerten Fall hatte die Bayerische Landesregierung einer Muslima untersagt, ihr juristisches Referendariat mit Kopftuch anzutreten. Ende Juni 2016 entschied das Amtsgericht Augsburg anders und erlaubte der Frau, ihr Referendariat mit Kopftuch auszuüben.

In der Gesellschaft, die sich aus verschiedenen Gemeinschaften zusammensetzt, ist die gedeihliche Ordnung nur dann gewährleistet, wenn ein Vertrauen in die übergeordneten, neutralen Institutionen, die allen gleichermaßen dienen sollen, zustande kommt. Vertrauen mag sich zu einem Teil aus Vernunftargumenten speisen; es speist sich vielleicht in noch größerem Umfang aus Zuversichten und Ängsten, aus Gefühlen von Sicherheit oder Unsicherheit. Das bleibt gerne unbeachtet, wenn versucht wird, Vertrauen zu erzeugen.

Ein Beispiel ist ein Interview mit dem Verfassungsrechtler Klaus Finkelnburg, CDU, in der *Berliner Zeitung* vom Juni 2015. Finkelnburg „hält die Neutralität des Staates für wichtig – aber das Recht sei dynamisch", so der Untertitel. Der Verfassungsrechtler verweist darauf, dass noch vor wenigen Jahrzehnten ein Filmplakat mit einer entblößten Frauenbrust Anstoß erregte – heute ist das ganz normal. *„Ich kann mir vorstellen, dass es in 20 oder 30 Jahren auch Richterinnen mit Kopftuch gibt und sich kaum einer daran stört. ..Ich bin ein liberaler Konservativer. Ich meine, wir sollten die Freiheit des Individuums so weit wie möglich zulassen."*[10]

Hier äußert sich erkennbar die Stimme der Vernunft. Der Verfassungsrechtler spricht von einer „Scheindiskussion um optische Neutralität". Er geht davon aus, dass mangelnde Neutralität etwa einer Richterin, mit oder ohne offenen Hinweis auf deren weltanschauliche Ori-

---

10 Thomas Rogalla und Jan Thomsen, „Eine Richterin mit Kopftuch geht heute noch nicht." *Berliner Zeitung*, Nr. 143, 23.06.2015, S.16.

entierung, sich im Verlauf einer Gerichtsverhandlung als Befangenheit zu erkennen gibt. Die dann folgende Auswechslung durch eine vermutlich nicht befangene Richterin stellt die Neutralität des staatlichen Organs wieder her. Dem Verfassungsrechtler erscheint es daher durchaus denkbar, dass hoheitlich Tätige dereinst ihre religiöse Überzeugung offen zeigen, weil die „optische Neutralität" ohnehin nur eine Illusion sei. Entscheidend sei das konkrete Verhalten. So mag es durchaus sein.

Diese Argumentation setzt sich allerdings über die Emotionen derjenigen Bürger hinweg, die mit Symbolen konfrontiert werden, ohne vorher den Argumentationsweg der Vernunft über ein Studium oder auf sonstige Weise gegangen zu sein. Sie sehen das Kopftuch und sie sehen die Bilder in den Medien. Sie können nicht bei jeder Muslima, die sich ihnen bewusst als solche zu erkennen gibt, nachfragen, ob sie vielleicht die Einstellung des im Juli 2015 verstorbenen Omar Sharif teilt, der als libanesischer Christ geboren aus Liebe zu seiner späteren Ehefrau zum Islam übertrat. Er bekannte offen, dass er sich keinen Gott vorstellen könne, der nur diejenigen in sein Paradies einlasse, die nun zufällig von ihren Eltern in das Judentum, das Christentum oder den Islam eingeführt worden seien. Die Kraft der religiösen Symbole ist nicht zu unterschätzen. Sie verweisen nie auf das Individuum, sondern stets auf das größere Ganze, dem sich der Träger des Symbols verpflichtet sieht. Wenn der Blick auf dieses größere Ganze Gefühle der Angst und Unsicherheit auslöst, dann ist der Appell der Vernunft, doch bitte auf das Individuum zu schauen, nur bedingt wirksam.

Das Renommee des Verfassungsrichters hängt von seiner Fähigkeit ab, der juristischen Vernunft Priorität einzuräumen. Ein Politiker wie der SPD-Bundestagsabgeordnete Fritz Felgentreu, dessen Wiederwahl nicht zuletzt auch davon abhängt, wie er die Emotionen seiner Wähler einschätzt und anzusprechen vermag, äußerte in einem Gastkommentar in der *Berliner Zeitung*, Nr. 142, 22.6.2015, Seite 18, Folgendes:

Diese Debatte ignoriert, dass wir klare Regeln für die Neutralität des Staates brauchen. Es muss einen neutralen Rahmen für das Zusammenleben in einer multiethnischen und multireligiösen Gesellschaft geben. Warum? Weil genau dieses Zusammenleben nicht nur bunt, sondern auch reich an Konfliktpotential ist. Vom Glockenläuten zu einer für viele Berliner nachtschlafenden Zeit – Sonntagvormittag um halb zehn – über das Ramadanfestzelt im Vorgarten eines Mietshauses, dessen nicht-muslimische Mitbewohner lieber Ruhe statt Fastenbrechen hätten, bis hin zu offenem Antisemitismus an Schulen: Es gibt ein breites Spektrum an Reibereien von unterschiedlichem Hitzegrad. Dort, wo der Staat in solche Konflikte als Schlichter oder Entscheider eingreift, ist er für seine Glaubwürdigkeit zwingend darauf angewiesen, dass seine Repräsentanten nicht schon durch ihr Äußeres den Eindruck erwecken, parteiisch zu sein. Wie wird es auf die Familie im Ramadan-Festzelt wirken, wenn am Hals des von genervten Nachbarn gerufenen Polizisten ein silbernes Kruzifix funkelt? Die Beamten mögen sich noch so korrekt verhalten – ihre Glaubwürdigkeit wäre von vornherein infrage gestellt. Und es gäbe weniger harmlose Fälle: Wie sähe es aus, wenn der 17-jährige Mohammed bei der Demo „Solidarität mit Palästina" antisemitische Volksverhetzung betreibt und vor einem Jugendrichter mit Kippa landet? Die nächste Demo haben wir dann vor dem Gericht.

Das Argument, das Gesetz wirke sich wie ein Berufsverbot aus, kann ich nicht akzeptieren. Nicht jede Muslima trägt Kopftuch. Und wer es tragen möchte, kann vieles werden: Ärztin, Geschäftsfrau, Rechtsanwältin, Religionslehrerin, Lehrerin an einer Privat- und Berufsschule und etliches mehr. Unsere Gesellschaft bietet für fast jeden Lebensentwurf eine Perspektive. Aber die individuel-

le Ausgestaltung der Religionsfreiheit muss Privatsache bleiben.
Der neutrale Staat ist ein hohes Gut. Wer seine individuelle Interpretation von Glaubensfragen über das Recht des säkularen Staates stellt, ist meines Erachtens für den Staatsdienst nicht geeignet.

Die politischen Trennlinien verlaufen in dieser Debatte kaum nach altbekannten Mustern. Der SPD-Politiker Felgentreu, unterstützt von seinem Parteikollegen Erol Özkaraca und der Berliner Senatorin für Integration Dilek Kolat, ebenfalls SPD, fordert eine härtere Linie als das CDU-Mitglied Finkelnburg. Welche Seite obsiegen wird, lässt sich nicht sagen. Es ist aber wahrscheinlich, dass das Vertrauen der Bürger in ihre Institutionen und die emotionale Bindung vieler Bürger an diesen Staat eine vergebliche Hoffnung bleiben werden, wenn die Grundlagen zur Bildung einer Gesellschaft als geordnete Einheit aus zum Teil höchst unterschiedlichen Gemeinschaften nicht eingehalten werden.

Die Bedeutung des Neutralitätsgebots in einer Gesellschaft ist möglicherweise nur wenigen bewusst. Das Verbot, Kennzeichen weltanschaulicher oder gar religiöser Zugehörigkeit in hoheitlich relevanter Tätigkeit zur Schau zu stellen, ist der Macht der Symbole geschuldet. Wer ein Kopftuch trägt, zeigt damit eine Botschaft: Seht, ich gehöre einer bestimmten Glaubensrichtung an. Das muss nicht der muslimische Glauben sein, es kann auch eine fundamentalistische Christin oder eine orthodoxe Jüdin sein, die mit diesem Textil eine bestimmte religiöse Zugehörigkeit zu erkennen gibt. Es kann auch das Kreuz sein oder, wie der Verfassungsrechtler anmerkte, vielleicht sogar ein Gewerkschaftsabzeichen. Es sind Symbole, die den Betrachter hinweisen auf partikulare Wertvorstellungen. Dagegen ist im Alltag nichts zu sagen. Im Gegenteil. Begegnet mir eine orthodoxe Jüdin mit Kopftuch oder Perücke, lässt sie mich wissen, dass sie jedenfalls nicht mit einem Handschlag als körperlicher Berührung begrüßt werden möchte. Dagegen ist aber etwas zu sagen, wenn eine Person die Neutralität des Staates repräsentieren soll und sie bei dem Gegenüber Zweifel erwecken kann, ob mit dieser Zurschaustellung einer Zugehörigkeitssymbolik die Neutralität gewahrt sein kann. Der Verfassungsrechtler betrachtet das Individuum. Da kann der eine sich von der Parteilichkeit lösen, der andere nicht – und das mag mit oder ohne ein sichtbares Zeichen der Zugehörigkeit zu einer Partikulargruppe der Gesellschaft so sein.

Am deutlichsten wird dies in der Person und im Amt des Bundespräsidenten der Bundesrepublik Deutschland erkennbar. In dem Moment, in dem er sein Amt antritt, steht er – nach außen hin sichtbar – über den einzelnen Parteien. Im Rahmen der Verfassung ist er, unabhängig von seiner eigenen Weltanschauung, auch ein Präsident der Anhänger aller Weltanschauungen, die in der deutschen Gesellschaft vereint sind. Bundespräsident Gauck gehört persönlich nicht nur einer bestimmten politischen Partei an. Er ist auch ein evangelischer Pastor. Niemand käme auf die Idee, dass es seiner Selbstverwirklichung geschuldet sei, dass man ihm nun erlauben müsse, seine pastorale Amtstracht bei Erfüllung seiner Aufgaben als Bundespräsident zu tragen. Hier endet die Vernunft des Verfassungsrichters. Wenn er sich vorstellen kann, dass in Zukunft Amtsträger in hoheitlichem Aufgabenbereich auch ihre persönliche religiöse Anbindung zur Schau stellen dürfen, dann muss er auch zugestehen, dass der Bundespräsident seine Reden in Talar mit Bäffchen hält.

Die türkisch-stämmige Muslima, die in Berlin Eingang in einen hoheitlichen Bereich mit Zurschaustellung ihrer religiösen Anbindung suchte, hat mit ihrem Verhalten und ihren Vorwürfen von Diskriminierung in diese Richtung gezielt. Sie hat den Präsidenten der Türkei als Vorbild. Er hält sich nicht an die türkische Verfassung, die wie die deutsche ein Neutralitätsgebot für den Präsidenten enthält.

Er macht mehr oder weniger unverhohlen Wahlwerbung für „seine" Partei, die AKP. Er sieht sich nicht als Präsident aller in der Türkei wohnenden Menschen, sondern nur derer, die „die Einheit des Landes nicht untergraben".

Die Person vor dem Richter, dem Beamten, dem Polizisten, kann nicht bei jeder Begegnung eine Einzelfallprüfung vornehmen. Sie muss sich auf die Neutralität verlassen können und dies wird leichter fallen, wenn die Amtsträgerin, die vor ihm steht, schon in der persönlichen Erscheinung zu erkennen gibt, dass sie nicht als Mitglied einer Teilgruppe und in Vertretung von deren Interessen tätig ist, sondern im Sinne der Neutralität des Staates. Wenn eine Islamistin darauf beharrt, diese Spielregel aufzubrechen und wenn in diesem Zusammenhang von Berufsverbot und Diskriminierung die Rede ist, dann geht das weit an der Problematik vorbei und beweist entweder Naivität oder ein bewusst fundamentales Desinteresse an übergeordneten staatlichen Institutionen.

Der Verfassungsrechtler weist darauf hin, dass hier zwei Grundrechte aufeinander stoßen: das Recht der freien Religionsausübung und das Recht der Berufswahl. Es ist kennzeichnend für die heutige Bevorzugung des Individuums, wenn dem Recht der Berufswahl der Vorrang gegeben wird, vor den Bestimmungen des Neutralitätsgebots als unverzichtbarer Grundbedingung der Staatsräson. Letzteres dient dem Zusammenhalt der Gesellschaft; ersteres dient einer ganz persönlichen, individuellen Freiheit. Wenn eines der Rechte hintangestellt werden muss, ist abzuwägen, was schwerer wiegt: die Gefährdung der gesellschaftlichen Ordnung, oder der auf ein Individuum ausgeübte Zwang, sich eine andere Tätigkeit auszusuchen, wenn es darauf beharrt, seine religiöse Zugehörigkeit offen darzulegen.

9. Der Nationalstaat: die Geister, die er rief

Die zunehmende Zahl von Muslimen, die in der deutschen Gesellschaft neue Teil-„Gemeinschaften" bilden, bewirken nicht wenige Veränderungen. Bislang galt in Literatur und Medien Meinungsfreiheit und offene Kritik an den Repräsentanten der christlichen Kirchen und Inhalten der Religionen als selbstverständlich. Sie weicht nun der Rücksicht auf neue Befindlichkeiten.

Die Vernunft mag keine Einwände dagegen hegen, dass Männer aus einem fremden Kulturkreis ihren Frauen außerhalb des Hauses nur erlauben, sich vollverschleiert zu bewegen, dass manche Mädchen weder am Schwimm- noch am Biologie-Unterricht teilnehmen dürfen, dass in bestimmten Wohngebieten der Städte polizeiliche Anweisungen bewusst nicht befolgt werden, dass bei Schulausflügen glaubensnahe Betreuer zusätzlich zu den konventionellen Betreuern mitreisen müssen, nicht zuletzt auch, um die Einhaltung bestimmter Speisevorschriften zu überwachen.

Die Vernunft kann denjenigen, die daran Anstoß nehmen, nur entgegnen: so ist das nun in der modernen multikulturellen Gesellschaft; Unterschiede zwischen einem „Fehlverhalten" der Neuankömmlinge und der Alteingesessenen sind ohnehin nicht zu erkennen. Toleranz ist oberstes Gebot.

Die Gefühle lassen sich durch solche politische Vernunft allerdings nicht abschalten. Dass nun Menschen auf die Straße gehen, und mit verbaler oder gar tätlicher Gewalt ihr Unverständnis der Veränderungen ausdrücken, hat viele Gründe. Mit Sicherheit sind auch Emotionen beteiligt, die sich ergeben können bei dem Gedanken, wie sich ihr Leben verändern wird, wenn immer mehr Menschen fremdkultureller Prägung hierzulande leben, das Wahlrecht haben, in politische und administrative Ämter gelangen und somit auf höchster Ebene mitentscheiden können, welche Normen den Alltag bestimmen werden.

Im Jahre 2002 versuchten al-Qaida Terroristen, die Basilika San Petronio, die Hauptkirche von Bologna, zu sprengen. Sie versuchten es erneut im Jahre 2006. Ein Fresko aus dem 14. Jahrhundert zeigt eine menschliche Figur, vermutlich handelt es sich um Mohammed, in den Klauen des Höllendrachens. Nun gibt es Bestrebungen, dieses Detail zu verhüllen oder gänzlich zu übermalen. Im Juli 2015 berichteten die Medien, dass auch das Dante-Mausoleum in Italien bewacht werden muss, weil muslimische Eiferinnen und Eiferer auf die Idee kommen könnten, den Schöpfer des *Inferno* in die Luft zu sprengen. Er hatte vor Jahrhunderten den islamistischen Religionsgründer auf sehr unfreundliche Weise porträtiert.

Das legt die Vermutung nahe, dass nicht nur in Syrien antike Monumente zerstört werden, die den Islamistinnen und Islamisten zuwider sind. Diese Zerstörungswut kann sich irgendwann auch auf alle möglichen Zeugnisse in abendländischen Bibliotheken und anderen Orten ausweiten, an denen Islam-kritische Schriften oder kulturelle Zeugnisse vergangener Sichtweisen vorhanden sind.

Solche kulturellen Zeugnisse sind auch die antiken Statuen in Rom, deren Nacktheit anlässlich eines Besuchs des iranischen Präsidenten Hassan Rohane am 26. Januar 2016 als störend empfunden wurde. Die Figuren wurden (vorerst zumindest) nicht dauerhaft entfernt oder gar zerstört, sondern in unansehnlichen Holzverschlägen dem Blick des Muslims entzogen. War dies vorauseilende Unterwerfung unter seine Kultur oder geschah dies als Vorbedingung seitens der Iraner? Das wird kaum zu erfahren sein. Präsident Rohane sagte lediglich: „Hier fühlen wir Iraner uns daheim." Als derselbe iranische Präsident in Frankreich Präsident Hollande besuchte, bestand die iranische Seite darauf, dass bei dem üblichen Staatsdiner kein Wein ausgeschenkt werde – wohl gemerkt, keinem der Anwesenden. Daraufhin sagte der französische Präsident das Bankett ab. Er mag sich sicher gewesen sein, dass der Nachholbedarf des über lange Zeit isolierten Irans auch ungeachtet solcher Nichtverleugnung der eigenen, französischen Kultur durch Hollande, die erhofften Milliardenaufträge sichern werde, und so war es denn auch.

Welches Ausmaß an Verleugnung der eigenen Kultur die zukünftige kulturelle Vielfalt erfordern wird, bleibt abzuwarten. Die Vernunft mag auf die unzähligen neuen MitbürgerInnen verweisen, die Tag für Tag problemlos und friedlich in unserer Gesellschaft leben: In allen möglichen Berufen gibt es Beispiele, vom Universitätsprofessor bis zu der Änderungsschneiderin, vom Müllwerker bis zum Obsthändler, von der Ärztin bis zu der Supermarktverkäuferin, vom Im- und Exportkaufmann bis hin zum Taxifahrer oder mitfühlenden Lokalpolitiker.

Die Emotionen gegenüber dieser „Gemeinschaft" in der deutschen Gesellschaft entzünden sich nicht an diesen Menschen. Die negativen Emotionen werden von den Exzessen, von den Fundamentalisten geprägt, von denjenigen, die nach Deutschland kommen und hier ein Recht beanspruchen, ihre Verachtung der Andersgläubigen so deutlich wie möglich zum Ausdruck zu bringen. Sie werden geprägt durch die wiederkehrenden Berichte in den Medien von der Nichtanerkennung staatlicher, neutraler Organe, vor allem der Polizei und der Justiz, durch arabische Clans, die eine Selbstjustiz bevorzugen, und durch die in solchen Clans aufgezogenen Jugendlichen, die sich schon früh ein Vergnügen daraus machen aufzuzeigen, dass sie sich jedenfalls diesem Staat und seinen Organen nicht unter- oder gar einordnen möchten. Ein solches Verhalten sollte niemanden überraschen, der die gesellschaftlichen Strukturen im Nahen Osten kennt.

In seinen Vortragsveranstaltungen zu seinem 2015 erschienenen Buch *Sophia oder der Anfang aller Geschich-*

ten[11] hat der vor Jahrzehnten aus Syrien nach Deutschland eingewanderte Autor Rafik Schami, ausgezeichnet 2011 mit dem Preis „Gegen Vergessen – für Demokratie," immer wieder darauf hingewiesen, dass es in seiner Heimatkultur eben kein Vertrauen in staatliche Institutionen und deren Repräsentanten als neutrale Sachwalter für das Wohl der Gesamtgesellschaft gibt. Die staatliche Macht befindet sich in den Händen weniger Clans und die staatlichen Organe sind deren Interessen verpflichtet. Die Menschen, die vor der Willkür dieser Instanzen und aus manchen anderen Gründen ihr Heil in Deutschland suchen, bringen – ob sie sich dessen bewusst sind oder nicht – diese kulturellen Besonderheiten mit in ihr neues Gastland. Sie kennen es nicht anders. Viele von ihnen sind dennoch bereit, sich unter- und einzuordnen, aber eben nicht alle. Es ist das den deutschen Staatsorganen gegenüber dargebrachte abschätzige Verhalten letzterer, das in den Medien Nachrichtenwert hat und die Emotionen mancher Alteingesessener erregt.

Diese Emotionen werden weiter verstärkt durch die Bilder und Berichte in den Medien von Terror und anderen Gräueltaten, die im Namen desselben Allah begangen werden, den diese Menschen nun hier verehren. Für diese Verehrung fordern sie den Bau von Moscheen ein, während sie in ihren Heimatländern den Bau von christlichen Kirchen nicht dulden. Es ist darum eine schwierige und große Aufgabe, die alteingesessene Bevölkerung umgreifend für ein Vertrauen dahingehend zu gewinnen, dass auch die Neuankömmlinge sich letztlich in die Gesellschaft als Teil-Gruppe einfügen werden und an der bisherigen Ordnung wenig Substantielles ändern werden.

Was aber ist oder war die bisherige Ordnung? Es gilt, dies einzusehen ist unumgänglich, Abschied zu nehmen von einer politischen Struktur, die ohnehin auf einer Illusion beruhte: Das war der Nationalstaat. Den National-

---

11 Hanser Verlag, München.

staat hat es real nie gegeben. Er war lange Zeit ein erstrebenswertes Ziel, für das die Bevölkerung tiefgreifende Gefühle und Begeisterung entwickelte.

Unsägliche Verbrechen wurden im Namen des Nationalstaats begangen; der Verbrechen sind wir uns heute, jedenfalls in Deutschland, vollauf bewusst. Vergessen wurden jedoch die Emotionen, die in die Bildung des Nationalstaats eingeflossen sind.

Sie ähneln, um ein Beispiel aus den Naturwissenschaften zu nehmen, der Energie. Die Energiemenge, die man aufwenden muss, um etwas zu erhitzen, wird wieder frei im Verlauf der Abkühlung. Ähnlich ist es mit den Gefühlen, die in die Bildung des Nationalstaats eingebracht wurden. Sie wurden wieder frei, als sich zeigte, dass die Erwartungen die an ihn gestellt waren, nicht erreicht wurden. Es ist wie eine Liebe, die in Enttäuschung umschlägt. Einzelne Menschen gehen damit sehr unterschiedlich um. Ebenso werden Bürger vom unvermeidlichen Ende der Vision des Nationalstaats emotional beeinflusst werden, auch das ist höchst unterschiedlich. Die Medien berichten kontinuierlich von den unschönen Aspekten individuellen Verhaltens. Hier kommen Gefühle zum Ausdruck, die für die Argumente der Vernunft nicht erreichbar sind.

Viele Autoren haben ihre Gedanken zur Gründung eines Nationalstaats in Worte und Definitionen gefasst. Das Stichwort lautet „Nationalismus". Der Nationalismus ist heute in der politischen Rhetorik zumeist negativ angesehen. Zu viel Unheil ist in Europa und weltweit im Namen dieser Weltanschauung geschehen. Doch die Skepsis gegenüber dem Nationalismus in Deutschland und anderswo gründet in einer weiteren Tatsache. Nationalistische Äußerungen sind Erscheinungsformen eines rückwärtsgewandten politischen Strebens, das heute mehr denn je zum Scheitern verurteilt ist und dennoch immer neue Anhänger und Nahrung findet.

Die Hoffnungen, die sich in der frühen Neuzeit zunächst nur in kleinen Kreisen der Bevölkerung entwickelten und die Begeisterung, die weite Teile der Bevölkerung seit dem späten 18. Jahrhundert erfassten, sind immer noch wirksam. Man mag den Propagandisten des Nationalstaats folgen, die eine deutsche, französische, etc. „Nation" als einen Zustand ansahen, den es zu „erwecken" galt. Man mag Autoren wie Eric Hobsbawn und Robert Miles folgen, die „Nationen" vor allem als *imagined communities*, also „erdachte Gemeinschaften", ansahen. Festzuhalten ist: die Emotionen, die sich mit der Nationenbildung verknüpften, waren und sind wirkmächtige Realität.

Schauen wir noch einmal zurück auf die frühe Dynamik der Verknüpfung von „Gemeinschaften" zu „Gesellschaften". Das waren Verknüpfungen, die aus der Notwendigkeit der erweiterten Handelsbeziehungen oder der gemeinsamen Nutzung eines engen Territoriums hervorgegangen sein mochten. Allen gemeinsam war der teilweise Verlust der Selbstständigkeit von zuvor eigenständigen Gruppen, der Selbstbestimmung und wohl auch der Identität. Karl Popper sah in seinem Werk *Die offene Gesellschaft und ihre Feinde* aus dem Jahre 1945 im Nationalismus „ein Relikt des ur-instinktiven Gefühls der Stammeszugehörigkeit." Das Buch war unmittelbar unter dem Eindruck der Exzesse des deutschen Nationalsozialismus entstanden.

Das „Gefühl der Stammeszugehörigkeit" kam im Nationalsozialismus zeitgemäßer in der Idee des „Völkischen" zum Ausdruck. Hier wurde ein Zusammengehörigkeitsgefühl propagiert, das auf gleicher Sprache, gleichen Werten, gleichen Normen, gleicher Religion und schließlich auch gleicher biologischer Ausstattung gründete. Mit jeder höheren Ebene einer Bildung von Gesellschaften aus vormalig getrennten Gemeinschaften war ein Verlust an Zusammengehörigkeit verbunden, den es erst wieder herzustellen galt.

Dieser Vorgang gestaltete sich von Ebene zu Ebene schwieriger. In Märchen, Mythen und Sagen, in Liedern und Epen wurde in unterschiedlicher Weise das vertrauliche Miteinander aus fernen, vergangenen Zeiten dauerhaft präsentiert und in deutlichem Gegensatz zu der ungut empfundenen Gegenwart dargestellt. Die so idealisierte Vergangenheit nährte die Verheißung, in einer Nation das verlorene Gemeinschaftsgefühl von ehedem wieder zu finden. Mit der Bildung der Nation und der Gründung der Nationalstaaten schien die Umsetzung dieser Verheißung greifbar nahe.

Die Unbilden vergangener Jahrhunderte, in denen Grenzen entweder durch Kriege oder durch dynastische Verbindungen immer wieder verändert wurden, in denen man heute hierher und zu diesem Landesherrn und morgen dorthin und zu einem anderen Landesherrn gehörte; die Spaltung der Kirche in Katholiken und Protestanten, die sich gegenseitig Gottlosigkeit und Fehlverhalten vorwarfen. All dies mag noch das Gefühl der mangelnden Anbindung an ein stabiles soziales Gefüge verstärkt haben.

In jüngster Zeit erkennen Historiker einen so genannten „exklusiven Nationalismus", der den Ausschluss aller derer aus einem Staatswesen fördert, die sich der angestrebten gemeinschaftlichen Identität zu entziehen scheinen. Mao Zedong (1893-1976), lange Zeit in den 1960er und frühen 1970er Jahren ein Hoffnungsträger großer Teile der Jugend in Europa und den USA, hat für sein Land, China, den exklusiven Nationalismus in leicht verständliche Worte gefasst:

Alles Ausländische muss jedoch so behandelt werden wie unsere Speise, die im Mund zerkaut, im Magen und Darm verarbeitet, mit Speichel und Sekreten des Verdauungsapparats durchsetzt, in verwertbare und wertlose Bestandteile zerlegt wird, worauf die Schlacken ausgeschieden und die Nährstoffe absorbiert werden, so dass unser Körper Nutzen von der Speise hat; das Ausländische darf kei-

neswegs mit Haut und Haaren roh verschlungen, kritiklos einverleibt werden.[12]

Die vermeintliche „Einverleibung" der nicht in den „Volkskörper" gehörigen Elemente rückgängig zu machen und, wie Mao Zedong es formulierte, als „Schlacken" auszuscheiden, war politisches Ziel in Deutschland unter der NS-Herrschaft. Näher in der Gegenwart ist das Beispiel der Türkei. Der „exklusive Nationalismus" konkurrierte mit dem wie es heute heißt „inklusiven Nationalismus". In den Anfangsjahren des Nationalismus mag es noch unvorstellbar gewesen sein, angesichts der heterogenen Bevölkerung in den existierenden politischen Strukturen von einer nationalen Gemeinschaft im Sinne einer Identität mit allen anderen in Sprache, Kultur, etc. zu träumen. Der „inklusive Nationalismus" war der Versuch, die Gesellschaft der unterschiedlichen Gemeinschaften zu bilden, in der, wie der Historiker Hans-Ulrich Wehler es beschrieb, „das Individuum nicht mehr seine Religion, seine Heimatregion oder die dort herrschende Dynastie als identitätsstiftenden Fokus des Denkens und des Handelns ansehe, sondern allein die Nation."

Letztlich setzte sich der „exklusive Nationalismus" durch. Er versprach die Lösung der Probleme und die Sicherung der Existenz. Er verhieß vor allem Vertrautheit mit Gleichgesinnten. Die Bildung der Nationalstaaten Europas nach der Französischen Revolution ging auch einher mit großer Konkurrenz um Territorien. Einerseits förderte der Übergang von der vorindustriellen in die industrielle Wirtschaft die Betonung der Produktivkraft als Grundlage nationaler Stärke. Andererseits war die Gewohnheit, eigenes Territorium auf Kosten schwächerer Nachbarn auszudehnen, auch mit der Bildung der Nationalstaaten keineswegs *ad acta* gelegt.

---

12   S. Mao Zedong, *Werke*, X: Die alten und die neuen drei Volksprinzipien.

Die Napoleonischen Kriege, die Frankreich gleichsam zum Identitätsstifter für ganz Europa machen sollten, waren nicht das Ende der fürstenherrlichen Eroberungszüge. Doch gerade die Erfahrung dieser Kriege führte in Deutschland dazu, „Freiheit" im Sinne der Selbstbestimmung eines Volkes, das sich nicht einer Fremdherrschaft unterordnen mochte, zu sehen, und zu der Einsicht, dass dieses Volk sich als „Nation" bilden müsse, um sich diese Freiheit zu erkämpfen und zu bewahren.

Als in Frankreich 1789 die „Männer-Rechte," später gedeutet als „Menschen-Rechte", formuliert wurden, gesellte sich zu der Freiheit des Volkes gegenüber seinen Nachbarn noch die Freiheit des Individuums gegenüber seiner Regierung. Damit war die Basis geschaffen für die ideale Nation als demokratisches Staatswesen, das sich mit anderen Staaten messen muss – über die Produktion, die Wissenschaft und notfalls auch im Krieg. Für die Kriegsführung, das hatte die Französische Revolution gezeigt, war Patriotismus als Mentalität, die die Nationenbildung unweigerlich begleiten musste, ganz besonders nützlich. Die ehemaligen Söldnerheere, denen die Heerführer nur materielle Beute versprechen konnten, erwiesen sich als weniger kampfstark als die patriotisch gesinnten jungen Männer, die für eine nationale Identität ins Feld zogen und Gesundheit und Leben riskierten.

Der Gedanke dieser nationalen Identität fußte auf der Definition von nationalen Besonderheiten, die anderen Nationen fehlten. In den Schriften von Johann Gottlieb Fichte (1762-1814) ist ein Wandel der Sichtweisen auf die eigene und auf andere Nationen erkennbar. Fichte war von der Gleichwertigkeit der Nationen überzeugt; ihm schwebte sogar eine alle Menschen „unter gleicher gegenseitiger Achtung und achtender Behandlung" weltumspannende Gesellschaft der Nationen vor. Doch unter dem Eindruck der Eroberungszüge Napoleons war es ihm wichtig, den jeweils nationalen Charakter eines Volkes zu bewahren, denn „werden [sie] durch Vermischung und Verreibung abgestumpft, so entsteht Abtrennung von der geistigen Natur aus dieser Flachheit, [und] aus dieser die Verschmelzung aller zu dem gleichmäßigen und aneinanderhängenden Verderben."[13] So stellte er fest: "[Ein ursprüngliches Volk] kann kein Volk anderer Abkunft und Sprache in sich aufnehmen und mit sich vermischen wollen, ohne wenigstens fürs erste sich zu verwirren und den gleichmäßigen Fortgang seiner Bildung mächtig zu stören."[14]

Damit eine Nation überleben und im Wettstreit mit anderen Nationen führend sein konnte, waren besonders im 19. Jahrhundert Produktivkräfte, Wissenschaft und Wehrkraft gefordert. Daran musste vor allem die Bevölkerung mit Enthusiasmus beteiligt werden.

Der bereits im 16. Jahrhundert mit Stolz auf die eigene Herkunft gebräuchliche Begriff des „Patriotismus" hatte im 18. Jahrhundert noch eine Geisteshaltung bezeichnet, der es besonders daran gelegen war, dem eigenen Vaterland zu dienen. Im 19. Jahrhundert wurde nun Patriotismus eng verknüpft mit der Vorstellung einer Überlegenheit der eigenen Nation, des eigenen Vaterlands, gegenüber anderen Nationen. Doch diese Überlegenheit zur Wirkung zu bringen, benötigte den Einsatz jedes einzelnen. Unzählige Appelle richteten sich an die Bürger, sich für diese Aufgabe einzusetzen. Auch Fichte setzte auf den Appell, hier in Form eines kurzen Gedichtes:

Du sollst an Deutschlands Zukunft glauben,
An Deines Volkes Auferstehn,
Laß diesen Glauben Dir nicht rauben
Trotz allem – allem – was geschehn;

---

[13] Emil Lask, Fichtes *Idealismus und die Geschichte*. Nachdruck mit einem Begleittext von Reiner Friedrich. Dietrich Scheglmann Reprint-Verlag. Jena 2002, 197.

[14] Hans Joachim Becker, *Fichtes Idee der Nation und das Judentum*, Editions Rodopi B.V., Amsterdam und Atlanta, 2000, 155.

*Und handeln sollst Du, so als hinge
Von Dir und Deinem Tun allein
Das Schicksal ab der deutschen Dinge
Und die Verantwortung wär Dein.*[15]

Man ist versucht, die damalige Inbrunst, zur Einigung der deutschen Nation, mit den halbherzigen Aufrufen zu vergleichen, die heutzutage die Einigung Europas befördern sollen. Eine vergleichbare Begeisterung für die Einigung der europäischen Staaten ist nicht erkennbar, und es gibt auch nicht die Dichter, die Autoren, die Historiker, die sich für ein solches Ziel einsetzen. Europa soll vor allem aus der Vernunft der Mitglieder zusammenfinden; ob dies unter der Vernachlässigung der Emotionen ausreicht, erscheint zweifelhaft.

Historiker im 19. Jahrhundert bemühten sich, charakteristische Züge ihrer Völker aus der Vergangenheit aufzuzeigen, gleichsam als Identifikationspunkte, an die der Nationalstolz anknüpfen könne. Siegreiche Kriege und markante, weil im Kampf der Nationen erfolgreiche, Persönlichkeiten eigneten sich hierfür in besonderer Weise. In Deutschland stellte sich dieser Aufgabe unter anderen Leopold von Ranke (1795-1886) mit seinem Buch *Zwei Jahrtausende Deutscher Geschichte*. Es trug den bezeichnenden Untertitel „Charakteristiken großer Männer. Darstellungen großer Entscheidungen". Zu den frühesten „großen Männern", die Ranke mit einer „deutschen Geschichte" verknüpfte, zählte Armin(ius), besser bekannt als Hermann der Cherusker. Er hatte bewiesen, wozu die germanische, sprich: „deutsche", Nation imstande war, als sie sich gegen die römischen Eindringlinge erhob:

Die Germanen wurden, wie Tiberius mit Recht bemerkte, für die römische Welt durch ihre inneren Entzweiungen

---

15 Richard Fichte. *Die Errettung Deutschlands. Eine Stimme aus dem Grabe*. Verlagsanstalt Ernst Mauckisch, Freiburg i. Sa. 1932, 3.

unschädlich. Schon bei den Rachezügen des Germanikus war das zutage gekommen. Arminius hatte sich mit der Tochter jenes Segestes vermählt, der ihn einst bei Varus angeklagt hatte. Von der durch den Sieg zur Herrschaft gelangten Partei bedrängt, rief Segestes gleich bei dem ersten Zuge des Germanikus die Römer zu Hilfe, und diese befreiten ihn aus der Burg, in welcher er belagert wurde. Die Gemahlin des Arminius selbst fiel in ihre Hände. Anschaulich und schön wird sie von Tacitus geschildert. Sie vergoß keine Tränen, sie ließ kein Bitten vernehmen; Sie hielt die Hände an dem Busen zusammen und schaute auf ihren schwangeren Schoß. Sie teilte die Gesinnung ihres Gemahls, nicht die ihres Vaters; ihr Schicksal lag darin, dass sie im Streite zwischen beiden in die Hände der Feinde geraten war; sie ist die erste deutsche Frau, welche in der Historie erscheint; auf dem größten und berühmtesten aller geschnittenen Steine des Altertums, der die Apotheose des Augustus, den Triumph des Germanikus darstellt, glaubt man ihr Abbild zu entdecken. So ist auch Armin eigentlich die erste greifbare, verständliche Gestalt der deutschen Urzeit. Keine Sage hat ihn durch populäre Ausschmückung der Geschichte entrückt; sie würde ihn den Blicken wieder verhüllt haben.[16]

Die Bezüge zu der Zerrissenheit Deutschlands zu Zeiten Rankes ist unübersehbar: zwischen den Zeilen klingt die Frage an: wer würde der Arminius der Neuzeit sein? Die Erinnerung an Hermann war auch aus dem Grunde wertvoll, weil zu Beginn des 19. Jahrhunderts noch kaum jemand eine deutsche Nation als politische Einheit in der

---

16 Leopold von Ranke. *Aus zwei Jahrtausenden Deutscher Geschichte. Zusammengefaßte Darstellungen der großen Entscheidungen deutscher Geschichte von Cäsar bis Bismarck*. Herausgegeben von Gustav Roloff. Karl Robert Langewiesche Verlag. Königstein im Taunus und Leipzig, 1924, 19-20.

Struktur eines Staates vor Augen hatte. Die einzelnen deutschen Staaten gemeinsam bildeten eine Kulturnation, aber das Hickhack der verschiedensten Allianzen mal untereinander, mal mit dem Frankreich Napoleons, mal mit dem England König Georgs III erschien denen, die an die deutsche Nation glaubten, unsäglich. Ähnlich waren die einzelnen germanischen Stämme, wie in dem kurzen Zitat aus Ranke angedeutet, miteinander zerstritten und scheuten sich auch nicht, die Römer um Hilfe zu bitten, wenn sie Unterstützung im "Bruderkampf" benötigten. Dem Cherusker Hermann war es gegeben, eine gewisse Einheit zu formen, und nur so, so die Botschaft an die Gegenwart, konnten sich die germanischen, also „deutschen", Stämme in gemeinsamer Zielsetzung des Feindes erwehren. Das Hermannsdenkmal im Teutoburger Wald wurde 1838 begonnen und 1875 vollendet. Seine monumentalen Ausmaße stehen in deutlicher Beziehung zu dem großen Ziel der Nationenbildung.

In dem so genannten Vierten Koalitionskrieg von 1806/1807 hatte Bayern noch gemeinsam mit Napoleon gegen Preußen gekämpft. Der Bayerische Kronprinz Ludwig I. zog an der Seite Napoleons in Berlin ein. Als Dank für die militärische Allianz erhob Napoleon Bayern zum Königreich.

Noch in demselben Jahr 1807 schwebte dem Kronprinzen Ludwig I. der Bau einer Ruhmeshalle vor, die der Erinnerung an herausragende Persönlichkeiten „teutscher Zunge" geweiht sein sollte. Das Projekt verwirklichen konnte er allerdings erst nach dem Tode seines frankophilen Vaters, König Max I., im Jahre 1825. Zu der Einweihung der Walhalla in Donaustauf im Jahre 1842 sprach der König die Worte: „Möchte Walhalla förderlich sein der Erstarkung und der Vermehrung deutschen Sinnes! Möchten alle Deutschen, welchen Stammes sie auch seien, immer fühlen, dass sie ein gemeinsames Vaterland haben, ein Vaterland auf das sie stolz sein können, und jeder trage bei, soviel er vermag, zu dessen Verherrlichung."[17]

Es war dieser Stolz, der die Menschen zu herausragenden Taten für ihre Nation anregen sollte. Das Hermannsdenkmal, die Walhalla, das Niederwalddenkmal bei Rüdesheim und viele andere Denkmäler, Schriften und Reden vermittelten der Bevölkerung, sie könnten an der großen Aufgabe der Bildung der Nation mitwirken.

In Bonn, in Sichtweite der Universität und nur wenige hundert Meter von dem jahrzehntelangen Regierungszentrum der „alten" Bundesrepublik entfernt steht noch heute eine Statue von Ernst Moritz Arndt (1765 - 1860); am Sockel der vielleicht bekannteste seiner anti-napoleonischen Aussprüche „Der Gott, der Eisen wachsen ließ, der wollte keine Sklaven." Sollte ein junger Mensch sich Gedanken machen, warum gerade dieser Mann einen Ehrenplatz auf dem alten Zoll in Bonn erhielt und sich in Arndts Schriften einlesen, so würde er dort viele Aussagen finden, die aus der seinerzeitigen Sehnsucht nach Freiheit und der dazu notwendigen Einheit der „Teutschen" sinnvoll erschienen.

Auf einer Feier am 1. Mai 1814 aus Anlass des Sieges über die Franzosen richtete Arndt „Ein Wort" an die Deutschen, mit beschwörenden Worten wie diesen: „Auf denn teutsche Männer ... fasset Euch den Stolz, auf Euren Stamm, auf Eure Art, auf Eure Sprache, die ihr den glorreichen Erinnerungen Eurer Ahnen, den Ihr den Arbeiten, Werken und Thaten so vieler Seher, Erfinder und Helden schuldig seid, verachtet, ja vertilgt die unwürdige Äfferei und Tändelei mit dem Ausländischen und Wälschen, und pflegt wieder Eure eigene Geschichte und Herrlichkeit."[18]

---

17 Adalbert Müller, *Donaustauf und Walhalla*. 10. Auflage. Georg Josef Manz. Regensburg. O.J., 28-29.

18 Universitäts- und Landesbibliothek Bonn, Wort von Ernst Moritz Arndt, der Feier am 1. Mai 1814 zu Rödelheim gewidmet. Arndt, Ernst Moritz. [S.l.], 1814

Der junge Mensch, der dies heute liest, mag sich der verheerenden Spätfolgen, die das Bemühen nach sich zog, „das Ausländische zu vertilgen," bewusst sein. Tatsache ist, dass auch heute noch ein solches Denkmal steht, dass auch heute noch die Universität Greifswald sich dem Angedenken an diesen Autor, ihren Namensgeber, verpflichtet fühlt und seine nationalistischen Aufrufe in durchaus auch heute noch sinnvolle und erwägenswerte Gedanken einbettet und somit relativiert.

Es verlangt schon sehr viel politische Bildung von einem jungen Menschen, um eine Grenze ziehen zu können zwischen dem, was ewig gestrig und verhängnisvoll ist, und den Anregungen, die in der heutigen, völlig geänderten Situation noch angebracht erscheinen. Man kann versuchen, die Gedankengänge der Vergangenheit fein säuberlich zu trennen in solche, die politisch korrekt sind, und andere, deren Zeit vergangen ist. Aber wo die Trennlinie anzusetzen ist, das lässt sich nicht für die gesamte Bevölkerung festlegen. Das wird jeder Bürger für sich selbst bestimmen.

Die politische Vielfalt der Gegenwart und die Schwierigkeit, Deutschland zu Beginn des 21. Jahrhunderts eine Identität zuzuerkennen, die in Einklang mit den Höhen und Tiefen seiner Geschichte und den Anforderungen der grenz-offenen, globalisierten Zukunft steht, haben nicht zuletzt ihren Ursprung darin, dass die Bewohner Deutschlands auch von den Aufrufen zu Beginn der Nationenbildung ganz unterschiedlich beeinflusst werden. An Heinrich von Kleist (1777-1811) erinnert nicht nur das Denkmal am Ort seines Todes am Kleinen Wannsee in Berlin. In Frankfurt/Oder ist ihm ein Museum gewidmet. Seine Dramen werden nach wie vor aufgeführt und gefeiert. Sein Gedicht "Germania an ihre Kinder" sei nur als letztes, frühes Beispiel hier angeführt für die so umfassenden Bemühungen der Kulturschaffenden jener Zeit,

10. Volksgemeinschaft, Volkskörper

König Ludwig I. von Bayern sah die Sprache als das einzig feste Band an, das alle „Teutschen" verbinde. Fichte vertraute auf eine Nation, deren Angehörige einem gemeinsamen Wertekanon verpflichtet sind und zu dieser Gemeinsamkeit durch gleiche Bildung erzogen werden. Friedrich von Schiller (1759 – 1805) schrieb gemeinsam mit Johann Wolfgang von Goethe (1749 – 1832): „Zur Nation euch zu bilden, ihr hoffet es, Deutsche, vergebens. Bildet dafür, Ihr könnt es, freier zu Menschen euch aus." Und sie schrieben auch: „Deutschland? aber wo liegt es? Ich weiß das Land nicht zu finden, Wo das gelehrte beginnt, hört das politische auf." Die Nation aus der Vielstaaterei in eine politische Einheit zu führen, war nicht nur Schiller und Goethe unvorstellbar. Die „Deutschen" gar auf eine biologische Identität oder gar „Reinheit" zu gründen, das war zu jener Zeit völlig undenkbar. Nach all den Vermischungen der Stämme und Völker in der Vergangenheit „dürfte es keinem der aus Germaniern entstammenden Völker heutzutage leichtfallen, eine grössere Reinheit seiner Abstammung vor den übrigen darzuthun." Wir wissen nicht, was Fichte im Blick auf die Bewohner Afrikas oder Ostasiens gesagt hätte, aber im europäischen Kontext lag ihm die Vorstellung, unterschiedliche biologische Verfassungen als Rassen voneinander abzutrennen, offenbar sehr fern. Wenn er von den schlimmen Folgen der „Vermischung" der Völker sprach, dann schaute er nicht auf das Blut, das in ihnen pulsierte. Er schaute auf die Werte, an denen sie ihr Handeln ausrichteten.

---

19 https://www.gedichte.com/gedichte/Heinrich_von_Kleist/Germania_an_ihre_Kinder. Abgerufen 4. Juli 2016.

Zu der Vorstellung Fichtes von der zu bewahrenden Unvermischtheit, das heißt, von der Reinheit der Kultur, gesellte sich mit dem zunehmenden Einfluss moderner Naturwissenschaft und dem Fortschritt der biologischen Wissenschaft die Forderung nach der Reinheit des „Blutes". Damit war der Schritt nicht mehr fern, das Volk als einen Körper anzusehen, der von ein und demselben Blutstrom in jedem seiner einzelnen Glieder, das sind die einzelnen Menschen, durchströmt wird. Als Ausgangspunkt dieser Entwicklung, die, wie wir sehen werden, ihre Schatten bis in die Gegenwart wirft, stand der französische Graf Joseph Arthur Comte de Gobineau. Ausschnitte aus seiner vierbändigen Schrift *Versuch über die Ungleichheit der Menschenrassen*, im Original *Essai sur l'inégalité des races humaines*, aus den Jahren 1853–1855 fassen die Aufgabe, die er sich gestellt hatte, eindrucksvoll zusammen.

*Der Ruf war erschollen: ja wirklich, im Innern eines sozialen Körpers liegt die Ursache seiner Auflösung; aber welches ist diese Ursache? Die Degeneration, wurde geantwortet: die Nationen sterben, wenn sie aus degenerierten Bestandteilen zusammengesetzt sind. Die Antwort war gut, dem Wortlaut nach und in jeder Weise; es galt nur noch festzusetzen, was man unter den Worten degenerierte Nation verstehen soll. Hier aber litt man Schiffbruch; man erklärte ein degeneriertes Volk als ein Volk, das, schlecht regiert, seine Reichtümer missbrauchend, fanatisch oder gottvergessen, die charakteristischen Tugenden seiner Stammväter verloren hat. Trauriger Fall! So geht eine Nation unter den sozialen Plagen unter, weil sie degeneriert ist, und sie ist degeneriert, weil sie untergeht. Dieser Zirkelbeweis zeigt nur die Kindheit des Wissens in Sachen der **sozialen Anatomie**. Ich will gerne zugeben, dass die Völker untergehen, weil sie degeneriert sind, und aus keinem anderen Grunde.*

*Wie und warum geht die Lebenskraft verloren? Darauf kommt es an. Wie tritt Degeneration ein? Das bedarf der Erklärung. Bis jetzt hat man sich mit dem Worte begnügt, nicht die Sache aufgehellt. Diesen Schritt vorwärts zu tun will ich versuchen. Ich meine also, dass das Wort degeneriert, auf ein Volk angewandt, bedeuten muss und bedeutet, dass dieses Volk nicht mehr den inneren Wert hat, den es ehedem besaß, weil es nicht mehr **das nämliche Blut in seinen Adern** hat, dessen Wert fortwährende Vermischung allmählich eingeschränkt haben; anders ausgedrückt, weil es mit dem gleichen Namen nicht auch die gleiche Art, wie seine Begründer bewahrt hat, kurz, weil der Mensch des Verfalles, derjenige, den wir den degenerierten Menschen nennen, ein unter ethnographischen Gesichtspunkten von dem Helden der großen Epochen verschiedenes Subjekt ist.*

*Ich will gerne glauben, dass er etwas von dessen Wesen besitzt; aber je mehr er degeneriert, desto mehr nimmt dieses Etwas ab. Die ungleichartigen Bestandteile, welche fortan in ihm vorherrschen, bilden eine ganz neue und in ihrer Eigenart nicht glückverheißende **Nationalität**; er gehört denen, die er noch für seine Väter ausgibt, nur sehr in einer Seitenlinie an. Er, und seine Zivilisation mit ihm, wird unmittelbar an dem Tage sterben, wo der ursprüngliche Rassenbestand sich derartig in kleine Teile zerlegt und in den Einlagen fremder Rassen verloren erweist, dass seine Kraft fortan keine genügende Wirkung mehr ausübt.*

„Nachdem ich dem Worte Degeneration einen Sinn angewiesen und mit dessen Hilfe das Problem der Lebenskraft der Völker behandelt, habe ich jetzt zu beweisen, was ich um der Klarheit der Erörterung willen a priori habe behaupten müssen: dass es merkliche Unterschiede im relativen Wert der Menschenrassen gibt.

Die Vorstellung von einer angeborenen, ursprünglichen, stark ausgeprägten und bleibenden Ungleichheit zwischen den Rassen ist eine der ältestverbreitetsten und –angenommenen in der Welt; und angesichts der anfänglichen Abgeschiedenheit der Stämme und Völkerschaften, und jenes Zurückziehens auf sich selber, das bei allen in einer mehr oder minder fernen Epoche üblich gewesen und aus welchem eine große Zahl nie herausgekommen ist, haben wir keinen Anlass, darüber erstaunt zu sein.

Wenn wir das ausnehmen, was in unseren neuesten Zeiten vorgegangen ist, hat dieser Begriff fast allen Regierungstheorien zur Grundlage gedient. Kein Volk, groß oder klein, das nicht damit angefangen hätte, seine erste Staatsmaxime daraus zu machen. Das System der Kasten, der Adelstände, das der Aristokratien, sofern man sie auf die Vorrechte der Geburt begründet, haben keinen anderen Ursprung; und das Recht der Erstgeburt mit seiner Annahme eines Vorranges des erstgeborenen Sohnes und seiner Nachkommen ist auch nur eine Ableitung hiervon. Mit dieser Lehre stimmen der Widerwille gegen das Fremdländische und die Überlegenheit, welche jede Nation sich hinsichtlich ihrer Nachbarn zuspricht, überein. Erst in dem Masse, wie die Gruppen sich mischen und verschmelzen, sieht man bei ihnen, die von nun an größer, zivilisierter dastehen und sich in Folge des Nutzens, den sie einander bringen, in einem wohlwollenderen Lichte betrachten, den unbeschränkten Grundsatz der Ungleichheit, ja anfänglichen Feindseligkeit der Rassen durchbrochen und bestritten. Wenn denn die Mehrzahl der Staatsbürger in ihren Adern gemischtes Blut fliessen fühlt, dann fühlt sie sich damit zugleich berufen, unter Umwandlung des nur für sie Tatsächlichen in eine allgemeine und unbeschränkte Wahrheit zu versichern, dass alle Menschen gleich seien.[20]

---

20 Joseph Arthur Comte de Gobineau. *Versuch über die Ungleichheit der Menschenrassen*, Deutsche Ausgabe von Ludwig Schemann. Fr. Frommanns Verlag (E. Hauff). 1898. Band I, 46/47.

Gobineau versuchte auf hunderten von Buchseiten seinen Lesern Beleg nach Beleg aufzuzeigen, dass alle Menschen keineswegs gleich und dass der „Widerwille gegen das Fremdländische und die Überlegenheit, welche jede Nation sich hinsichtlich ihrer Nachbarn zuspricht" naturgegeben seien. Die heutige Menschheit ging, so Gobineau, aus drei „Rassen" hervor, der weißen, der schwarzen und der gelben. Den drei Ur-Rassen waren durch Vermischung „Sekundär"-, „Tertiär- und „Quarternär"-Rassen als noch eigenständig definierbare Rassen gefolgt. Die weitere Vermischung führt zu undefinierbaren Ergebnissen, mit allen möglichen Eigenarten. „Unterhalb dieser Klassen sind andere zum Vorschein gekommen und kommen noch jeden Tag zum Vorschein."[21] Gobineau war überzeugt von der „Wahrheit, dass die Racen sich an sich nur in den Einzelheiten ändern; dass sie nicht für eine Umbildung veranlagt sind und sich nie von dem besonderen Wege entfernen, der einer jeden offen liegt, sollte auch die Reise dauern so lange wie die Welt."[22]

Gobineau widersprach den „Unitariern", die die gesamte Menschheit im Sinne der Adam-und-Eva Geschichte auf einen einzigen Schöpfungsakt zurückführten. Gobineau hielt dagegen, dass die Schöpfung, falls man der Bibel trauen darf, Adam und Eva als Urmenschen der weißen Rasse hervorgebracht habe, der anderernorts noch die Schöpfungen der schwarzen und der gelben Rassen zur Seite gestellt wurden. Die weiße Rasse erklärte Gobineau, angesichts der weltweiten Kolonialisierungserfolge und der Überlegenheit ihrer Technologie und Wissenschaft, zu der schönsten und edelsten und an „geistiger Begabung" höchst stehenden. In seiner Beweisführung finden sich Sätze wie diese:

---

21 Bd. I, S. 282.
22 Bd II, S. 354.

Wenn die Geschichte diesen unversöhnlichen Widerstreit zwischen den Racen und ihren Culturweisen so deutlich feststellt, so ist es wohl offenbar, dass den letzten Grund dieser tiefwurzelnden Abneigungen die Unähnlichkeit und die Ungleichheit bilden müsse, und mit dem Augenblicke, wo der Europäer nicht hoffen darf, den Neger zu zivilisieren, und es ihm nicht gelingt, auf den Mulatten mehr als ein Bruchtheil seiner Anlagen zu übertragen; wo dieser Mulatte seinerseits, wenn er sich dem Blute der Weißen gesellt, wiederum keine Individuen zeugt, die ernstlich im Stande sind, etwas Besseres, als eine der geistigen Welt der weißen Race um einen Grad näherkommende Mischlingscultur zu begreifen, so bin ich berechtigt, die Ungleichheit der geistigen Begabung bei den verschiedenen Racen als feststehend zu betrachten.[23]

Jegliche „Civilisation" weltweit in welcher „Race" auch immer war durch die „weiße Race" angeregt und vermittelt. So schien es Gobineau und viele glaubten es ihm. Dennoch erkennt er, dass Vermischungen mit den anderen beiden „Racen" für die „Weißen" selbst einige positive Ergebnisse zeigten:

So ist die künstlerische Begabung, den drei großen Racen gleich fremd, erst aus der Ehe der Weißen mit den Negern erwachsen. ... Die Welt der Künste und der edleren Litteratur, als Ergebniß der Blutmischungen, die Verbesserung und Veredelung der niederen Racen: das sind ebensoviele Wunder, die man freudig anerkennen muss. Die Geringeren sind gehoben worden. Leider nur sind eben damit auch die Größeren erniedrigt worden, und das ist ein Uebel, das Nichts ausgleichen, Nichts wieder gut machen kann.[24]

Für Gobineau stand der herausragende Rang der Weißen außer Frage. Aber dieser Rang war für eine Teilmenge

---

23   Bd. I, S. 239/240.
24   Band I, S. 283.

der weißen Rasse, die deutsche Nation, im Verhältnis zu anderen weißen Rassen, das waren die Nationen in der Nachbarschaft der Deutschen, gefährdet. Gobineau stützte sich auf seine These, dass alle solche „Menschenracen", und das sind in diesem Sinne einzelne Nationen, eine Dynamik des Aufstiegs, der Herrschaft über andere und dann unweigerlich des Abstiegs durchlaufen können. Reine „Menschenracen" sind stärker als andere. Sobald sie die Herrschaft über andere ausüben, bleibt es nicht aus, dass sie sich auch vermischen. Diese Vermischung führt zu einer Verunreinigung des Blutes und damit zu einer Schwächung, zu Degeneration. Sittenlosigkeit und andere Kulturübel, die seit dem Untergang Roms als Ursache für das Scheitern dieses und anderer historischer Imperien angeführt worden waren, kamen für Gobineau nicht in Betracht. Sie waren zwar Begleitumstände des Niedergangs aber nicht die Ursache. Die Ursache verlagerte er somit aus der Sphäre der Kultur in den Bereich der Naturwissenschaften.

Damit war im Kampf der Nationen auch der biologischen Wissenschaft eine Aufgabe zugewiesen worden. Sie musste erklären, warum im Lauf der Jahrhunderte, wenn nicht der Jahrtausende, mal hier mal dort ein Volk aufstieg, ein Imperium begründete und dann – in harter Gesetzmäßigkeit – wieder in die Bedeutungslosigkeit versank. „Degeneration" war die Schreckensvision, die Gobineau entwarf; sie sollte sich – in fataler Konsequenz - als überaus überzeugend und wirkmächtig erweisen. Wenn die Biologie hierfür die Erklärung zu liefern vermochte, dann war sie auch imstande, so der wissenschaftsgläubige Enthusiasmus der damaligen Zeit, den europäischen Mächten, die auf dem besten Wege waren, die Welt zu beherrschen, die Hinweise zu geben, wie man dem Schicksal des voraussehbaren Abstiegs entgehen könne.

Die innere Bindung der Nation wurde nun nicht mehr allein der Sprache anheimgestellt, und es war auch nicht mehr nur die gemeinsame Kultur. Die Nation war fortan auf Gedeih und Verderb von der biologischen Verfassung jedes ihrer Bürger abhängig. Gobineau lieferte bereits die entscheidenden Stichworte: „Um meinen Gedanken klarer und greifbarer zu machen, beginne ich damit, dass ich eine Nation, jede Nation, dem menschlichen Leibe vergleiche." (I/33).

Die deutsche Ausgabe des Werkes von Gobineau im Jahre 1898 wurde von Ludwig Schemann (1852-1938) übersetzt und eingeleitet. Schemann machte sich als Rassentheoretiker und dezidierter Antisemit einen Namen; zu seinem engeren Bezugskreis zählten Cosima und Richard Wagner. Er stellte die sichtbarste, personelle Verbindung zwischen den Gedanken des französischen Grafen Gobineau und dem deutschen Nationalsozialismus dar. Bereits 1928, im Alter von 76 Jahren, entschied er sich, die Nationalsozialistische Gesellschaft für deutsche Kultur zu unterstützen. 1933 ernannte ihn die Stadt Freiburg i.Br. zu ihrem Ehrenbürger. Im Jahre 1937 wurde er Ehrenmitglied des nationalsozialistischen Reichsinstituts für Geschichte des Neuen Deutschlands. In demselben Jahr verlieh ihm Adolf Hitler die Goethe-Medaille für Kunst und Wissenschaft. Anders als Gobineau sah Schemann die „arische Rasse" nicht als in ihrem Bestand gefährdet; im Gegenteil, ihr kam nach seiner und seiner Gesinnungsgenossen Überzeugung die Aufgabe zu, die Menschheit zu erretten.

In seiner Vorrede zu dem 3. Band der deutschen Ausgabe des Werkes von Gobineau aus dem Jahre 1898 wies Ludwig Schemann (1852-1938) darauf hin, worauf es ankomme:

Der Deutsche besitzt in seiner Geschichte, in seiner Kunst und seiner Wissenschaft eine Anzahl Schutz- und Hausgeister, in denen sich, in immer neuer Verwandlung, doch immer aufs Neue jener gute Genius offenbart, ohne den ein Volk sowenig wie ein Individuum den Kampf gegen die Mächte des Verderbens bestehen könnte. In schick-

salsschwerster Stunde tritt Gobineau vor uns hin und fragt, ob wir sein Werk unter jene mit aufnehmen wollen. Werden wir das Herz haben, ihn abzuweisen? Ich beneide die Zeit und die Gesellschaft nicht, die es mit der Wucht dieses Buches leicht nimmt, und ich hoffe, dass unsere Deutschen des zwanzigsten Jahrhunderts diese Zeit und diese Gesellschaft nicht darstellen werden. So viel ist gewiß: je emsiger ein Volk die hier ausgesprochenen Wahrheiten aufgreift, desto eher wird der Stern der Hoffnung über seiner Zukunft leuchten können. [25]

Der Begriff der Rasse wird so auf „die Deutschen" eingeengt. Ihre Gefährdung abzuwenden, dazu sollen die Mahnungen des „Franzosen, obzwar germanischen Franzosen" motivieren.

Das Band des Blutes, das die Nation einte, formte die Volksgemeinschaft zum Volkskörper. Der Körper des einzelnen Menschen hat in diesem Volkskörper dieselbe Funktion, die jede einzelne Zelle im Organismus des einzelnen Menschen hat. Gobineau benutzte Sprachbilder, die den Volkskörper und das Individuum aneinander banden. Er sprach von der „sozialen Anatomie", von dem „Blut in den Adern" des Volkes und deutete damit eine Sichtweise auf die Parallelen im sozialen und menschlichen Organismus an, die sich zu derselben Zeit auch einige namhafte Nationalökonomen aneigneten. Albert Schäffle (1831-1903), zum Beispiel, war ein überaus vielseitig gebildeter Wirtschaftswissenschaftler mit soziologischen Interessen und zeitweiligem Ausflug in die politische Arena.

In seinem umfangreichen und später in der NS-Zeit auf der *„Liste des schädlichen und unerwünschten Schrifttums"* geführten Werkes *Über den Bau und das Leben des socialen Körpers, einen encyclopädischen Entwurf einer realen Anatomie, Physiologie und Psychologie der menschlichen Gesellschaft mit besonderer Rücksicht auf*

---

25   Band III, S. XXXXVII.

die Volkswirtschaft als socialem Stoffwechsel führte Albert Schäffle die Identifizierung des Volkskörpers mit dem Organismus des menschlichen Körpers in eine neue Dimension. Nicht mehr nur das Blut des einzelnen Bürgers ist gleichzeitig das Blut, das die Nation am Leben erhält. Schäffle erkannte auch die Einheit zwischen dem Geist der einzelnen Menschen und dem ein Jahrhundert zuvor von Johann Gottfried von Herder (1744-1803) postulierten, einem Volk eigenen „Volksgeist" insgesamt.

Mit den Schriften des Pathologen Rudolf Virchow (1821-1902) schließlich erreichte die Gleichsetzung der Gesellschaft mit dem einzelnen Körper ihre Vollendung. Angesichts der Prominenz aller hier zitierten Autoren, denen viele Andere zur Seite standen, darf man wohl davon ausgehen, dass die Vergleiche, die sie bezüglich Körper, Blut, Geist des Einzelnen und des Volkes anstellten, sich tief in das Bewusstsein vieler Bürgerinnen und Bürger einprägten.

Diese Autoren legten die Grundlage für ein Bewusstsein, das es wohl vor dem 19. Jahrhundert nicht gegeben hatte. Wenn überhaupt Loyalität zuvor gefragt war, dann galt sie einem weltlichen oder kirchlichen Herrscher – und die konnten schnell einmal wechseln. Nun galt die Loyalität dem erweiterten „Ich", der Volksgemeinschaft. Ihr kam in der politischen Hygiene dieselbe Pflege zu wie dem eigenen Körper.

Rudolf Virchow war Demokrat. Er schloss nicht, wie Schäffle, vom menschlichen auf den sozialen Körper. Virchow ging bereits umgekehrt vor. Er schloss von dem, was er über die „Zellen" der menschlichen Gesellschaft, also jeden einzelnen Menschen, zu wissen glaubte, auf die Funktion der Zellen im Körpergewebe. Er hatte sein politisches Manifest von der Gleichberechtigung bei ungleicher Befähigung aller Menschen schon in jungen Jahren verfasst. Die Zellen im menschlichen Gewebe boten ihm dasselbe Bild: Sie alle trugen zur Funktion des Gesamtorganismus bei. Sie alle wirkten auf ihre Weise ohne einen Monarchen. Sie waren gleichberechtigte Beteiligte am Gesamtwerk, aber ihre individuellen Befähigungen unterschieden sich. Von Rudolf Virchow stammt der Satz, der wie ein Programm für die fürchterlichste Zusammenführung zukünftiger Eingriffe am menschlichen und am gesellschaftlichen Körper wirkte: „Die Medizin ist eine soziale Wissenschaft und Politik ist weiter nichts als Medizin im Großen".

Der Weg, die Nation von ihrer als Unglück und Krankheit verstörenden inneren Vielfalt zu kurieren, war somit von einem der angesehensten Ärzte und Wissenschaftler aufgezeigt. Es brauchte nur noch jemand zu kommen, der mit charismatischer Verführungsgewalt den Massen zu suggerieren vermochte, dass es nicht nur wünschenswert, sondern auch möglich sei, die deutsche Nation zu einer „Reinheit" zurück zu führen, die alle die alten Werte der Gemeinschaft, nun auf der Ebene der „Volksgemeinschaft", wieder zur Geltung brächte. Gegenseitige Ehrlichkeit, gegenseitiges Vertrauen, gegenseitige Verlässlichkeit – diese Verheißungen konnte nur die homogene Gemeinschaft erfüllen. Die Vielfalt sollte, wenn der passende Moment gekommen war, der Einfalt weichen. Die „Krankheitserreger", oder wie sie der ehemals eher erfolglose, aber von der NS-Propaganda aus dem Dunkel ans Licht beförderte Antisemit Paul de Lagarde (1827-1891) bezeichnete, die „Trichinen und Bazillen", waren rasch gefunden. „Mit Trichinen und Bazillen wird nicht verhandelt, Trichinen und Bazillen werden auch nicht erzogen, sie werden so rasch und so gründlich wie möglich vernichtet."[26]

---

26 Paul de Lagarde, *Ich mahne und ich künde*. Hirts Deutsche Sammlung. Gruppe IX: Gedankliche Prosa. Bd. 14. Ferdinand Hirt in Breslau. (1944) S. 63.

11. Die deutsche Einfalt

Die NS-Herrschaft bildete den Höhepunkt, oder besser: den Tiefpunkt, in dem deutschen Streben nach völkischer Einheit und somit Reinheit. Sie war gestützt von weiten Teilen der deutschen Bevölkerung. Sie schien legitimiert nicht nur durch die Argumente, die von geifernden Redenschreiern auf Parteitagen und in vielen Schriften mediocrer Autoren vorgebracht wurden. Wichtiger noch für den Erfolg war, dass die Allgemeinheit, die sich nicht in alle Gedankengänge und zu erwartenden Konsequenzen der NS-Politik eindenken konnte, den Eindruck gewann, dass auch viele der besten Köpfe sich explizit in den Dienst der nationalen Aufgabe und der völkischen Idee gestellt hatten. Die Saat des 19. Jahrhunderts ging nun auf.

Man kann die NS-Zeit aus unterschiedlichen Blickwinkeln kommentieren und die so genannte Machtergreifung in vielen historischen Facetten begründet sehen. Die Sehnsucht mancher Menschen, sich auf die Werte zu besinnen, die ihnen ein Jahrhundert lang als reines „Deutschtum" eingeprägt worden waren, wird keine kleine Rolle gespielt haben. Diese Sehnsucht mag ganz aktuell noch einmal bei denen gestärkt worden sein, die den Ausgang des (Ersten) Weltkriegs als für Deutschland schmählich empfanden, die sich durch die Maßnahmen der Siegermächte gedemütigt fühlten, und die nicht zuletzt durch die Aussicht, dem international angelegten Sozialismus, der in den Kommunismus münden sollte, anheim zu fallen, zutiefst verunsichert waren.

Das „Dritte Reich" war das bislang jüngste und vergebliche Aufbäumen eines Großteils der Bevölkerung gegen den unaufhaltsam zunehmenden Verlust der „Gemeinschaft" durch den Übergang in immer höhere Ebenen der „Gesellschaft". Manche Menschen vollziehen den Übergang leicht mit, anderen fällt das sehr schwer. Verantwortlich dafür sind tief verwurzelte Emotionen.

Der deutsche Sonderweg aus der Vielfalt in die Einfalt ist hinreichend bekannt. Er endete nicht in einer Katastrophe, wie es gelegentlich heißt. Ihn einzuschlagen und zu beschreiben, das war die Katastrophe, die, falls es den Namen Deutschland in 500 Jahren noch gibt, auch dann noch auf diesem Namen lasten wird. Der Versuch, die Illusion einer reinen, völkischen Gemeinschaft Wirklichkeit werden zu lassen, erforderte die Vernichtung aller der Elemente, die die Reinheit und Einheit des „Blutes", der Weltsicht und der Wertvorstellungen gefährdeten. So fielen Millionen Menschen den „Säuberungen" zum Opfer. Sie galten entweder als „rassisch" nicht dazugehörig; oder auf Grund ihrer Verhaltensweisen; oder weil sie körperlich und geistig dem Ideal des gesunden, schönen „Herrenmenschen" nicht entsprachen; oder weil sie andere politische und kulturelle Visionen hatten; oder weil sie schlicht von der Maschinerie des Krieges überrollt wurden. Von den materiellen Werten, die der Vernichtung anheim fielen, ganz zu schweigen.

Die Einfalt als Gegenstück zur Vielfalt war, als sich der Staub der Ruinen gelegt und das meiste Blut der Opfer auf beiden Seiten getrocknet war, nicht errungen. Die Sehnsucht nach der Gemeinschaft blieb unter dem Eindruck der fulminanten Wiederbelebung West-Deutschlands in den 1950er und 1960er Jahren zunächst unter dem dichten Mantel verborgen, den die Verdrängung der NS-Zeit aus dem Alltagsbewusstsein über diese scheinbar so kurze Episode in der deutschen Geschichte gelegt hatte.

Dieses Verborgensein konnte nicht von Dauer sein. Zum einen, weil niemand die Bevölkerung über die tieferen Ursachen des völkischen Wahns aufklärte; die Ursachen beschränkten sich auf oberflächliche Schuldzuweisungen – an Individuen, an die lange Tradition des deutschen Antisemitismus, und andere mehr. Zum anderen blieben die archaischen Gefühle, die die NS-Zeit ausgenutzt hatte, nach wie vor tief im Gemüt vieler Menschen präsent.

Zum einen, weil sie offenbar ebenso archaisch wie tief sitzend sind. Zum anderen, weil die neue bundesdeutsche Identität zwar in vielerlei Symbolik die Alternative zu der NS-Zeit suchte, aber auf einer Meta-Ebene den verhängnisvollen Glauben an eine nationale Identität fortführte.

National-Flagge, National-Hymne, Fußball-National-Mannschaft – der alte Glaube, dass es „die Deutschen" gibt, die wohl definierbar im nun friedlichen Wettstreit mit „den Franzosen", „den Engländern" etc. liegen, wurde auf allen möglichen Ebenen gepflegt, genährt und fortgeführt. Die erste Strophe des Deutschlandlieds wurde gestrichen. Sie war missverständlich nach den Konsequenzen von „Am Deutschen Wesen soll die Welt genesen" und angesichts inzwischen eingetretener territorialer Einschränkungen, die den Etsch als Südgrenze ebenso unzeitgemäß erscheinen ließen wie die Spanne „von der Maas bis an die Memel".

Doch schon bald fiel die Scheu, sehr viel nachhaltigere kulturelle Grundlagen des Strebens nach dem Deutschsein wiederaufzunehmen. Das vielleicht eindrücklichste Beispiel ist die Fortführung des Richard-Wagner-Kults in und um Bayreuth. 1951 fand unter dem Dirigat des noch 1944 in die von Adolf Hitler genehmigte Liste der „Gottbegnadeten" aufgenommenen und dadurch von jeglichem Kriegsdienst befreiten Herbert von Karajan in Bayreuth die erste Nachkriegsaufführung der „Meistersinger von Nürnberg" statt. Die Festspielleitung hatte, namentlich gezeichnet von Wieland Wagner und Wolfgang Wagner, ein Schild am Festspielhaus anbringen lassen: „Im Interesse einer reibungslosen Durchführung der Festspiele bitten wir von Gesprächen und Debatten politischer Art auf dem Festspielhügel freundlichst absehen zu wollen. HIER GILT'S DER KUNST."[27] Und so hallten die Schlussworte

---

27 Hartmut Zelinsky. *Richard Wagner. Ein deutsches Thema. Eine Dokumentation zur Wirkungsgeschichte Richard Wagners 1876-1976*. Medusa, Berlin – Wien 1983, S. 281.

des Hans Sachs nur acht Jahre nachdem die Mitglieder der Deutschen Arbeitsfront in der „NS-Gemeinschaft Kraft durch Freude" an derselben Stelle in denselben Sesseln dieser Botschaft gelauscht hatten, vor einem ergriffenen Publikum erneut in aller Unschuld.

Richard Wagner zählte wie Herbert von Karajan zu den nicht ohne Grund von den Nationalsozialistinnen und Nationalsozialisten höchst angesehenen deutschen Künstlern. Im Jahre 1951 sollte es den Anschein haben, als sei die von Richard Wagner selbst formulierte und in den Mund von Hans Sachs gelegte Mahnung in keinster Weise mit dem Thema verbunden, das die Festspielleitung in Gesprächen und Debatten nicht berühren lassen wollte.

> *Habt acht! Uns dräuen üble Streich'!*
> *Zerfällt erst deutsches Volk und Reich,*
> *in falscher welscher Majestät*
> *kein Fürst bald mehr sein Volk versteht;*
> *und welschen Dunst mit welschem Tand*
> *sie pflanzen uns in deutsches Land.*
> *Was deutsch und echt, wüßt' keiner mehr,*
> *lebt's nicht in deutscher Meister Ehr'.*
> *Drum sag' ich Euch:*
> *ehrt Eure deutschen Meister,*
> *dann bannt Ihr gute Geister!*
> *Und gebt Ihr ihrem Wirken Gunst,*
> *zerging' in Dunst*
> *das Heil'ge Röm'sche Reich,*
> *uns bliebe gleich*
> *die heil'ge deutsche Kunst!*

Die Vokabel „welsch" wartete nur darauf, zu gegebener Zeit durch eine geeignete andere Vokabel ersetzt zu werden. Das Nest, in das ein solches Ei zu legen war, blieb immer offen und bereit.

Der US-amerikanische Musikkritiker Bill Flanagan hat einmal die unerwartete Wirkung des ersten Rock-Songs des jungen Bob Dylan (geb. 1941) im Jahre 1965 mit einem in der damaligen Jugend der USA weit verbreiteten *tribalism*, das heißt, der Sehnsucht nach der Lebensform einer „Stammesgemeinschaft", erläutert. In den USA waren die sichtbaren Auswüchse dieses *tribalism* eine bunte, zumeist friedliche, weil nicht zuletzt gegen den Vietnam-Krieg gerichtete Bewegung. Gerne hätten die Teilnehmer dieser Bewegung die gesamte amerikanische Gesellschaft mitgezogen, insbesondere die Politik. Aber die USA sind nun einmal das Gegenteil einer ethnischen oder religiösen Gemeinschaft und im Grunde wissen alle, dass man sich in einer solchen, heterogenen Gesellschaft in Gruppen zusammenfindet, die eine gleiche Gesinnung teilen. Die übrigen gehen halt ihrer eigenen Wege. Man kann versuchen, so viele wie möglich auf die eigenen Wege zu holen, aber Zwang, Druck oder gar Gewalt wurden zu jener Zeit noch von kaum jemandem als probate Mittel solcher Vereinnahmung angesehen oder eingesetzt. Die schrille Suche nach der friedvollen Gemeinschaft, die die Hippies in den 1960er Jahren initiierten, fand weltweit ihre Nachahmer. In den USA verblasste sie nach geraumer Zeit wieder. Eine Gesamt-Gemeinschaft blieb angesichts der Realität der heterogenen Gesellschaft eine schöne Illusion.

Richard Wagner und Bob Dylan mögen vom musikalischen Stil her weit auseinander liegen. Wieland Wagner sprach 1953 von der „Gemeinschaft der Gläubigen". Woran aber glaubte diese Gemeinschaft? Nur an die schönen Klänge Wagnerscher Musik, nur an die revolutionäre Tonalität seiner Kompositionen, oder vielleicht noch immer an ein Gegenmodell zu der verstörenden, „undeutschen" Eigenart der modernen Gesellschaft? Wir wissen es nicht.

Die West-Anbindung der Bundesrepublik nahm ihren Lauf. Von vielen herzlich willkommen geheißen, von anderen widerwillig in Kauf genommen, wuchs der Einfluss US-amerikanischer Kultur und Politik auf den Alltag in Deutschland. An Störenfriede in der deutschen Gesellschaft, die die Harmonie des Neu-Anfangs von innen heraus in Frage stellten, war zunächst noch nicht zu denken. Der Wiederaufbau im eigenen Lande und die Suche nach erneuter Anerkennung von außen banden fast alle Kräfte. Der Schlusspfiff des Endspiels um die Fußballweltmeisterschaft, das „Wunder von Bern", im Jahre 1954 trieb denen, die damals am Radio saßen, die Tränen in die Augen: „wir sind wieder wer!" – und zwar mit friedlichen Mitteln.

Die scheinbare Ruhe fand erst gegen Ende der 1960er Jahre ihr Ende. Aus dem Inneren heraus und zunehmend auch durch Druck von außen setzte sich die bundesrepublikanische Öffentlichkeit mit den Details der NS-Zeit ebenso auseinander wie mit der Suche nach den Wurzeln gerade in der deutschen Kultur. Wie passte das scheußlichste Völkermord-Verbrechen, das die Menschheit bis dahin kannte, mit all dem zusammen, was deutsche Kultur seit Jahrhunderten ausmachte und zustande gebracht hatte? Die 30 oder 40 Millionen Toten, die der staatsinterne, maoistische Terrorismus in China forderte, dieselbe Anzahl an Toten, die der staatsinterne, stalinistische Terror in der Sowjetunion forderte, wer spricht noch heute darüber? Einige wenige Eingeweihte; einige wenige Historiker. An die systematische Ermordung der christlichen Armenier wird gelegentlich erinnert; das Land, in dem dies geschah, übt sich nach wie vor in offizieller Verdrängung.

Die Aufarbeitung des Holocaust ist dagegen in der gesamten Welt präsent. Dass im Jahre 2015 griechische Medien die bundesdeutsche Kanzlerin oder ihren Finanzminister ohne Scheu und mit viel Zustimmung, auch über Griechenland hinaus, in NS-Uniform oder mit A.H.-Insignien in einer Reihe mit den NS-Verbrechern darstellen, das ist nun einmal so. Die Konzentration auf die Verbrechen der Deutschen hat auch, wie es Paavo Lipponen, der ehemalige Vorsitzende der Sozialdemokratischen Partei Finnlands und finnische Premierminister von 1995 bis 2003, einmal ausdrückte, den Vorteil, dass andere „Länder, in deren dunkler Vergangenheit Völkermorde und die Unterdrückung eigener und anderer Bürger auf offene Behandlung warten, zu leicht davon kommen, weil sich die Aufmerksamkeit auf Deutschland richtet."[28]

Für die deutsche Gesellschaft insgesamt hatte die seit den späten 1960er Jahren nie wieder abgerissene, tagtägliche Befassung mit dem Holocaust in allen Medien, in allen Institutionen, und nicht zuletzt die strafrechtliche Verfolgung möglichst jedes einzelnen Befehlsgebers und Befehlsempfängers der Vernichtungsmaschinerie, oder auch die Setzung tausender so genannter „Stolpersteine" zur plastischen Erinnerung an die Opfer eine positive Auswirkung. Diejenigen, die dem *tribalism*, der uralten Sehnsucht nach völkischer Gemeinschaft, nicht nur nachträumen, sondern mit Wort und Tat Ausdruck geben, sind stets in der Minderheit geblieben. Politische Parteien, die eine solche Klientel abzuschöpfen suchten, haben stets nur Strohfeuer-Erfolge zeitigen können, ehe sie wieder in Bedeutungslosigkeit versanken. Das Potential, die Illusion eines „reinen Deutschlands" auch mit Gewalt zu verwirklichen, ist freilich nach wie vor vorhanden. Die Mordserie des so genannten Nationalsozialistischen Untergrunds (NSU) bietet dafür den bemerkenswertesten Beleg.

Tatsächlich haben sich die Umstände geändert. Deutschland selbst ist eine Gesellschaft, die sich aus zahlreichen Gemeinschaften zusammensetzt. Das sind vordergründig die Bundesländer von Schleswig-Holstein bis Bayern. Sie alle haben ihre eigene, komplexe Geschichte. Sie alle sind für sich wiederum Gesellschaften, die aus früher mehr oder weniger eigenständigen Gemeinschaften zusammengesetzt sind, und so könnte man in immer tiefere Schichten zurückschauen. In Schleswig-Holstein ist nach wie vor eine historisch enge Verbindung mit Dänemark präsent, nicht zuletzt durch den territorialen

---

28 Paavo Lipponen. *Die Vernunft siegt*. Berlin. Berliner Wissenschafts-Verlag, 2014, S. 107.

EinSchluss einer dänischen Minderheit mit parlamentarischen Sonderrechten. In Bayern sind mehrere Volksstämme vereinigt, die Sudetendeutschen wurden nach dem Krieg als „vierter Stamm" aufgenommen und weitaus problemlos integriert. All das ist nicht einfach und hat doch eine Struktur gefunden, die ein friedvolles und geordnetes Staatswesen ermöglicht. Die CSU innerhalb der Union ist der Rest einer territorialen und politischen Identität einer ehemaligen Gemeinschaft, Bayern, die in die bundesrepublikanische Gesellschaft integriert wurde. Alle übrigen Bundesländer gehen ihren Interessen über Parteien nach, die eine gesamtstaatliche Funktion ausüben. Der regionale Proporz spielt freilich auch in diesen Parteien noch eine wichtige Rolle. In den so genannten Volksparteien sollten nicht nur möglichst viele gesellschaftliche Interessengruppen, sondern auch die Regionen sich wiederfinden.

In einer funktionierenden Gesellschaftsstruktur stehen sich die einzelnen Gruppierungen, seien sie weltanschaulich oder regional definiert, nicht feindlich gegenüber; sie wirken in übergeordneten Institutionen zusammen und können darum darauf vertrauen, dass die andere Seite nicht das System als solches in Frage stellt. Stattdessen gilt es, in einer Dynamik des steten Verhandelns zu immer neuem Interessenausgleich zu kommen. Den politischen Parteien kommt hier eine häufig unterschätzte Bedeutung zu. Indem sie die regionale oder gruppenspezifische Anbindung überwinden und in ihrer Mitgliedschaft selbst schon möglichst viele Gruppierungen vereinen, verringern sie die Konfliktherde auf kleinlicher Grundlage. Es geht um das Große und Ganze, das es zu erhalten gilt. Parteien, die sich am linken und rechten Rand bilden, um das Große und Ganze zu Fall zu bringen, sind eine Realität. Sie sind Feinde der Gesellschaft, weil sie die Gemeinschaft des Gleichklangs propagieren, in der alle Ideale durch Gleichschaltung verwirklicht werden.

Der Nationalsozialismus war angetreten, keine „besondere Standesehre mehr zu dulden" und allen „seinen Mitbürgern den gleichen Stand, den gleichen Anstand zuzubilligen," wie Hanns Johst es in seiner Schrift *Ruf des Reiches, Echo des Volkes. Eine Ostfahrt* zwischen 1940 und 1944 in sieben Auflagen mit 148 000 gedruckten Exemplaren verkündete.[29] Man möchte ein solches Buch nicht lesen; es ist schlicht widerlich. Aber man muss es lesen, um die Verbindungslinien aufzuzeigen, die diese Vergangenheit mit der Gegenwart subtil verbinden. Denn die Zielstellung, „seinen Mitbürgern den gleichen Stand" und „den gleichen Anstand zuzubilligen", findet am politischen Rand links wie rechts Zustimmung in den Parteiprogrammen.

Die zwei großen Volksparteien stehen in Deutschland für den Ausgleich von Partikularinteressen, aus dem sie das Wohlergehen der Gesamtgesellschaft herleiten. Die Parteien am rechten und linken Rand stehen für die Umgestaltung der Gesamtgesellschaft ohne Ausgleich der Partikularinteressen. Indem sie das Ziel verfolgen, der Gesamtgesellschaft ihre Auffassung von Gleichheit und Anstand überzustülpen, vernachlässigen sie die Interessen von Partikulargemeinschaften innerhalb der Gesamtgesellschaft. Sie sind somit, obschon sie die Öffentlichkeit vom Gegenteil zu überzeugen suchen, tatsächlich Gesellschafts-feindliche Kräfte.

Auf dieser Erkenntnis beruht das harsche Urteil, das der Sozialdemokrat Lipponen über die finnische Partei der Grünen fällte. „Diese grüne Arroganz stammt direkt aus der westlichen Intellektuellentradition, die das Volk verachtet. Man will den Leuten sagen, wie der Hase läuft".[30]

---

29 Hanns Johst, *Ruf des Reiches, Echo des Volkes. Eine Ostfahrt*. Verlag Franz Eher Nachf. GmbH, München 1940, 67.

30 Paavo Lipponen, *Die Vernunft siegt*. Berliner Wissenschafts-Verlag. Berlin, 2014, 107.

Die, so ebenfalls Lipponen, „das Volk disziplinierende Kommandowirtschaft" wird ergänzt durch den „einen Anstand". Eine kleine Gruppe von Menschen sieht sich berechtigt, der Gesamtgesellschaft ihr eigenes Verständnis des einen „Anstands" aufzuzwingen. Das geschieht in Hinblick auf die Essgewohnheiten („Veggy-Day"), in Hinsicht auf das Mann-Frau-, Mann-Mann- und Frau-Frau- Verhältnis, in Hinsicht auf die Pädo-Erotik, in Hinsicht auf die Graffiti-Künstler, die von einer Vielzahl von Menschen als Schmierer und Verunstalter angesehen werden und nicht als Künstler, denen man jegliche Hauswand als Folie für ihre Selbstverwirklichung bieten muss, und andere Facetten des Alltags mehr.

Die Bemühungen derjenigen, die an die innere Vielfalt der Gesellschaft glauben, die Gesamtbevölkerung von den Werten dieser Vielfalt zu überzeugen, sind in manchen Landesteilen offenbar nur wenig erfolgreich. Dazu mag beitragen, dass die dem Totalitarismus entlehnte Vereinheitlichung von Anstand und Verhalten durch die verheißungsvolle Parole „multikulturell" kaschiert wird. Die „multikulturelle" Vision ist aus kindischer Naivität geboren. Hier wird mit der einen Hand Freiheit geboten, die mit der anderen Hand wieder genommen wird.

Es wird Zeit, hier wieder an die Bedeutung, ja, an die Macht der Emotionen zu erinnern. Wer die Emotionen unterschätzt, die häufig noch an alte Gewohnheiten geknüpft sind, riskiert den Frieden und die Ordnung der Gesellschaft. Es handelt sich hier um nichts Anderes, als der komplexen Gesellschaft die Visionen aufzubürden, die lediglich in einer einzigen der in dieser Gesellschaft zusammengeführten Gemeinschaften maßgebend sind. Wohin das führen kann, das war in der Vergangenheit sichtbar, das ist in manchen Ländern in naher Umgebung und in weiter Ferne erkennbar. Es mag auch für Deutschland wieder Wirklichkeit werden.

Mit der so wortreich und farbenfrohen Vision der Multikultur werden Emotionen angesprochen, und die sind – das zeigt die Geschichte überdeutlich – allzu oft wirkmächtiger als die Vernunft. Der Einfalt, die zwischen 1933 und 1945 auf verbrecherische Weise die historisch gewachsene Vielfalt in Deutschland ersetzen sollte, folgt nun seit geraumer Zeit eine ganz andere Einfalt. Das Bemühen während der NS-Zeit, die Vielfalt in Deutschland durch Homogenität der Ethnie und der Weltanschauung zu ersetzen, basierte auf einer überaus geschickten Ausnutzung und Übersteigerung tiefsitzender Gefühle. Baldur von Schirach (1907-1974) etwa, der dem „Führer" vor Beginn des Krieges die deutsche Jugend „zur Verfügung stellte", war ein hoch gebildeter Mann aus altem Adel. Er war über seine Mutter, einer US-Amerikanerin, international geprägt. Baldur von Schirach nutzte mit seinen Mitarbeitern die verführerischsten Methoden, um die gesamte Jugend für die bevorstehenden kriegerischen Auseinandersetzungen mental wie körperlich vorzubereiten. Er war nur ein Beispiel, wenn auch ein herausragendes.

Die heutige Einfalt richtet sich gegen die Gefühle mancher Menschen. Sie verlangt die Unterdrückung der Sehnsucht nach einem traulichen Lebensumfeld, in dem man die Menschen kennt, mit ihnen Werte teilt, und denen man daher vertrauen mag. Für viele Menschen ist ein solches Umfeld unabdingbar. Sie gehen in Vereine, sie schließen sich einer kirchlichen Gemeinde an, oder suchen auf die eine oder andere Weise Gleichgesinnte, die nicht den täglichen Wettbewerb, das Misstrauen, die Distanz im Umgang verlangen.

Das wird auch zukünftig Jedem möglich sein. Und doch kann die gefühlte zunehmende Umgestaltung der Gesellschaft in eine Ansammlung von einander kulturell fremden Gruppen nicht nur als grundsätzlich positive Herausforderung, sondern auch als Belastung empfunden werden. Die Mordserie der NSU und, (noch) gewaltlos aber wortreich, die Demonstrationen der PEGIDA sind nur zwei Äußerungen eines Unbehagens, dessen Ausmaße niemand kennt. Sie sind aus einer Stimmung gewachsen, die eine schweigende Vielzahl nicht in die Öffentlichkeit zu tragen wagt. Das kann sich ändern. Es bedarf einer als existentiell empfundenen Krise und einer mitreißenden Persönlichkeit und der Unmut wird das Antlitz der Gesellschaft ändern.

12. Alternative zu Deutschland

Noch ist es nicht soweit. Noch besteht die Chance, die Herausforderungen an die Gesellschaft in Deutschland mit einer Vernunft anzugehen, die auch die Emotionen berücksichtigt. Man mag unbeeindruckt über die Gefühle hinwegsehen, die sich gegen die wachsende Begegnung mit dem Fremden im kleinräumigen Alltag ebenso wie in der großen Politik erheben. Man mag herbe Worte für die Menschen finden, die nicht geschult sind in feiner Wortwahl und daher ihre Bedenken mehr oder weniger provokativ aussprechen oder herausschreien. Sie sind nur die Spitze des Eisbergs. Es gilt, nach vorne zu schauen. Es gilt, deutlich und ehrlich darauf hinzuweisen, dass die Rückkehr in die trauliche „alle folgen einem Anstand"-Gemeinschaft ausgeschlossen ist. Die Rufe des Heinrich Kleist und des Richard Wagner durch den Mund des Hans Sachs sind immer noch hörbar. Sie stehen ein für die Wiederherstellung einer Lebenssituation, die nicht mehr wiederherstellbar ist.

Dass bisher getrennte Gemeinschaften zu einer Gesellschaft zusammenwachsen, kann nicht erzwungen werden. Nur allmählich lassen sich die emotionalen Barrieren erniedrigen und vielleicht abbauen. Die nationalistische Propaganda im 19. Jahrhundert war bemüht, aus den verschiedenen deutschen Ländern, die sich durchaus nicht alle gegenseitig freundlich gesinnt waren, eine Gemeinschaft der Deutschen zu formen. Gemeinsame Werte und gemeinsame Kultur wurden beschworen. Es förderte ein Zusammenwachsen im Inneren und sollte der Standhaftigkeit gegenüber den territorialen Begehrlichkeiten von Außen dienen. Erst als diese Art der nationalen Vergemeinschaftung durch den Reinheitswahn korrumpiert wurde, geriet das Projekt „Nation" auf die schiefe Ebene, die im Abgrund endete.

Die Nachwirkung sowohl der Einigungsbemühungen des 19. Jahrhunderts als auch der schiefen Ebene ist immer noch zu spüren – und ist doch heute fehl am Platz. Die Vorstellung von dem Volkskörper ist auch 70 Jahre nach Ende der NS-Zeit noch weitverbreitet. Da wunderte sich der seinerzeitige Bundespräsident Gauck, als Leute auf die Straße gingen, um die imaginäre deutsche oder europäische Identität zu schützen, und sprach von einer „Schande für Deutschland". Genau das ist es eben nicht. Die unflätigen und gewaltsamen Ausfälle auf der Straße und vor Flüchtlingsheimen sind eine Schande für diejenigen, die sich daran beteiligen, aber nicht für Deutschland insgesamt. Von einem Deutschland zu träumen oder gar zu sprechen, in dem jeder einzelne Bürger von den Übeltaten eines anderen Bürgers befleckt wird, ist völlig unzeitgemäß. Deutschland ist kein „Volkskörper", dem es insgesamt zur Schande gereicht, wenn irgendwo einige seiner „Glieder" aus unterschiedlichen emotionalen oder sonstwie motivierten Anregungen heraus auf der Straße – wo denn sonst? – ihren Unmut darüber ausdrücken, dass die Chimäre Deutschland ihren historischen Charakter verliert.

Die Idee des „Volkskörpers" bleibt in mannigfacher Weise erhalten – und ist eine offenbar langfristig überlebensfähige Ausdrucksform dessen, was im Rückblick als Faschismus verurteilt wird. Dieses Bild bringt die Vorstellung zum Ausdruck, dass der einzelne Bürger mit seinem Leben und Verhalten nicht für sich selbst steht, sondern mit seinem Leben und Verhalten nur als Teil des Ganzen wahrgenommen werden kann. Wenn der einzelne aus dem gewünschten Bild des Volkskörpers heraustritt, oder dieses Bild in seiner gewünschten Erscheinung stört, dann „vergiftet er Deutschland",[31] dann ist er heute eine „Schande für Deutschland" – da werden durchaus ungute Erinnerungen wach. Die fatale Sicht auf Deutschland als Volkskörper, der nun einmal so ist, wie er ist, und der auch über Jahrzehnte und Jahrhunderte – so Leopold von Ranke – in seinen Grundlinien derselbe bleibt, zeigt sich auch in einer Aussage des Vorsitzenden des Zentralrats der Juden, der in den Medien am 3. Mai 2015 verkündet wurde: „Deutschland hat soviel Unheil in der Welt angerichtet, es muss daher besonders viele Flüchtlinge aufnehmen." So als stünde ein und dieselbe Person vor ihm, die zwischen 1933 und 1945 soviel Unheil in der Welt angerichtet hat und nun, 70 Jahre später, immer noch dieselbe Person, sich entsprechend anstrengen muss, um dieses damalige Unheil ein wenig durch die Aufnahme von besonders vielen Flüchtlingen zu kompensieren.

Er mag das 2015 mit Recht dem Individuum vorhalten, das 1944 in Auschwitz als Buchhalter mit dafür gesorgt hat, dass die Vernichtungsmaschinerie in jeder Hinsicht reibungslos ihr Werk vollendete, und er darf darauf dringen, dass diese Person auch mit 94 Jahren noch zur Rechenschaft gezogen wird. Aber das Land Deutschland so anzusprechen, als stehe da dieselbe Person vor Gericht, die damals die Verbrechen begangen hat, ist schlicht die Weiterführung der Ideen von der deutschen Gesellschaft als eines Volkskörpers, mit allen Konsequenzen.

Dieser Volkskörper war stets eine Illusion. Es hat ihn vor 1933 nicht gegeben, trotz aller Bemühungen sowohl sozialdemokratischer als auch nationalsozialistischer Eugeniker, ihn bis ins Innerste von „Schädlingen" und Fremdkörpern gereinigt darzustellen; es hat ihn genauso

---

31 DER SPIEGEL online, 26. 7. 2015.

wenig in den zwölf Jahren bis 1945 gegeben, als er aufgerufen wurde, sich den Raum im Osten zu sichern. Es gibt diesen Volkskörper Deutschland auch heute nicht.

Wie groß ist wohl der Anteil der Bürgerinnen und Bürger Deutschlands, deren Vorfahren vor 1946 geographisch und kulturell noch fernab von Deutschland beheimatet waren? Wie viele Menschen sind seitdem eingewandert, haben deutsche Pässe und zahlen hier Steuern? Sind sie nun Teil des deutschen „Volkskörpers", der schon 1933 bis 1945 existierte? Folgt man den Autoren Esther Shapira und Georg M. Hafner, dann sind sie es. Angesprochen auf den so genannten „muslimischen Antisemitismus" weiter Kreise jugendlicher Muslime in Deutschland, erklären sie, dass dies „deutsche Kinder" sind, die in Deutschland geboren wurden, in Deutschland zur Schule gegangen sind, von deutschen Lehrern nicht ausreichend aufgeklärt und an ihrem Antisemitismus gehindert worden sind. Ihr Antisemitismus ist folglich ein deutscher Antisemitismus.[32] So einfach ist das, und so bequem. Der deutsche Volksgeist hat die muslimischen Jugendlichen erfasst; sie sind Teil des deutschen Volkskörpers.

Es sind unzählige Ehen geschlossen worden zwischen einheimischen Deutschen und Polen, Russen, Iranern, Palästinensern, Chinesen, Israelis, Spaniern, Japanern und US-Amerikanern, um nur Beispiele zu nennen. Müssen die Kinder, die aus diesen Ehen hervorgehen, sich in irgendeiner Weise mit-„schuldig" fühlen an den Verbrechen, zu denen väterlicherseits oder mütterlicherseits die Generation der Großeltern oder mittlerweile der Urgroßeltern von herausragenden Vertretern der gesellschaftlichen Elite angestiftet war? Wohl kaum. Sie werden – und

---

32 Esther Shapira, Georg M. Hafner. *Israel ist an allem schuld. Warum der Judenstaat so gehasst wird*. Frankfurt/Main. Eichbarn Verlag 2015. Gesprächssendung "12.22. Zu Gast bei Ingo Kahle". Wiederholung einer Sendung vom Mai 2015 am 16. August 2015.

das ist richtig – in vieler Hinsicht Tag für Tag mit der gesamten deutschen Bevölkerung auf die Verantwortung hingewiesen, die jeder hat, sich dafür einzusetzen, dass vergleichbares Unheil nicht wieder geschehen kann. Aber das ist keine „besondere" Verantwortung. Im Jahre 2017 hat bereits ein Fünftel der Menschen mit deutschem Pass keine deutschen Vorfahren. Die Menschen, die in immer größerer Zahl gar keine „Nachkommen" der Täter mehr sind, können und sollten sich nicht als Gliedmaßen eines deutschen Volkskörpers empfinden. Wenn jemand Verantwortung fühlt, dann in gleichem Maße wie die heutigen Bewohner anderer Länder. Sie alle sind nicht Teil der Volkskörper, die als „England", „Frankreich", „Holland" oder „Russland" weltweit gröbste Untaten begangen haben.

13. Sorgen – allein gelassen

Die ethnische und weltanschauliche Vielfalt der in Deutschland lebenden Menschen ist real; sie wird noch weiter zunehmen. Wenn in einem Klassenzimmer 70% Kinder mit Migrationshintergrund und schlechten Deutschkenntnissen sitzen, bezeichnen die Eltern der einheimischen Kinder diesen Zustand als „Überfremdung". Der Gebrauch dieser Bezeichnung wird gelegentlich als Ausdruck von Fremdenfeindlichkeit gebrandmarkt. Es ist die von dem finnischen Sozialdemokraten Paivo Lipponen zu Recht getadelte Arroganz mancher Ideologen, die über die Gefühle anderer Menschen in bestimmten Lagen urteilen wollen. Es geht nicht darum, diese Gefühle zu verurteilen. Es geht darum, sie ernst zu nehmen und eine Politik zu betreiben, die diese Gefühle abbaut.

Die Gründung einer Partei mit dem Namen „Alternative für Deutschland" war ebenso ein Zeichen eines unzeitgemäßen, allein rückwärts schauenden Bewusstseins, wie die Bezeichnung „Patriotische Europäer" in dem Kürzel

PEGIDA. Da Europa niemals jemandes *patria* gewesen ist und zukünftig auch nicht sein wird, steht „Patriotische Europäer" wohl eher für „Patrioten der verschiedenen Staaten Europas". Hier klammert man sich verzweifelt an einen Patriotismus-Begriff, der vielleicht einmal seine Berechtigung hatte. Wir erinnern uns, Fichte war Kosmopolit und wurde dennoch Nationalist, weil er im Nationalismus eine Garantie sah, „sein" Deutschland vor Napoleon und ähnlichen Bedrohungen zu schützen. Wenn sich also eine Gruppe von Menschen auf die Straße begibt, um gegen die Veränderungen im Alltag zu protestieren, die sie einem zunehmenden Einfluss des Islam zurechnen, können sie das zwar tun. Aber sie liegen falsch, wenn sie die Lösung ihrer Probleme in einer Gesellschaft suchen, die für immer der Vergangenheit angehört.

Man mag sich wundern, warum noch niemand auf die Idee gekommen ist, eine Partei zu gründen, deren Programm schon in der Namensgebung *Alternative zu Deutschland* zum Ausdruck kommt. Vielleicht würde diese Partei als sinnvolle Bezeichnung statt „Deutschland" ein Acronym propagieren: ZER, gebildet aus den Worten Zentral-Europäische Region. Mit dieser Bezeichnung, so könnte die neue Partei argumentieren, wäre der unselige Nationalismus des 19. und 20. Jahrhunderts offenkundig überwunden. In ZER könnten sich die alten Stämme der Franken, der Bayern, der Hessen, der Schwaben, der Friesen, der Sachsen, der Sorben, der nordschleswigschen Dänen und andere mehr ebenso wiederfinden wie diejenigen Neubürger, die heute noch die Lippen fest verschließen, wenn die Nationalhymne vom „deutschen Vaterland" spricht. Eine neu getextete ZER-Hymne könnte die neue Realität ebenso widerspiegeln wie eine neu entworfene ZER-Flagge und ein ethnisch vielfältiges ZER-Fußballteam. Die Bewohner von ZER würden sich als ZERer verstehen, und damit allen signalisieren: das Deutschland, das in der Vergangenheit den Weg der völkischen und kulturellen „Reinheit" zu gehen versuchte, das gibt es nicht mehr. Noch immer, und das wird auch in Zukunft so sein, tragen viele Entscheidungsträger in der Politik Namen wie Müller, Schmidt, Maier und Hoffmann. Aber die neue Partei könnte darauf hinweisen, dass schon jetzt Namen wie de Maiziere, Lafontaine, McAllister, Tillich, Özdemir und Sridharan die real existierende ethnische und kulturelle Vielfalt im Lande ZER erkennen lassen. 2009 wurde Prof. Dr. Joybrato Mukherjee, ein gebürtiger Rheinländer, zum Präsidenten der Justus-Liebig Universität in Gießen gewählt. In Zukunft wird sich niemand mehr danach messen lassen müssen, ob er „deutsch" oder nicht-deutsch, integriert oder nicht-integriert ist. Es wird im Lande ZER einzig darum gehen, ob der/die Einzelne sich für ein friedliches Miteinander aller einsetzt und in einer Weise am produktiven, kulturellen und politischen Leben teilnimmt, die dem Allgemeinwohl dient.

Im Mai 2017 kam ausgerechnet von einer Stellvertretenden Vorsitzenden der Sozialdemokratischen Partei Deutschlands und Politikerin mit türkischer Abstammung eine Aussage, die diese Entwicklung andeutet. Die stellvertretende Staatsministerin für Migration, Flüchtlinge und Integration, Frau Aydan Özuguz, stellte im Berliner *Tagesspiegel* fest: „Eine spezifisch deutsche Kultur ist, jenseits der Sprache, schlicht nicht identifizierbar".[33] Das ist durchaus eine grundlegende Aussage. Sie gilt in gleichem Maße für die Türkei, Frankreich oder China. Sie greift zurück auf die bereits zitierte Überzeugung König Ludwigs I. von Bayern, der die Sprache als das einzig feste Band ansah, das alle „Teutschen" verbinde.[34] Mit einer solchen Ansicht setzt sich die SPD an die Spitze der Kräfte, die die Existenz national begründeter Kulturen

---

33 https://causa.tagesspiegel.de/gesellschaft/wie-nuetzlich-ist-eine-leitkultur-debatte/leitkultur-verkommt-zum-klischee-des-deutschseins.html

34 S. oben S. 82, 84.

verneinen und damit nicht zuletzt dem Patriotismus, der auf der Vorstellung einer identifizierbaren „türkischen" oder „französischen" oder „chinesischen Kultur" beruht, die ideologische Grundlage entzieht.

Eine Parteigründung Alternative zu Deutschland mag daher gar nicht erforderlich sein; die Einsicht kommt aus den etablierten Parteien selbst. Doch festzuhalten ist: der Begriff der „Nation" hat ebenso ausgedient wie der Begriff des „Patriotismus", ein für allemal. Die Medien im Herbst des Jahres 2015 berichteten aus gutem Grund gerne von Flüchtlingen aus Syrien, die sich entscheiden, für immer hier zu bleiben, irgendwann einmal nicht mehr „Fremde" zu sein und Deutsche zu werden. Solche Beispiele sind schön. Aber man kann weder erwarten noch fordern, dass alle oder gar die Mehrheit der Neuankömmlinge sich irgendwann einmal als „Patrioten" für Deutschland fühlen. Von ihnen erwarten wollen wir, dass sie sich für ein friedliches und konstruktives Miteinander aller Gruppen einsetzen.

Es wird sich – wenn es gut läuft - eine politische Struktur bilden, die es den Bürgern ermöglicht, gemeinsam ihre unterschiedlichen Lebensformen in ständiger Kompromissbereitschaft soweit wie möglich auszuleben, ohne andere Gruppen und deren gewählte Lebensformen zu verletzen. Das hat schon der Kantsche Imperativ gefordert; er ist nun auf eine umfassendere Herausforderung anzuwenden. Diejenigen, die sich dafür einsetzen möchten, brauchen Geduld, viel Geduld. Genau hier läge der Unterschied zu denjenigen, die heute von der „multi-kulturellen" Gesellschaft reden und sich nicht scheuen, eine Entwicklung mit Zwang schneller herbeizuführen, als sie sich von selbst ergeben kann. In China erzählt man sich von Generation zu Generation die Parabel von dem Bauer, dem seine Pflänzchen nicht rasch genug in die Höhe wuchsen. Er zog an ihnen, bis er sie mit der Wurzel ausgerissen hatte.

Wer die Realität anschaut, kann freilich zweifeln, ob sich solche Visionen jemals verwirklichen lassen. Zu stark sind die Kräfte, die Gefühle, die in der herkömmlichen, „nationalen" Sichtweise verharren. Groß ist auch die Befürchtung, dass die gesellschaftsfeindliche Politik zum Beispiel der türkischen AKP Einfluss nehmen könnte auf die Gestaltung der politischen Struktur in Deutschland. Die AKP wird von nicht wenigen der in Deutschland lebenden türkischen Muslime, und damit der zahlenmäßig größten fremdkulturellen Gruppe im Lande, unterstützt. Zu berechtigt sind die Zweifel, ob ein ausreichender Anteil der hier lebenden Muslime sich mit der Gegenwart Andersgläubiger wird arrangieren können.

Die Erwartung, dass muslimische Gläubige sich als Mitbürger spätestens nach einigen Generationen in eine säkulare, kulturell heterogene Gesellschaft einfügen werden, hat historisch gesehen nur eine begrenzte Berechtigung. Der Islam ist kaum reformierbar, weil ihm eine zentrale theologische Instanz fehlt, die von allen oder auch nur der überwiegenden Mehrheit der Gläubigen als richtungsweisend in der Auslegung der heiligen Schrift anerkannt wird. Wie das Christentum auch umfasst der Islam eine weite Bandbreite von Auslegungen, die von theologischer Anpassung an die Moderne und der Einsicht in eine Vielfalt der Religionen bis hin zu fundamentalistischen Gruppierungen reicht, die ihre eigene Sicht wenn nötig auch mit Gewalt gegenüber den Andersgläubigen durchzusetzen bereit sind. Zahlreiche Muslime leben in Deutschland, die sich genauso wie zahllose christlich Getaufte nicht als religiös einschätzen und durchaus friedlich, freundschaftlich und kooperativ mit Andersgläubigen oder so genannten Ungläubigen in einer Gesellschaft zusammenleben können. Ihnen ist es gleichgültig, welche sonstigen religiösen oder säkularen Weltanschauungen von den anderen Gemeinschaften in der Gesellschaft vertreten werden. Wenn sie noch einigen Glaubensinhalten folgen, genügt es ihnen, ebenso wie vielen Christen auch, diesen Inhalten ungestört in ihrer eigenen Gemeinschaft nachgehen zu können. Aber das sind nicht die Muslime, die das – negative – Erscheinungsbild des Islam prägen.

Die abweisenden Gefühle mancher Nicht-Muslime gegenüber dem Islam und seinen Anhängern werden von solchen Muslimen bestimmt, die mit ihrem Auftreten in der Öffentlichkeit negative Schlagzeilen in den Medien provozieren. Das Beispiel der Türkei und anderer Staaten lässt vermuten, dass der fundamentalistische Kern des Islam stark genug ist und auch wieder erstarken kann, um die Berechtigung des Säkularen zu verneinen. Auch die Gleichwertigkeit anderer Religionen oder gar die Möglichkeit, aus dem Islam auszuscheiden, ohne dies mit einem Todesurteil zu belegen, sind nicht vermittelbar. Für den Außenstehenden ist kaum einzusehen, dass ein Gott, ein Allmächtiger, es nötig hat, ein menschliches Leben vernichten zu lassen, nur weil der Inhaber dieses Lebens nicht mehr an diesen Allmächtigen glauben kann. In Malaysia wurden erst jüngst Gesetze erlassen, die es den Christen untersagen, ihren Gott weiterhin als Allah zu bezeichnen. Sie sind ein Beispiel dafür, dass auch jahrhundertelange Ko-Existenz mit Andersgläubigen an dem Eifer muslimischer Theologen nichts geändert hat, sich über alle anderen Anschauungen zu erheben und ihrem Allmächtigen menschliche Schützenhilfe für sein womöglich bedrohtes Alleinstellungsmerkmal „Allah" zu leisten, wenn erforderlich auch gewaltsam.

Die christlichen Kirchen in Europa waren über lange Jahrhunderte mit großer Aggressivität bemüht, ihren Alleingültigkeitsanspruch durchzusetzen. Sie haben diesen Anspruch in einem schmerzhaften und für sie letztlich verlustreichen Kampf mittlerweile verloren. In Wort und Schrift wird er gelegentlich noch geäußert, jedoch nicht mehr mit „Feuer und Schwert" durchgesetzt. Dieser Anteil an der *Kriminalgeschichte des Christentums* ist Vergangenheit. Das Christentum ist in dieser Hinsicht „Gesellschafts"-fähig geworden. Menschen, die froh darüber sind, der Bevormundung der christlichen Theologie entronnen zu sein, müssen nun mitansehen, wie eine Bevormundung durch islamistische Theologen immer weitere Kreise zieht.

Sie lesen die Berichte über Saudi-Arabien, wo der Islam den Frauen bis in jüngste Gegenwart das Autofahren verboten hat und Frauen bis heute viele andere Tätigkeiten versagt, die hier in Deutschland nach langen Jahrhunderten des Kampfes um Gleichberechtigung selbstverständlich erscheinen. Sie lesen die Berichte aus Teheran oder der Türkei, muslimischen Staaten, in denen Männer bestimmen, wie der Alltag auszusehen hat. Sie können nach England schauen, wo es heute selbstverständlich ist, dass ein islamischer Mentor in den Universitäten für Studierende bereitsteht, die auf Grund herkömmlicher Alltagskleinigkeiten ihre muslimische Selbstverwirklichung verletzt sehen. Sie haben in der Presse gelesen, wie in England die Behörden jahrelang weg geschaut haben und das Leid ungezählter nicht-muslimischer Kinder hingenommen haben, die voller Verachtung seitens muslimischer Kreise missbraucht worden sind. Und die Vorstellung, irgendwann auch in Dresden vor Gericht einer vollverschleierten Richterin gegenüber zu stehen, wie es in England schon möglich ist, erscheint manchem hierzulande auch nicht gerade geeignet, sorglos in die Zukunft zu schauen.

Wo aber können diejenigen Menschen ihre Sorgen äußern? Außerhalb von Familie, Freunden, Stammtisch: nirgendwo. Wer aber auf die Straße geht und dort unbeholfen, auch grob und beleidigend seine Ängste artikuliert, damit sie gehört werden, der wird mit den Worten „Schande für Deutschland" ausgegrenzt. Sollen also diese Menschen, wenn sie die Zeitung lesen, zu Hause ihre Sorgen nähren? Das Fernsehen zeigt ihnen täglich, wie der Staat, dazu beiträgt, dass in fernen Ländern mit oder ohne Drohnen Schuldige und Unschuldige ohne Prozess getötet werden im Kampf gegen Auswüchse einer politisch-religiösen Dynamik, deren Anfänge sie auch in nächster Nähe zu sehen glauben.

Nicht nur unbedarfte junge Muslimas und Konvertiten aus Deutschland fühlen sich angezogen und verlassen das Land, um in der Ferne für die, wie sie meinen, gute Sache und den reinen Glauben zu kämpfen, oder um sich für den Kampf nach der Rückkehr ausbilden zu lassen. Auch über Persönlichkeiten, denen man schon eine solide Verwurzelung im deutschen politischen Alltag und System zugetraut hätte, die aber nun auf die andere Seite umgeschwenkt sind, berichten die Medien. Über den ehemaligen Grünen- und späteren SPD-Abgeordneten Ozan Ceyhun lesen die Menschen in DER SPIEGEL vom 5. Juni 2015 unter anderem:

Ich liebe Erdogan! Ich folge ihm blind!", sagt die junge Lehrerin mit den blonden Haaren. „Ich bete jeden Tag dafür, dass er noch lange lebt!", sagt die alte Frau mit Kopftuch. Der Arbeiter, Mitte 40, hält sich die rechte Hand ans Herz und sagt: „Hier hat Erdogan bei mir seinen Platz. Genau hier." Und der Student erklärt: „Ich würde für Erdogan sterben! Er ist der beste Politiker, den wir je hatten!" Ozan Ceyhun, 54, ist unterwegs in seinem Wahlkreis in Izmir, im Westen der Türkei. Er schüttelt diesen Menschen die Hand, lässt sich mit ihnen fotografieren, lädt zum Tee ein. Er scheint zu bemerken, wie seltsam diese Treueschwüre, dieser Personenkult auf Außenstehende wirken müssen. „So sind wir Orientalen halt", sagt er und lacht.

Ceyhun ist deutscher und türkischer Staatsbürger und mit einer Deutschen verheiratet. Seine beiden Söhne studieren in Deutschland. Ab 1998 saß er für die Grünen im Europaparlament, zwei Jahre später wechselte er zur SPD. Als die 2004 eine Niederlage bei der Europawahl kassierte, verlor er sein Mandat. Jetzt kandidiert er für das türkische Parlament, für die Erdogan-Partei AKP, auf sicherem Listenplatz....

Ceyhun ist einer der wenigen AKP-Politiker, die mit westlichen Journalisten reden. "Ich hoffe, dass ich deswegen keinen Ärger mit meinem Präsidenten kriege", sagt er halb im Scherz. ...Manche in der Partei scheinen genervt zu sein, dass da plötzlich "dieser Deutsche" ist, der nun Karriere machen darf. Man munkelt, dass er vielleicht sogar Minister wird. Einigen ist er nicht islamisch genug, er habe ein Problem mit dem Kopftuch, heißt es. Ceyhun sagt: "Die Religion ist mir mit zunehmendem Alter wichtiger geworden. Aber ich lasse mich nicht in der Moschee fotografieren, schon gar nicht im Wahlkampf."

Ceyhuns Werdegang ist erstaunlich: Als Sohn eines Intellektuellen und Schriftstellers 1960 in Adana geboren und in Istanbul aufgewachsen, floh er, der Germanistikstudent, nach dem Militärputsch von 1980 zunächst nach Österreich und später nach Deutschland.

Anfangs war er ein Kritiker Erdogans. Als die Polizei am Weltfrauentag 2005 in Istanbul auf Demonstrantinnen einprügelte, sagte er: "Die EU müsste [gegenüber der Türkei] viel konsequenter sein. Von dieser Regierung werden Dinge akzeptiert, die man bei keinem anderen Kandidatenland hinnehmen würde." Er beriet türkische Oppositionelle. "Ich habe erst später erkannt, dass die AKP gut ist für die Türkei", sagt er heute. Er begann, Lobbyarbeit für Erdogan und die Türkei in Brüssel zu machen.

Von Deutschland wendete er sich zunehmend ab, wie er in seiner Autobiografie "Man wird nie Deutscher" beschreibt....Er selbst hat Bundespräsident Joachim Gauck "billiges Heldentum" vorgeworfen, nachdem der im vergangenen Jahr bei einem Besuch in der Türkei die Einschränkung von Grundrechten kritisiert hatte. "Er hat ja nichts Falsches gesagt", sagt Ceyhun jetzt. "Aber er hät-

te das nicht in der Öffentlichkeit tun dürfen." Das sehen auch Erdogans und Ceyhuns Fans so.

Die Hinwendung des Ozan Ceyhun zu der AKP ist sein gutes Recht; daran darf es keinen Zweifel geben. Wer sich die Zustände in der Türkei vor dem Machtantritt der AKP in Erinnerung ruft, kann es kaum jemandem verdenken, der sich von einer Partei Besserung versprach, die sich den sozialen Werten einer Religion verpflichtet fühlt. Die positiven Auswirkungen der AKP-Politik waren in der Türkei lange unverkennbar, ebenso wie die von dieser neuen Regierung angeschobene Islamisierung. Diejenigen, die die aus ihrer Sicht negativen Entwicklungen auch auf die deutsche Gesellschaft zukommen sehen, werden als fremdenfeindlich bezeichnet, obschon sie das mit ihrem auf eine ganz bestimmte Entwicklung gerichteten Protest nicht unbedingt sind. Ihr Protest richtet sich gegen eine gefühlte Veränderung ihrer Lebenswelt. Sie werden als Islam-Feinde bezeichnet, obwohl sich ihr Protest nicht gegen „den Islam" sondern gegen den Einfluss islamistischer Eiferer und einiger muslimischer Gruppierungen auf ihren Alltag richtet.

Es ist nicht von vornherein Islam-Feindschaft, wenn man sich gegen die Verhaltensweisen von Islamisten ausspricht. Genauso wenig zeigt derjenige schon eine Feindschaft gegen das Christentum, der die für Außenstehende unerträglichen Verhaltensweisen der christlichen Missionare in den Kolonien in vergangenen Jahrhunderten ausspricht, die Kumpanei der Deutschen Christinnen und Christen mit den NS-Verbrecherinnnen und Verbrechern kritisiert oder aber die Verschleierungstaktiken der Kirche als Reaktion auf die Pädophilie-Vorwürfe anprangert.

Von gemäßigten Gruppierungen innerhalb des theologischen Islam war lange Zeit kaum lautstarker Protest vernehmbar gegen die Exzesse, die im Namen ihrer Religion verübt werden. Die eine oder andere kleinräumige Initiative fällt im Vergleich zu den Medienberichten, die über die dunklen Seiten des muslimischen Religionsverständnisses berichten, nicht ins Gewicht.

Nach den verheerenden Terroranschlägen in Paris am 13. November 2015 zeigten die Medien Photos von muslimischen Gruppierungen, die die IS-Mordaktionen verurteilten. Im Juni 2017 hat eine muslimische Rechtsanwältin und Islamwissenschaftlerin, Lamya Kaddor, in Köln ihr Entsetzen darüber geäußert, dass erstmals auch Kinder – so geschehen wenig zuvor in Manchester – Opfer islamistischer Gewalt wurden. Dass diese Verbrechen im „heiligen Monat des Ramadan" verübt wurden, habe „das Fass zum Überlaufen gebracht." Eine unglückliche Formulierung, die nahelegt, dass „das Fass" so lange nicht übergelaufen war, wie nur Erwachsene die Opfer und nicht der „heilige Monat des Ramadan" der Zeitpunkt der Terrorakte war.

Die Rechtsanwältin hat daher zu großen, öffentlichen Protestveranstaltungen in mehreren deutschen Städten aufgerufen, erstmals am 17. Juni in Köln. Sie wollte auf diese Weise Muslimas und Muslimen die Gelegenheit zu geben, ihre Abneigung gegen solchen Missbrauch ihrer Religion zu zeigen. „Wir Muslime müssen uns von den Tätern stärker abgrenzen und ihre gesellschaftliche Ächtung herbeiführen."

Nicht überraschend war, dass sich der türkische Islamverband Ditib von der Initiative der Kölner Rechtsanwältin distanzierte, da sie „die Muslime diskrimiere," und eine Teilnahme ablehnte. Ditib wirkt in Deutschland als verlängerter Arm der Religionsinteressen der türkischen AKP-Regierung, die in ihrem eigenen Land die jahrzehntelange Politik der Islamisierung und der Entchristianisierung des Landes vorantreibt. Welche Rücksichtnahmen sich aus dieser Rolle auf radikal-konservative Kräfte des Islam ergeben, muss Spekulation bleiben. Tatsächlich fühlten sich nur wenige Muslime motiviert, zu dem „Friedensmarsch" in Köln auf die Straße zu gehen; bestenfalls

3000 Menschen, also lediglich 0,05% der in Deutschland lebenden Türken, verwahrten sich gegen den islamistischen Extremismus.

Es fragt sich, ob solche Aufrufe engagierter Muslime gegen den Terror ihrer Glaubensgenossen mehr als nur kurzfristig auf diejenigen beruhigend wirken werden, die in dem Islam und der Mehrheit islamischer Theologen eine aggressive, fremde Macht sehen. Eine Macht, die sich anschickt, über ihre angestammten Territorien hinaus kulturbestimmend zu sein. Es dürfte schwerfallen, denjenigen Menschen, die dem Islam skeptisch gegenüberstehen, ein Land zu benennen, in dem die Muslime die Mehrheit der Bevölkerung errungen haben und zugleich Andersgläubigen gegenüber duldsam sind. Die Befürchtungen bleiben bestehen, dass der Aufruf zu Friedfertigkeit und zur Vereinbarkeit von Islam und Demokratie nur solange gültig sein wird, wie die Muslime hierzulande noch in der Minderheit sind.[35] Die missglückte Aufforderung an die Muslime in Deutschland, ein allen sichtbares Zeichen gegen Terror, Unduldsamkeit und Extremismus zu setzen, war somit kontraproduktiv.

Generalverdacht gegen die Anhänger des Islam insgesamt zu entwickeln ist sicher nicht gerecht. Aber die Deutschen stehen seit dem Krieg auch unter Generalverdacht, NS-Ideologie und NS-Rassismus fortzuführen. Die Reaktion, von einigen Tätern verallgemeinernd auf die Gesamtheit einer Gruppe zu schließen, wird nicht nur in der einen Richtung ausgeübt, sondern auch in der anderen.

Ausgerechnet diejenigen politischen Kräfte, die heute besonders lautstark davor warnen, die Verbrechen der Islamisten auf die Gesamtheit des Islams und der Muslime zu projizieren, sind seit Jahrzehnten bis in die Gegenwart nicht müde geworden, die Verbrechen der Nationalsozia-

---

35 http://www.ksta.de/koeln/gegen-terror-islamwissenschaftlerin-ruft-zur-demonstration-der-muslime-auf-27775458. Aufgerufen 13. Juni 2017.

listinnen und Nationalsozialisten auf die Gesamtheit der Deutschen und deutscher Kultur zu projizieren.

Die Morde und andere Verbrechen, die in der Nachkriegs-Zeit aus-Rache auch an solchen Deutschen verübt wurden, die an den NS-Gräueltaten unbeteiligt waren, sind regelmäßig als gerechtfertigt verteidigt worden, angesichts der Schwere der Schuld, die „Deutschland" auf sich geladen hat. So kann man argumentieren. Aber dann darf man sich nicht wundern, dass derselbe Mechanismus einer Verallgemeinerung auch dann zu wirken in der Lage ist, wenn die Vernunft darauf hinweisen möchte, dass nicht jeder Muslim, vielleicht nicht einmal die Mehrheit der Muslime, mit dem Gedankengut und den Untaten derer identifiziert werden darf, die von sich behaupten, dem wahren, reinen Islam die Zukunft zu sichern.

„Islamphobie," also die Abneigung oder gar Feindschaft gegenüber „dem Islam," gilt heute in den Worten mancher politischer Kommentatoren als eine unverzeihliche und eindeutig zu verurteilende Haltung. Tatsächlich ist Islamphobie eine völlig natürliche und verständliche Reaktion auf alle die Nachrichten, die den Bürgern über gesetzeswidrige und terroristische, über kulturell abnorme und Anders-, bzw. Ungläubige diskreditierende Verhaltensweisen im Namen des Islam seit geraumer Zeit Tag für Tag vorgelegt werden. Diese Verhaltensweisen können in nächster Nähe der Leser ihren Ausdruck finden, oder auch in fernen Ländern. Die „Islamphobie" richtet sich nicht gegen „den Islam," dessen hehre Inhalte in theologischen Seminaren erörtert und geschätzt werden. Dieser „Islam" bleibt der allgemeinen Bevölkerung völlig unbekannt, es sei denn jemand macht sich die Mühe, entsprechende Fachliteratur zu studieren. „Islamphobie" ist Ausdruck einer Ablehnung eines real existierenden Islam. Diese Ablehnung ist vergleichbar mit der Ablehnung eines real existierenden Sozialismus. Auch der Sozialismus hat seine attraktiven Seiten und hehren Ziele und Ideale, und bis in die Zukunft gibt es Parteien und Individuen, die an diesen Zielen und Idealen festhalten. In der vergangenen und auch heutigen Wirklichkeit der Umsetzung dieser Ziele und Ideale haben allerdings unzählige Menschen körperlich und psychisch gelitten und nicht nur Hab und Gut sondern oft genug auch ihr Leben verloren. Wollte man die Abneigung gegen diesen real existierenden Sozialismus als „Sozialismusphobie" bezeichnen, dann wäre damit die Abneigung gegen diese Wirklichkeit gemeint. Dasselbe gilt für den real existierenden Islam. Er lässt die hehren Ideale dieser Religion verblassen und lenkt die Aufmerksamkeit auf die Wirklichkeit seiner Umsetzung. Es existiert kein Land auf der Erde, in dem der Islam die dominierende und somit die Politik bestimmende weltanschauliche Kraft ist und in dem gleichzeitig den Anders-, oder in der Sprachregelung des Islam den „Ungläubigen" die Rechte und Freiheiten eingeräumt sind, die in Deutschland und den angrenzenden Ländern allen Bürgern zustehen. Es wäre vermutlich sinnvoller, den verurteilenden Finger nicht auf die so genannten „Islamophoben" zu richten, sondern auf diejenigen, die im Namen des Islam Verhaltensweisen zeigen, die eine solche Haltung nahelegen.

Man kann im Umgang mit dem Islam auf die Vernunft setzen und darauf hinweisen, dass alle Befürchtungen in Hinsicht auf dessen Eiferer übertrieben sind. Ein schönes Beispiel für den Versuch, der Vernunft Vorrang einzuräumen vor den Emotionen, bieten die Vorschläge des Jürgen Todenhöfer, „Wie man den IS bekämpfen sollte". Seine in der *Berliner Zeitung* vom 21. Juli 2015, S. 6, auf fast einer ganzen Seite ausgeführten Gedanken fasste er in einer „Fünf-Säulen-Strategie" zusammen:

1. Fairness gegenüber der muslimischen Welt statt Krieg und Ausbeutung.
2. Respekt gegenüber unseren muslimischen Mitbürgern statt Diskriminierung.

3. Enttarnung des IS als anti-islamische Mörderbande, für die der Islam nur Maske ist.
4. Unterstützung der Wieder-Eingliederung der diskriminierten Sunniten ins politische Leben des Irak.
5. Bekämpfung der weitgehend unbehinderten Rekrutierungs-Maßnahmen des IS.

Es ist ein ebenso liebenswürdiger wie in Teilen naiver Denkanstoß eines Christ-Demokraten, der die Schuld für die gegenwärtige Misere allein im Westen sucht. Nicht nur in der „200-jährigen Unterdrückung und Erniedrigung, die im US-Bombenterror des Irakkrieges ihren dramatischen Höhepunkt fanden", sondern auch „in der Behandlung der Muslime des Westens als Menschen zweiter Klasse". Eine unfassbare Verallgemeinerung. Deutsche behandeln also Navid Kermani als einen Menschen zweiter Klasse und wählen ihn dann zum Friedenspreisträger. Deutsche behandeln also Abdullah Kenan Karaca als einen Menschen zweiter Klasse und wählen ihn dann zum Co-Direktor der Passionsfestspiele in Oberammergau, und Deutsche wählen also Herrn Cem Özdemir als einen Menschen zweiter Klasse zum Vorsitzenden einer Partei. Und so weiter und so fort. Es kommen Zweifel, ob der ehemalige CDU-Politiker der Vernunft den Vorrang gibt.

Dem Westen „Krieg und Ausbeutung" vorzuwerfen, ist eine Möglichkeit, die Ursachen des islamistischen Terrors zu begründen. Jürgen Todenhöfer übersieht, dass es auch andere Reaktionen auf die gefühlte Demütigung durch die westliche Kultur gibt – und mit mehr Erfolg. Auch China wurde im 19. Jahrhundert und zu Beginn des 20. Jahrhunderts zutiefst erniedrigt von einem übermütigen Westen, der der Meinung war, die Weltherrschaft einzig für sich und ewig beanspruchen zu können. Zum Schluss kam noch das aus chinesischer Sicht kleine und kulturell von China abhängige Inselreich Japan und stellte 1915 die berüchtigten 21 Forderungen an den großen Nachbarn. Sie glühen bis heute wie ein Messerstich im Herzen des stolzen Landes. China hätte allen Grund gehabt, sich gedemütigt zu fühlen und gegenüber den imperialistischen, westlichen Mächten Zuflucht zu Terror und Vernichtungsphantasien zu nehmen.

China hat den anderen Weg genommen. Die chinesische Politik hat dem Verstand den Vorrang gegeben vor den Gefühlen des Hasses und der Rache. Sie hat sich entschieden, all das vom Westen zu erlernen, was China braucht, um sich gegen den Westen zu behaupten. Das war ein für viele Chinesen überaus schmerzhafter Weg. Und dennoch sind sie nicht dem verletzten Stolz gefolgt, um zum Beispiel Symbole westlicher Kultur und Überlegenheit in die Luft zu sprengen. Sie hätten allen Grund dafür gehabt. Man rufe sich nur die als Rache für die Misshandlung von 30 Europäern ausgeführte Plünderung, Brandschatzung und völlige Zerstörung einer der größten und eindrucksvollsten Palastanlagen Chinas, des Alten Sommerpalasts im Nordwesten Pekings, durch englische und französische Truppen in das Gedächtnis zurück.[36]

Die Verantwortlichen in China haben die Größe und das Selbstbewusstsein einer Hochkultur in Zeiten einer existentiellen Herausforderung bewiesen. 100 Jahre lang hat chinesische Politik das Ziel im Auge gehabt, alles Wesentliche von ihren Feinden zu erlernen - und dann wird man schon sehen, wer in Zukunft wen am Nasenring durch die Weltmanege führt. Der Erfolg dieses Wegs gibt China Recht.

Wer macht sich aber nun Gedanken, wie die Gesellschaft in Deutschland den Übergang von der Illusion des Nationalstaats in die post-nationale Phase vollziehen kann, und wie zugleich auch die Ängste, die mit diesem Übergang unvermeidlich verbunden sind, ernst genommen und zerstreut werden können?

---

36 Paul U. Unschuld, *Chinas Trauma, Chinas Stärke. Niedergang und Wiederaufsteig des Reichs der Mitte.* Springer-Vieweg, Heidelberg, 2016.

Am 11. Juli 2016 veröffentlichte das Bundeskriminalamt die Ergebnisse seiner Untersuchung zu den sexuellen Übergriffen in der Silvesternacht 2015/16 in mehreren deutschen Städten. Insgesamt meldeten sich etwa 1200 weibliche Opfer; beschuldigt wurden etwa 800 Täter, beteiligt waren etwa 2000 Männer, laut Aussage des BKA „überwiegend Nordafrikaner", die sich noch nicht lange in Deutschland aufgehalten hatten.[37] Zur gleichen Zeit wurde der allgemein bisher hochgeachtete Vorsitzende des Personalrats der Charité in Berlin, ein Bewohner eines kleinen Dorfes in Brandenburg mit 450 Einwohnern, in deren Mitte ohne Vorankündigung und ohne psychologische oder sonstwie geartete Vorbereitung 100 Flüchtlinge untergebracht worden waren, in einer anonymen Plakataktion als „Rassist" bezeichnet. Sein Vergehen war, die Ängste ausgesprochen zu haben, die nicht wenige Menschen, vor allem Frauen, angesichts der nun auch vom Bundeskriminalamt bestätigten massenhaften Übergriffe in Köln und anderswo bedrücken.[38]

So ungerechtfertigt pauschalisierend die Aussagen des hier des „Rassismus" Beschuldigten und so grob und verletzend die Slogans sind, die gelegentlich auf der Straße ertönen, so unpassend ist die pauschale Verurteilung dieser Menschen insgesamt als dumpfe, fremdenfeindliche Elemente. Hier wünschte man sich mehr Initiativen, um die Menschen mitzunehmen und zu begleiten auf einen langen Weg, der zur Integration neuer Mitbürger führen soll; Mitbürger, die Deutschland benötigt und die in Fä-

---

37 http://www.welt.de/politik/article156945826/Silvesteruebergriffe-nur-geringe-Aufklaerungsquote.html, aufgerufen 12.07.2016.

38 Berliner Zeitung, 12.07.2016. http://www.berliner-zeitung.de/berlin/rassismus-vorwuerfe-charit%C3%A9-leitung-distanziert-sich-von-mitarbeiter-24366370, aufgerufen 12.07.2016.

higkeit und Eigenart genauso vielfältig sind, wie die einheimische deutsche Bevölkerung es schon immer war.

Für viele einheimische Deutsche ist es nach wie vor ungewöhnlich, im Alltag Menschen mit dunkler Hautfarbe zu begegnen, die nicht nur kurzfristig hier leben und arbeiten, sondern hier geboren sind. Früher war es ein Zeichen freundlicher Aufnahme, den wenigen erkennbar Fremden, die sich der Mühe unterworfen hatten, die deutsche Sprache zu erlernen, dies mit einem Kompliment zu danken: „Sie sprechen aber sehr gut Deutsch!" Dem ist heute nicht mehr so. Eine solche Bemerkung sollte man besser unterlassen, denn der so „Gelobte" ist vielleicht in Deutschland geboren, hat hier die Schule besucht und vielleicht studiert und arbeitet nun als Journalist, Apothekerin oder Mechaniker. Solch einem Mitbürger zu bescheinigen „Sie sprechen sehr gut Deutsch!" wird als als „rassistisch" identifiziert, weil der so angesprochene damit als „nicht hierher gehörig," als Außenseiter „diffamiert" wird. Solche Bezichtigungen sind freilich reinste Seminar-Arroganz, geäußert von Personenkreisen, deren politisches Wirken allein darum kreist, den Ersten Preis in *political correctness* zu erhalten und anderen ähnliche Kompetenz abzustreiten. Es ist schlicht zu viel des Guten, von jedem einheimischen Deutschen, egal welcher Bildung oder Weltsicht er/sie sich erfreut, zu verlangen, solche „Diffamierungen" zu vermeiden, ohne je die Chance gehabt zu haben, auf die Problematik eines solchen freundlich gemeinten Lobes aufmerksam geworden zu sein. Diejenigen, die sich hier gefordert sehen, die äußerlich andersartig wirkenden Mitbürger vor „Diffamierung" und „Rassismus" zu schützen, sehen gar nicht, wie ihre Anschuldigungen diejenigen vor den Kopf stoßen, die nie und nimmer sich als Rassisten einer entsprechenden politischen Gruppierung zugehörig fühlen könnten. Aber indem sie dieser Gruppierung zugerechnet werden, wachsen vielleicht doch Aversionen zumindest gegenüber denjenigen, die sich als Wächter eines idealen Verhaltens in der ethnisch heterogenen Gesellschaft verstehen.

Die großen „Volksparteien" haben bislang wenig zu bieten, um diesen schwierigen Weg zu schaffen; den kleinen Parteien fehlt offenbar das nachdenkliche Personal, das imstande wäre, außer schrillen Verdikten auch langfristig sinnvolle Strategien zu entwickeln. Wahlen, das wissen alle Parteitaktiker, kann man damit nicht gewinnen.

So bleiben alle die allein gelassen, die sich nicht vorstellen können, dass die Flüchtlinge, die nun in Deutschland aufgenommen werden, ihre heimische Konfliktkultur mit dem Grenzübertritt abgestreift haben. Sie lesen in den Zeitungen, dass afrikanische Asylsuchende in Deutschland mit Macheten aufeinander losgehen, weil sie im Heimatland verfeindeten Gruppierungen angehören. Sie hören im Radio, dass es in der Erstunterkunft in Suhl zu einer Massenschlägerei gekommen ist – wegen Glaubensfragen. Die Glaubensfrage betraf ein Stück bedrucktes Papier, das aus einem Buch herausgerissen war, welches einigen Menschen als heilig und unverletzlich gilt. Sie lesen in den Zeitungen, dass Asylsuchende – unterstützt von einheimischen Sympathisanten - monatelang in Berlin einen öffentlichen Platz besetzen und in Hamburg randalieren, weil sie ihre eigenen Bedingungen für die hiesige Unterkunft nicht erfüllt sehen. Sie lesen in den Medien von einem bequemen Taschengeld, das jedem Flüchtling zur Verfügung gestellt wird – ohne arbeiten zu müssen, und sie denken an die Rentner, die mit Zeitungsaustragen und anderen Minijobs ihre mageren Einkünfte aufbessern müssen.

Die Verbindungen der Neuankömmlinge über ihre Religion zu furchterregenden Geschehnissen in nächster Nachbarschaft zu Deutschland werden ergänzt durch Meldungen über problematische Verhaltensweisen hierzulande – vielleicht nur einiger weniger der Neuankömmlinge. Es mag auf den ersten Blick helfen, wenn in den Medien das Herkunftsland und der ethnische und kulturelle Hintergrund verschwiegen werden. Aber das kann die übliche Frage, die sich ein Leser stellt: „Wer macht denn so etwas?", „Was sind das nur für Leute?" nicht beantworten – die Antwort wird mündlich und im kleinen und immer größeren Kreise gegeben. Wird sie lauthals geäußert, gilt sie als „rassistisch".

Ein Beispiel, wie schwierig es ist, mit solchen Vorkommnissen umzugehen, sind die Reaktionen auf Geschehnisse in Köln in der Silvesternacht 2015/2016. Am kommenden Tag meldete die, nach eigener Angabe, „bis an die Grenze des personell Möglichen" vor Ort präsente Polizei entgegen interner Protokolle, die das Gegenteil dokumentierten, einen „friedlichen" Verlauf der Nacht. Diese Darstellung wurde von der Presse zunächst übernommen. Erst als zahlreiche Anzeigen wegen sexueller Belästigung und Diebstahl bei der Polizei eingingen, änderte sich die Darstellung in den Medien und die Polizei erklärte, dass sie davon nichts mitbekommen hatte. Ein Teil der Medien übte sich weiterhin in politischer Korrektheit und sprach lediglich von „stark alkoholisierten Männern", ohne deren ethnisch-kulturelle Herkunft anzudeuten. Andere Medien berichteten, dass alle Zeugen die Täter als „von südländischem" oder „nordafrikanisch-arabischem Aussehen" beschrieben. Diese Identifizierung der Tätergruppen erzeugte Widerspruch bei denen, die hier die Gefahr einer Diskriminierung und eines „ungerechtfertigten Generalverdachts" sahen.

Der Deutschlandfunk strahlte am 5. Januar 2016 ein Interview mit einer Journalistin aus, die die Vorfälle in Köln (und, wie sich mittlerweile herausstellte, ähnlich in Hamburg und Stuttgart) als „nichts Besonderes" bewertete, da nichts Anderes geschehen sei, als auch auf dem Oktoberfest in München üblich ist. Manch ein Hörer mag sich gefragt haben, welche Sorgfalt ein solch prominenter Sender walten lässt, wenn er Rednerinnen zu Wort kommen lässt, die ohne nähere Kenntnis des von seriösen Beobachtern als „Spießrutenlauf von Frauen" bezeichneten Chaos vor dem Hauptbahnhof in Köln mit dem bunten und friedlichen Treiben auf dem Münchener Oktoberfest vergleichen?

Derselbe Sender strahlte am 6. Januar ein Interview aus mit einer Verhaltenspsychologin. Auch sie konnte in den Übergriffen in der Kölner Silvesternacht kein nennenswertes, außergewöhnliches Vorkommnis erkennen und führte die ständig wachsende Zahl der Anzeigen darauf zurück, dass die Hemmschwelle, sich als Opfer eines sexuellen Übergriffs zu erkennen zu geben, bei fremdkulturellen Tätern niedriger sei. Sie unterstellte damit den Opfern, ohne eine einzige der Frauen zu kennen oder gar persönlich befragt zu haben, einen diskriminierenden Rassismus – hätte es sich bei den Tätern um einheimische Deutsche gehandelt, so ihre Überzeugung, wären die meisten der Anzeigen wohl unterblieben.

Ganz ähnlich, aber noch deutlicher, argumentierte am selben Tag die Spiegel-Kolumnistin Margarete Stokowski. Die Aufregung um die Kölner Ereignisse ist für sie der „ekelhafte" „Höhepunkt einer rassistischen Hysterie", da die alltägliche sexuelle Gewalt vom Oktoberfest und anderswo eben nicht thematisiert wird, weil von einheimischen deutschen Männern verübt.

Sinn aller dieser Argumente ist es, unter allen Umständen zu vermeiden, dass Fronten entstehen zwischen den ansässigen Deutschen und den neu hinzugekommenen Bürgern. Aus diesem Grunde wird der Umgang mit der übergeordneten Problemstellung, das ist die sexuelle Gewalt an sich, in den Vordergrund gestellt und nicht der kulturelle oder ethnische Hintergrund der Täter. Das ist eine vernünftige Vorgehensweise. Aber auch hier zeigt sich, dass sie die Emotionen, die althergebrachten Ängste, eines Großteils der Bevölkerung nicht zu beschwichtigen vermag.

So ist es kaum überraschend, dass laut Umfragen mittlerweile ein Großteil, das sind 75%, der deutschen Bevölkerung nicht mehr an eine neutrale und faktengerechte Berichterstattung der Presse glauben mag. Eines Gesetzes wie in Polen, das der Regierungspolitik den Einfluss auf die Medien garantiert und unliebsame Berichterstattung erschwert, bedarf es – diese Erkenntnis greift um sich – in Deutschland nicht. Da fällt das Schimpfwort „Lügenpresse", weil die Medien gleichsam freiwillig weitgehend gleichgeschaltet erscheinen.

Die Sorgen über das zukünftige Leben in diesem vielfältigen gesellschaftlichen Umfeld kann man als Ausdruck dumpfer Denkweise bis hin zu rechtsradikaler Einstellung verurteilen. Aber diejenigen, die es sich so einfach machen, tragen damit nur zur Zunahme des Unmuts bei. Vielleicht sollte man Rudolf Virchows so verhängnisvollem Ausspruch von der Politik als Medizin im Großen auch etwas Gutes abgewinnen und der Frühbehandlung eines Problems mit angemessenen Mitteln einen größeren Raum widmen als seiner Vernachlässigung.

Es geht darum, die verschiedenartigen Motive zu erkennen und zu verstehen, die Menschen in Dresden zu Tausenden auf den Opernplatz führen, die Menschen an anderen Orten zu Gewalttaten oder Meinungsäußerungen veranlassen, in denen eine Ablehnung der Flüchtlingspolitik der Bundesregierung und eine Aversion gegen die Neuankömmlinge zum Ausdruck kommt. „Verstehen" bedeutet nicht „Verteidigen". Zu verstehen suchen heißt vielmehr, sich in die Lage des anderen, in seine Denkwelt, Befürchtungen, Traumata, etc. hineinzuversetzen, um erklären zu können, warum jemand so oder so handelt. Nur wenn ein solches „Verstehen" erreicht ist, kann über die eigene Reaktion nachgedacht werden, können ernsthaft Anstrengungen unternommen werden, um den Konflikt zu entschärfen oder gar völlig zu beseitigen. Wer allerdings schon den Versuch, den „Anderen" oder gar „Gegner" zu verstehen als unzulässige Verteidigung wahrnimmt und als solche desavouiert, trägt in keiner Weise dazu bei, die Wurzeln des Problems zu erkennen und gegebenenfalls zu beseitigen.

14. Aussteiger

Es gibt immer wieder Berichte über Menschen, die das Leben in Deutschland nicht ertragen und in ein Land zurückkehren oder auswandern, in dem sie annehmen, sich wohler zu fühlen. Wir haben den ehemaligen Politiker der Grünen und der SPD Ozan Ceyhul als Beispiel erwähnt. Ein weiteres Beispiel stellte DER SPIEGEL Mitte Juli 2015 in einem Interview mit Mirna Funk vor. Sie wurde 1981 in Ost-Berlin in eine Familie geboren, die sowohl dem „Täter-Volk" als auch dem „Opfer-Volk" angehört und wohnte seitdem zumeist in Berlin. Nun hat sie ihren ersten Roman *Winterglühen* vorgelegt. Sie lässt darin ihre Leserschaft an ihren persönlichen Erfahrungen und Gefühlen teilhaben. Weil sie die Summe geschmackloser Witze, historischer, beleidigender Klischees und Israel-kritischer Aussagen in ihrem engsten Umfeld als Antisemitismus wahrnimmt und nun in Deutschland nicht mehr leben möchte, hat sie sich für Israel entschieden und wandert dorthin aus.

Wohin zieht es Frau Funk und Herrn Ceyhul? In eine Umgebung, in der sie sich wohlfühlen, weil sie die Werte, die gesamte Kultur der Mitmenschen zu kennen glauben, und weil sie wissen, dass sie von den auf diese Weise vertrauten Mitmenschen, auch wenn sie weder Bekannte noch Verwandte sind, kein Unheil erwarten müssen. Sie sind der Überzeugung, aus einer Gesellschaft, in der sie sich als Individuen nicht heimisch fühlen, zurückzukehren in eine Gemeinschaft, die ihnen vertraut ist, auch wenn sie, wie Frau Funk, die Sprache noch nicht sprechen, und wie Herr Ceyhun noch ein wenig Anpassungsprobleme haben. Der Flucht der Mirna Funk nach Israel und des O. Ceyhul in die Türkei ist daher eines gemeinsam: der Versuch, sich der Herausforderung der komplexen Gesellschaft zu entziehen und in eine homogene Gemeinschaft einzutauchen.

Diese Gemeinsamkeit kommt nicht von ungefähr. Israel und die Türkei sind im europäischen Umfeld momentan die beiden Staaten, deren politische Führung alle Kraft darauf verwendet, eine ethnische und religiöse Homogenität zu wahren.

Die Israelis haben verständlicherweise auf Grund der jahrhundertelangen Verfolgung der Juden mit dem Höhepunkt des von der Politik des nationalsozialistischen Deutschlands initiierten und organisierten Völkermordes den Wunsch, in einem eigenen Land unbedrängt von einer antisemitischen und judenfeindlichen Bevölkerung homogen jüdisch zu existieren. Dieses Ziel schien mit der Gründung des Staates Israel erreichbar zu sein. Indem Frau Funk sich in den ihr wohlgesonnenen Schutz der Gemeinschaft Israel (die trotz angestrebter Homogenität auch selbst in widerstreitende religiöse und soziale Teilgruppen zerfällt) begibt, deutet sie an, dass sie das Wesen der modernen, komplexen Gesellschaft, die in Deutschland heranwächst, nicht versteht.

Deutschland ist eben kein homogener Volkskörper, in dem von Kopf bis Fuß in allen Gliedern dasselbe „Blut" fließt und derselbe „Volksgeist" herrscht. Deutschland, das nun als „Gemeinschaft" in die Gesellschaft der EU eingehen soll, ist selbst auf Grund zunehmender innerer Vielfalt noch eine unfertige Gesellschaft. In Deutschland vollzieht sich diese Gesellschaftsbildung aus einer Situation heraus, in der eine Gruppe historisch legitim die dominante Gruppe ist. Das sind nun einmal die Einheimischen, die, ob getauft oder nicht, in der christlich-abendländischen Kultur verankert sind. Für diese dominante Gruppe gilt es, allmählich und wahrscheinlich unwiderruflich Abschied zu nehmen von Facetten ihres Alltags, die das Zusammenwachsen in der Gesellschaft behindern. Das sind bestimmte, vertraute Dinge, wie der ehemals in katholischen Kirchen dankbar nickende Spendenmohr; der freundlich Süßigkeiten offerierende Sarotti-Mohr in der Werbung und der mit weißem Schaum gefüllte Mohrenkopf in der Konditorei. Sie sind schon verschwunden aus dem Alltag. Ebenso Worte, wie „Neger", die als abwertend nicht mehr verwendet werden sollten; Literatur wie Dantes *Inferno*, in dem der Gründer des Islam wenig freundlich behandelt wird; Fest- und Feiertage, die völlig einseitig einer religiösen oder weltlichen Tradition der Christen folgen.

Manche Niederländer wehren sich noch gegen die Abschaffung der „zwarte Piet", des Schwarzen Peter, der als dunkelhäutiger Gehilfe des Nikolaus seit Jahrhunderten in der Gemeinschaft der Holländer eine vertraute Selbstverständlichkeit war. Andere sehen nun in der heterogenen Gesellschaft die Befindlichkeiten einer neu hinzugekommenen Teilgemeinschaft unzumutbar verletzt. Die Finnen praktizieren in Sonkajärvi jährlich die „Weltmeisterschaften im Weiberschleppen" und bezeichnen das als Teil der finnischen Identität. Fünf Mal in Folge, wurde ein Este „Weltmeister" – zuletzt mit einer Frau, die allerdings nur 38 kg wog. Das Mindestgewicht wurde 2015 auf 54 kg heraufgesetzt. Irgendwann wird eine Menschengruppe sich in ihrer Würde durch dieses Volksfest angegriffen fühlen und auf sein Ende dringen.

Der Übergang in die neuen Gegebenheiten ist für die nicht schwierig, die sich als fortschrittlich und multikulturell offen bezeichnen. Er ist für die schmerzhaft, die sich von dem Gewohnten nicht trennen können. So ist es kaum verwunderlich, dass auch manche überkommenen Klischees noch im Gebrauch sind, die nüchtern betrachtet als geschmacklos und für andere beleidigend anzusehen sind. Aber den feuchten Schwamm, der all dies von einem

Tag zum anderen mit einer Handbewegung von der Tafel wegwischt, den gibt es nicht. Mao Zedong hat einmal von China behauptet, es sei „ein weißes Blatt", auf das die Revolution nun schöne, neue Schriftzeichen malen könne. Das traf für China mitnichten zu. Das Blatt war schon jahrtausendelang eng beschrieben, und es trifft auch für Deutschland nicht zu. Die vorhandene Beschriftung wird nur mit großer Mühe durch neue Inhalte ersetzt oder ergänzt werden können. Die Frage ist, ob Zwang den Übergang beschleunigen kann, wie manche meinen, oder eher behindert, wie es den Anschein hat.

Frau Funke und Herr Ceyhun hängen alten Vorstellungen an. Sie möchten in Deutschland die Gemeinschaft der Gleichgesinnten finden, die sie in ihrer neuen Wahlheimat zumindest vermuten. Sie sind nicht dazu bereit, wozu die Bewohner der USA, dem bisherigen Prototyp einer kulturell heterogenen Gesellschaft, schon seit langem bereit sind. Die allermeisten haben kein Problem, mit anderen Menschen Tag für Tag umzugehen, auch wenn die noch so verquere Ansichten haben. Wenn etwa die Mitglieder des National Socialist American Workers Freedom Movement in Baltimore ihr auf der Straßenseite mit Hakenkreuz-Fahnen verziertes Parteigebäude verlassen und mit SA-ähnlichen Kappen und Uniformen durch die Straßen von East Baltimore marschieren, dann kümmert das kaum jemanden. Es könnte auch eine Mickey Mouse Parade sein.

Aber für den privaten Umgang, für das Gespräch und die soziale Sicherheit, da suchen sie sich in der komplexen Gesellschaft die Teil-Gemeinschaft, in der sie mit Gleichgesinnten verkehren, kommunizieren und sich gemeinsam wohlfühlen dürfen. Das kann eine der unzähligen Kirchen sein, die in den USA eine ganz andere soziale Funktion haben als in Deutschland. Das können freiwillige weltliche Zusammenschlüsse, etwa ein örtlicher Club oder Verein sein. Das können die studentischen Verbindungen und Alumni-Vereinigungen von Schulen und Hochschulen sein, und das kann auch die Familie manchmal noch sein, obschon dieser Rückzugsort schon seit langem äußerst gefährdet ist. Das einzige gemeinsame „Blut" und der einzige gemeinsame „Geist", von denen die US-amerikanische Gesellschaft durchzogen ist, bestehen für einen Großteil der Bevölkerung in genau dieser Freiheit: Ich mache, was mir gefällt und Du machst, was Dir gefällt, und so lange Du mir nicht auf die Füße trittst und mir richtig weh tust, kümmere ich mich nicht um Dich und so lange ich Dir nicht auf die Füße trete und Dir richtig weh tue, kümmerst du Dich auch nicht um mich! Das, was uns allen gemeinsam gefällt, das genießen wir gemeinsam, und wenn es von außen oder innen bedroht wird, dann schützen wir es gemeinsam.

Der Weg zu dieser Einstellung ist in Deutschland eingeschlagen. Ein Beispiel ist die Diskussion um die so genannte „Homo-Ehe". Sexualität ist die natürliche Grundlage menschlicher Existenz. Die historische gesellschaftliche Struktur für die Vereinigung von Mann und Frau ist die Ehe. Seit jeher und von Generation zu Generation hat es, ebenso natürlich, Männer gegeben, die sich zu anderen Männern, und Frauen, die sich zu anderen Frauen hingezogen fühlen und an heterosexuellen Beziehungen kein Gefallen finden können. Die Beschimpfungen solcher Menschen durch christliche Theologen in den vergangenen Jahrhunderten, bis in das 20. Jahrhundert hinein, sind in Deutschland weitestgehend abgeklungen; diese Beschimpfungen werden heute lautstark von muslimischen Theologen in deren Gemeinden fortgeführt und gelegentlich in die Medien getragen. Die Erlebnisse des schwulen Arabers aus Berlin, der mit seiner nicht nur von seinem muslimischen Umfeld sondern von seiner eigenen Familie initiierten Leidens-Geschichte 2014 an die Öffentlichkeit ging und kurzzeitig einige Aufmerksamkeit in den Medien erlangte, ist vielen noch in Erinnerung.

Die gesellschaftliche Ächtung homosexueller Beziehungen hat in Deutschland und seinen Nachbarländern kontinuierlich abgenommen. In Deutschland ist die Partnerschaft zwischen gleichgeschlechtlichen Menschen gesetzlich anerkannt und bis auf die Namensgebung „Ehe" inzwischen mit nahezu allen Rechten und Pflichten ausgestattet, die auch für die Ehe üblich sind. Nun hat die Berliner CDU im Juni/Juli 2015 eine Aktion durchgeführt, die seit geraumer Zeit als basisdemokratisch von fast allen ernstzunehmenden Parteien gepriesen wird: die Mitgliederbefragung. Für oder wider die „Homo-Ehe". Das Ergebnis war ein ablehnendes Votum durch 52% der Umfrageteilnehmer. Die Reaktion der anderen Parteien war bezeichnend, die Wortwahl der Kommentare aufschlussreich. Der Regierende Bürgermeister Müller sprach für die SPD von einem Mangel an „Führungsstärke" des Innensenators Henkel, des Vorsitzenden der CDU, der die Mitgliederbefragung angesetzt hatte. „Mangel an Führungsstärke" – was soll das? Das zu erwartende Ergebnis der angewandten Basisdemokratie war nicht so, wie es sich die Spitzen vorgestellt und der Koalitionspartner gewünscht hatten. Da kann man nur den einen Schluss ziehen: Wenn ein bestimmtes Ziel politisch und weltanschaulich von der Führung gewünscht ist, wird man doch nicht auf die Basis hören, die offenbar etwas Anderes bevorzugt? Ein „Führer" ist da gefragt, der Führungsstärke zeigt und sich nicht um die Meinung der Basis kümmert. Das hatten wir schon.

Dann die Reaktion der GRÜNEN. Sie sahen den „Ruf Berlins als liberale, offene Weltstadt" gefährdet. Da fragt sich, welche Auswirkungen hat denn die „falsche" Namensnennung für homosexuelle Partnerschaften auf den Alltag der Betroffenen und auf die Wohlfühlfaktoren der ausländischen und auswärtigen Besucher? Gar keine! Im Gegenteil, nachdenkliche Betrachter mögen sich um den Ruf Berlins Sorgen machen, wo Minderheiten der Mehrheit ihre Meinung aufzwingen möchten und nach der starken „Führer"-Persönlichkeit rufen, die sich über basisdemokratische Meinungsäußerungen hinwegsetzt. Wenn der Ruf Berlins gefährdet ist, dann durch politische Verhaltensweisen, die an Deutschlands Vergangenheit erinnern.

Der Vorsitzende der GRÜNEN im Berliner Parlament sprach nach Bekanntwerden des Umfrageergebnisses von der CDU als einem „reaktionären Verein". Ist das nun so verwerflich, dass in einer multikulturellen Gesellschaft, die niemand so oft beschworen hat, wie die GRÜNEN, vielleicht noch eine Gruppe eine Kultur bevorzugt, die die Bezeichnung Ehe für heterosexuelle und Partnerschaft für homosexuelle Beziehungen bevorzugt? Im Übrigen, wenn man das Abstimmungsergebnis anschaut, könnte man auch auf die 48% verweisen, die sich der Bezeichnung „Ehe" für homosexuelle Partnerschaften gegenüber offen gezeigt haben. Man könnte also knapp der Hälfte der CDU-Abstimmungsteilnehmer bescheinigen, dass sie kein „reaktionärer Verein" sind. Aber solche Feinheiten zählen im schrillen politischen Schlagabtausch der Randparteien nicht.

Die Sprecherin der DIE LINKE bezeichnete die CDU als eines der „letzten Biotope konservativer Piefigkeit und Spießigkeit". Von einem „Biotop" sprechen die GRÜNEN immer dann, wenn etwas Schützenswertes gefährdet ist. DIE LINKE sieht das hier anders. Es gibt auch Biotope, die es auszurotten gilt. Wenn nötig mit Führungsstärke.

In den genannten Reaktionen kommt nur zu deutlich eine undemokratische und vor allem Gesellschafts-feindliche Einstellung zum Ausdruck. Es geht diesen Partei-Strategen eben nicht darum, eine moderne Gesellschaft mitzugestalten, in der „Biotope" unterschiedlicher zeitlicher Anpassung an die Anforderungen der Moderne miteinander existieren, sich nicht gegenseitig schaden und behutsam den Wandel durchlaufen. Es geht ihnen darum, den einen Anstand, die Gleichmacherei des einen Volkskörpers mit dem einen Volksgeist zu verwirklichen – nicht durch gutes Zureden und langsame Überzeugungsarbeit der Argumente, sondern mit dem Ruf nach dem „Führer", der sich über Mehrheiten hinwegsetzt und die unwillkommenen Biotope mit einem Wisch vernichtet.

Diejenigen, die den Weg in die kulturell vielfältige Gesellschaft nicht gehen möchten, steigen, wenn sie wie Frau Funk und Herr Ceyhun glauben, eine Alternative gefunden zu haben, aus. Andere sind gezwungen zu bleiben. Vielleicht hat Frau Funk, wenn man die Verletzungen liest, die ihr in Berlin Schmerzen bereitet haben, einfach versäumt aus einer Teil-Gemeinschaft in eine andere, derer es genügend gibt, überzuwechseln, wo diese Verletzungen außen vor geblieben wären?

Es ist niemand gezwungen, sich in Kreisen zu bewegen, wo man sich die Aufgabe gestellt hat, die vermeintlich friedliebenden Palästinenser vor den „Nazi-Israelis" zu schützen und der deutschen Öffentlichkeit zu vermitteln, dass der Hamas-Raketenregen auf israelische Dorfbewohner gerechtfertigt ist. Aber es gibt Alternativen. Auch in Deutschland kann man sich seine Teil-Gruppe wählen.

Frau Funk und Herr Ceyhun können aussteigen. Sie haben das Glück, um eine Alternative zu wissen. Nicht aussteigen können diejenigen, die in Deutschland beheimatet sind und hierbleiben müssen, weil es für sie keine Alternative gibt. Sie sind genauso unglücklich wie Frau Funk und Herr Ceyhun – nur aus der entgegengesetzten Sicht. Sie können sich nicht damit abfinden, nun im eigenen Land zum einen ihre Gewohnheiten abändern zu müssen, das ist für viele schon schwierig genug. Sie können sich auch nicht damit abfinden, in den Medien zu lesen, dass sie im eigenen Land beschimpft und als Menschen 2. Klasse gedemütigt werden – denn schließlich sind sie Christen, oder werden als solche abfällig bezeichnet, auch wenn sie seit zwei Generationen schon keine Kirche oder ein Gesangbuch von innen gesehen haben.

Die Beschimpfungen und Zoten, die sich eine junge blonde Frau aus Deutschland auf einem Gang durch türkische Städte anhören muss, wenn sie denn der türkischen Sprache mächtig ist, und von denen sie in der Heimat berichten kann, sind eine Sache. Dass nun auch hierzulande die Kinder der Alteingesessenen auf dem Schulhof deutschfeindliche Beleidigungen anhören müssen, die nicht zuletzt gegen Mädchen ausgesprochen werden, die sich so freizügig verhalten, wie es hierzulande üblich ist, ist schon schwierig zu ertragen.

Die Emotionen der so verachteten Deutschen reagieren auf solche Beiträge, und sie hören ohnehin auf andere Signale. Für sie bildet die Masse der Muslime den Nährboden der wenigen, die als Extremisten handeln. Folglich richtet sich die Abneigung gegen die Masse, nicht nur gegen die Extremisten. Und diejenigen, die solche Abneigungen hegen und vielleicht auch aussprechen – das sind nun allesamt „Rassisten" und eine „fremdenfeindliche Schande" für Deutschland. So heißt es jedenfalls.

Der US-amerikanische Soziologe Daniel Goldhagen konnte aufzeigen, dass in einem für den Vernichtungskrieg in Osteuropa eingesetzten deutschen Polizei-Bataillon Männer unterschiedlicher Bevölkerungsschichten vertreten waren und an den Gräueltaten mitwirkten. Er schloss daraus, dass die in diesem Bataillon repräsentativ vertretene Gesamtbevölkerung folglich auch insgesamt als „Hitlers willige Vollstrecker" eingeschätzt, angeklagt und insgesamt wegen ihres spezifisch in Deutschland verwurzelten „eliminatorischen Antisemitismus" verurteilt werden müsse. Dieser Umkehrschluss löste erwartungsgemäß einige Diskussionen aus. Er legt nahe, dass jeder Stahlarbeiter in Duisburg, jeder Schreiner in Freiburg, jeder Apotheker in Göttingen und jeder leitende Angestellte in Hamburg bereit gewesen wäre, Juden und Zigeuner zu erschießen oder die Hebel in den Gaskammern zu bedienen – eine Annahme, die nur schwierig zu beweisen sein dürfte. Im schlimmsten Fall kann man wohl davon ausgehen, dass die Menschen, die weder als aktive „Vollstrecker" noch als Widerständler in die Geschichtsbücher eingingen, schlicht zu feige waren, an der schmutzigen Umsetzung des Ziels, den „deutschen Volkskörper zu reinigen", selbst tätlich mitzuwirken, aber doch im Stillen oder unbewusst froh darüber waren, dass andere die Dreckarbeit erledigten, von deren Ausgang sie dann profitieren würden, falls sie überhaupt darüber informiert waren, was hinter der Front und in den Vernichtungslagern wirklich geschah.

Dieses Szenario lässt sich ohne weiteres als Antwort denjenigen gegenüber darstellen, die die Verbrechen, die nun seit geraumer Zeit von IS, AlQuaida, Boko Haram und anderen Terrorgruppen und Mörderbanden im Namen des Islam und zur Durchsetzung seiner Gebote begangen werden, nicht als Beleg für eine kollektive Beteiligung und somit Verantwortung aller Muslime gewertet sehen möchten. Tatsache ist, und das kann man nicht oft genug wiederholen, dass Millionen unbescholtener Muslime weltweit und auch in Deutschland leben, die nie auf den Gedanken kämen, Ungläubige bei lebendigem Leib zu verbrennen oder zu enthaupten, Mädchen an der Schulbildung zu hindern, und viele schlimme Taten mehr zu begehen. Darum geht es aber nicht.

Die Verbrechen der hard-core Nazis strahlen bis heute und noch in langer Zukunft auf alle Nationalsozialistinnen und Nationalsozialisten, ja, auf alle Deutschen aus. Das ist emotional verständlich. Es ist genauso absehbar, dass im Bewusstsein Außenstehender nicht nur die Täter des IS, des AlQuaida, des BokoHaram etc., also die aktiven Vollstreckerinnen und Vollstrecker eines angeblichen Auftrags ihres Propheten, für ihre Verbrechen zur Verantwortung gezogen werden. Die Zeitschriften wissen zu berichten, dass auch aus Deutschland eine wachsende Zahl nicht nur junger Männer, sondern auch junger Frauen aus allen Schichten der muslimischen Bevölkerung nach Syrien überlaufen und dort den Gotteskriegern zu Diensten gehen. Da ist es kaum verwunderlich, dass auch die schweigende Mehrheit der unbescholtenen Muslime in einen Generalverdacht einbezogen wird: „Allahs willige Vollstrecker"? Die lauten Rufe der für Integration zuständigen Berliner Senatorin Kolat an die diversen Moschee-Vereine in Deutschland, sich aktiv gegen die Radikalisierung junger Muslime und deren Überlaufen zu den Kämpfern des IS zu engagieren, finden nur vereinzelt Widerhall bei den Gläubigen.

Die gehen nicht auf die Straße, um gegen den Terror, der im Namen ihres Glaubens verübt wird, lautstark und sichtbar zu protestieren, sondern jubeln in großen Teilen auch in Deutschland dem Führer der AKP zu und schenken ihm die für die Wiederwahl in der Türkei erforderlichen Wählerstimmen. Am 16. April 2017 wurden die Ergebnisse der Abstimmung über die von Präsident Erdogan geforderte Verfassungsänderung in der Türkei bekannt gegeben. In der Türkei selbst sprachen sich angeblich etwas mehr als 51% der Wähler für die Absage an die bisherige parlamentarische Demokratie aus. In Deutschland votierten 63% der Türken, die von ihrem Wahlrecht Gebrauch gemacht hatten, für den Übergang in eine dem Islam verpflichtete Autokratie. Ein solches Wahlverhalten gibt der Vermutung Nahrung, dass diese Wähler wohl kaum etwas dagegen hätten, wenn die schleichende Re-Islamisierung der Türkei auch an ihrem Wahl-Wohnort, also in Deutschland, umgesetzt werden könnte. Eine deutlich sichtbare Grenzziehung zwischen den unbescholtenen Muslimen und den Verbrechen der muslimischen Terrororganisationen besteht nicht.

15. Das tut man nicht

Geschichte ist andauernder Übergang; schleichend oder abrupt. Der Übergang, den Deutschland zur Zeit durchläuft, ist der des endgültigen Abschieds von der Illusion des Nationalstaats hin zu einer kulturell, das heißt, weltanschaulich und verhaltenstypisch noch vielfältigeren Gesellschaft als es bisher ohnehin der Fall war. In diesem Umfeld sind zwei Begriffe von besonderer Problematik: „Rassismus" und „Fremdenfeindlichkeit".

Fremdenfeindlichkeit ist die Bezeichnung für Aversionen gegenüber Fremden, die in feindselige Worte und Tätlichkeiten ausarten. Es ist ein Empfinden, das sich gegen das Eindringen von „Fremdem" in den eigenen Alltag richtet und dieses Eindringen nicht so einfach hinnehmen möchte. Die Aversionen, auf denen Fremdenfeindlichkeit beruht, haben eine oberflächliche und eine archaische Begründung. Die archaische Begründung liegt in der Natur menschlichen Zusammenlebens. Es entwickelten sich in der Sippe, im Stamm, im Clan, in der Gemeinschaft und womöglich auch in der Gesellschaft bestimmte Konventionen, die zunächst einmal der Sicherung der Lebensgrundlage und der Fortpflanzung dienten. Das geschieht auf Grund der verschiedenen Bedingungen, unter denen sich Kulturen entwickeln, unterschiedlich. Deshalb können Unstimmigkeiten auftreten, wenn Angehörige unterschiedlicher Kulturen auf einander treffen.

Der Kitt, der die Angehörigen einer Sippe, eines Stammes, eines Clans und einer Gemeinschaft miteinander verband, war das Vertrauen. Es beruhte auf Gewissheit, dass jeder andere Angehörige der Sippe, des Stammes, des Clans, der Gemeinschaft, sich an die Regeln hält, die der Sicherung der Existenzgrundlage und der Fortpflanzung dienen – auch wenn dieser unmittelbare Zweck von Kultur kaum jemandem bewusst ist. Gemeinsam sind die Werte, die Normen, die ein Verhalten steuern, das allen vertraut ist und das allen insgesamt gesehen zu Nutzen ist. Wer gegen diese Werte und Normen verstößt, der wird bestraft. Hier liegt die Ursache für die seit Menschengedenken und in allen Regionen dieser Erde belegte Aversion Einheimischer gegenüber denjenigen Menschen, die aus einer fremden Kultur kommen, deren Werte und Verhaltensnormen man nicht kennt, oder als andersartig zu kennen glaubt.

Der einzelne Fremde löst derlei Aversionen nicht unbedingt aus. Er kann sich integrieren. Gastfreundschaft dem einzelnen Fremden gegenüber war ein hohes Gut in vielen historischen Gemeinschaften – schon aus Gründen des Selbstschutzes; jeder Reisende konnte in eine wehrlose Situation geraten, in der ihm Gefährten aus der eigenen Gemeinschaft nicht zur Seite standen. Die Aversionen bildeten sich erst dann, wenn es nicht um Einzelne sondern um eine große Anzahl Fremder ging, die in eine gewachsene Gemeinschaft Eingang fand. Andererseits weiß man, dass in den großen Handelsmetropolen der Antike und des Mittelalters der rege Verkehr zwischen Fremden, zwischen den Angehörigen höchst unterschiedlicher Religionen und Sitten die Regel war. Jeder wusste, dass der Fremde eine andere Sicht hatte. Das gemeinsame Interesse am Austausch der Güter war die Grundlage für einen mehr oder weniger achtungsvollen Umgang miteinander. Der Unterschied zu der heutigen Situation ist offensichtlich. Seinerzeit waren die „Fremden" Gäste. Sie waren auf das Wohlwollen der Herrschenden und der Einheimischen angewiesen. Ein selbstverständliches Mitspracherecht in der Gestaltung des Alltags, in der Festlegung von Geboten und Verboten hatten sie nicht.

Probleme tauchen dann auf, wenn die massenhafte Ankunft der Fremden als Bedrohung aufgefasst wird. Die Europäer, die an den Küsten der Karibik, Nordamerikas und der Südsee-Inseln landeten, wurden nur selten mit unmittelbarer Feindschaft konfrontiert. Zumeist war der erste Kontakt von Neugier und Hilfsbereitschaft der Eingesessenen geprägt. Bis zu dem Moment, als sie erkannten, dass die Fremden ihre Interessen verletzten. Die Überheblichkeit der Europäer gegenüber den „Primitiven" und die Selbstverständlichkeit, sich das Eigentum der Einheimischen als Besitz zu nehmen, weil man es aus technischer Überlegenheit nehmen konnte, erzeugten Feindschaft, aus der dann wiederum Feindschaft auf Seiten der Eindringlinge entstand. Die Feindseligkeit wurde mit Mythen der Rückständigkeit flankiert; Klischees legitimierten den europäischen Anspruch auf Vorrangstellung.

Ein aufschlussreiches Beispiel ist die Begegnung Europas mit China. Die ersten intensiven Kontakte mit chinesischer Kultur lösten in Europa eine Welle der Begeisterung, der Hochachtung aus. Die frühen Jesuitenmissionare sandten ein überaus positives Bild von China zurück nach Europa. Gelehrte, allen voran Gottfried Wilhelm Leibniz (1646-1716), sahen in der konfuzianischen Gesellschaft den friedlichen und menschenwürdigen Gegenpol zu der durch Kriege gezeichneten Situation in Europa. In der Kunst, der Architektur, der höfischen Welt nahm die China-Bewunderung als „Chinoiserie" einen breiten Raum ein. Seide und Porzellane waren höchst begehrt. Europa war bereit, einen hohen Preis für diese Produkte chinesischer Kultur zu zahlen; Unmengen an Silber flossen aus Europa nach China. Bis zu dem Moment, als die Engländer Indien mit leichter Hand unter ihre Kontrolle gebracht hatten, und das in Indien produzierte Opium nach China exportierten, wo es in dieser Form noch völlig unbekannt war.

In China entstand in kürzester Zeit unter kräftiger Mithilfe einheimischer Kaufleute ein Markt, zunächst in der Oberschicht, die Opium als das Viagra der damaligen Zeit entdeckte, dann in immer weiteren Schichten der Bevölkerung. Als es schließlich zu einer ernsten Bedrohung für die Wirtschaft und die Gesellschaft Chinas geworden war und der Fluss der Gelder nun in umgekehrter Richtung verlief, schritt die kaiserliche Regierung in Peking ein. Sie verbot den Opium-Handel. Die chinesische Regierung hatte sich bereits Ende des 18. Jahrhundert den anfangs von den Engländern vorgetragenen Bemühungen, Handels- und diplomatische Beziehungen aufzunehmen, widersetzt. Nun, nachdem sie auch noch den profitablen Opium-Handel blockierte, griffen die Engländer an, später die Franzosen, dann fast alle europäischen Nationen, die USA, Russland, und schließlich auch Japan.

Das so positive Bild Chinas verschwand hinter einer Mauer herabsetzender, feindseliger Klischees, die die Übergriffe auf eine Hochkultur rechtfertigten, deren militärische Technologie der der westlichen Mächte unterlegen war und die folglich zum Spielball imperialistischer Ausbeutung degenerierte. China, einst als leuchtendes Vorbild zivilisierter Kultur der Rohheit Europas gegenübergestellt, wandelte sich nun zu einem Ausbund an verachtungswürdiger Barbarei, Grausamkeit, Dummheit.

Die Aversion dem Fremden gegenüber war auf Seiten der Chinesen Ende des 18. Jahrhunderts ausschlaggebend, als Kaiser Qianlong die Offerte von König Georg III. zum Austausch von Botschaftern zurückwies. Der Kaiser hat diese Zurückweisung in einem ausführlichen Brief an den fernen Herrscher begründet und nicht zuletzt auf die Eigenart der jeweiligen Sitten, bis hin zu der Kleidung, verwiesen, die zu vereinen kaum möglich sei und beiden Seiten nur Unannehmlichkeiten verursachen werde. Er sollte Recht behalten. Die Aggression der Europäer, der USA und die letztlich an Rücksichtslosigkeit alles Dagewesene überschreitenden Übergriffe der Japaner in China leiteten sich aus der Versuchung ab, ein geschwächtes Land zum eigenen Nutzen auszubeuten. Die Übergriffe Japans in China in der gesamten ersten Hälfte des 20. Jahrhunderts von dem für China desaströsen Ausgang des Krieges von 1894 an waren umso bemerkenswerter, als Japan seit 1200 der chinesischen Kultur in Schrift, Architektur, Medizin und Wissenschaft und anderen Bereichen mehr engstens verbunden war. Kaum ein Einfluss japanischer Kultur auf China ist in dieser Zeit erkennbar, aber ein tiefgreifender Einfluss chinesischer Kultur auf Japan.

Das Verhältnis Chinas und Japans ist das Verhältnis zweier Nachbarstaaten, die in jahrhundertelangem Miteinander nie zu einem Frieden kommen. Wann immer die eine Seite einen technologischen oder sonstwie gearteten Vorteil über die andere Seite erlangt hatte, nutzte sie diesen aus, um der Gegenseite ihren Willen, ihre Herrschaft aufzudrücken. Ganz ähnlich das Verhältnis Chinas zu seinen übrigen Nachbarn. Jahrhundertelang war Tibet mächtig genug, seinen Einflussbereich nach China hinein auszudehnen und dies auch militärisch zu untermauern. Dann schwang das Pendel wieder in die andere Richtung. Nachbarn sollten einander besser kennen als weit in der Ferne gelegene Kulturen. Die Nähe der Nachbarschaft sollte also Vertrautheit entstehen lassen. Das ist freilich selten der Fall gewesen.

Deutschland und Frankreich sind zwar nicht von den Landesgrößen mit China und Japan zu vergleichen, aber doch mit der weitgehend einseitigen kulturellen Beeinflussung. Friedrich der Große fand die deutsche Sprache einfach zu grob, als dass sie seines Hofes würdig sei. Er pflegte das Französische. Er lud französische Philosophen und andere Kulturschaffende in seinen Umkreis. Seinen Rückzugsort, wo er zumindest zeitweilig von den vielen Sorgen, die er sich um Preußen machen musste, freimachen konnte, nannte er Sanssouci. Zahlreiche französische Worte fanden so in die damalige Sprache Eingang und sind im Deutschen bis heute verblieben.

Aber umgekehrt? Hat man von französischen Herrschern gehört, die sich auf diese Weise deutsche „Zivilisation" in ihr Land hätten holen wollen? Mitnichten. Es mögen die napoleonischen Kriege gewesen sein, die uralte kulturelle Abgrenzungen gegenüber den Franzosen zu der so genannten deutsch-französischen Erzfeindschaft eskalieren ließen. Die Kriege, die Preußen 1870/71 gegen Frankreich und später Deutschland gegen Frankreich führte, waren begleitet von den wüstesten Klischees über den Nachbarn, so als seien die französische Dichtung und Musik, die französische Philosophie und revolutionäre Begeisterung nie über den Rhein in deutsche Lande hinüber gekommen.

Das deutsch-französische Verhältnis der vergangenen Jahrhunderte ist prototypisch für die Entstehung und Andauer von Aversionen gegenüber „dem Fremden", auch wenn eine solche Fremdheit gar nicht existieren dürfte. Man könnte genauso auf das deutsch-russische, das deutsch-polnische, das englisch-irische, das finnisch-schwedische oder das finnisch-russische Verhältnis verweisen. Noch weitaus bemerkenswerter sind pauschale Aversionen gegenüber nicht nur den Einwohnern eines benachbarten Landes, sondern gegen Mitglieder von fremdkulturellen Gruppen, die unmittelbar in derselben Stadt, in derselben Straße, in demselben Dorf wohnen – nicht erst seit gestern, sondern seit Jahrhunderten. Das haben die Kriege auf dem Balkan erst jüngst wieder gezeigt, das hat der Hass auf die jüdischen Nachbarn in demselben Haus in Charlottenburg oder Schwabing in den 1930er Jahren gezeigt.

In ihren Ursprüngen kaum noch nachvollziehbare Klischees haben hier Menschen voneinander getrennt, die in Anwaltskanzleien langjährig zusammenarbeiteten, die in Kliniken sich gemeinsam um Patienten kümmerten, die im Lehrkörper der Schulen und Universitäten über lange Zeit miteinander verkehrten, ganz abgesehen von denjenigen, die sich „nur" als Kaufmann und Kunde kannten. Gruppenübergreifende Familiengründungen gab es zuhauf und dennoch blieben in weiten Teilen der Bevölkerung, und zwar nicht zuletzt in den so genannten „gebildeten Kreisen", die Aversionen so nachhaltig bestehen, dass sie sich zu gegebenem Zeitpunkt in Vertreibung und Totschlag äußeren konnten.

Die archaischen Motive einer Bedrohung der eigenen Existenz sind heutzutage wohl niemandem mehr bewusst. Sie sind im Unterbewusstsein noch vorhanden und mischen sich offenbar mit eher kurzfristigen Motiven der realen oder gefühlten Bedrohung. In den Medien wird fast täglich von den Zuständen im Nahen Osten berichtet, von Mord und Totschlag zwischen Sunniten, Schiiten und Aleviten innerhalb des Islams. Die Medien melden die vielen Gewaltakte in zahlreichen Staaten Afrikas. Sie berichten über die Behandlung von Frauen dort in der Ferne und die Verhältnisse im Görlitzer Park in Berlin, wo „weiße" Frauen und Mädchen sich wie in einem Spießrutenlauf empfinden, wenn sie von den dort Drogen verkaufenden „Schwarzen" mit Zoten bedacht werden. Wer diese Informationen andauernd vorgesetzt bekommt, der mag Aversionen entwickeln und ein Verhalten zeigen, das dann von denselben Medien, die mit ihren Berichten diese Aversionen mittelbar ausgelöst haben, als „Fremdenfeindlichkeit" und „Ausländerhass" gebrandmarkt wird.

Ein in dieser Hinsicht bemerkenswertes weil zufälliges Zusammenspiel der Medien fiel auf den 19./20. Dezember 2015. Am Abend des 19. Dezember sendete um 20.15 das Erste Deutsche Fernsehen ARD die historische Schnulze „Medicus" – die Geschichte eines englischen Waisenkinds aus dem Hohen Mittelalter, das verzweifelt über die Unfähigkeit der Heilkunde in seinem Lande den Weg zu dem berühmten Weisen und Arzt Ibn Sina in Isfahan sucht und findet und dort eine in Europa nicht erhältliche Ausbildung durchläuft. Drei Bevölkerungsgruppen stehen im Mittelpunkt der Geschichte: Muslime, Juden und der Engländer als Christ. Die Geschichte endet damit, dass die blutrünstigen Seldschuken als islamistische Schlächter die Stadt Isfahan erobern, jeden Juden, dessen sie habhaft werden können, ermorden, die Wissenschaft des

Ibn Sina in Brand setzen und dies nicht zuletzt deshalb erfolgreich umsetzen können, weil die Gelehrten des Islam gleichsam als Fünfte Kolonne den Angriff von außen durch Kollaboration in der geschlossenen Stadt unterstützen und schließlich die Tore öffnen, um die Eroberer mit Kniefall willkommen zu heißen.

Wer auch immer das Drehbuch dieses Machwerks geschrieben hat, hat bewusst oder nicht zu einem extrem negativen Bild islamistischer Eiferer beigetragen. Es ist erstaunlich, dass im Dezember 2015 zu einer Zeit, da die Anforderungen der „politischen Korrektheit" gerade im öffentlichen Raum gelegentlich ins Absurde reichen, ein solcher Film nun bereits zum dritten Mal, nach 2013 und 2014 im Dezember gezeigt wird.

Seine eigentliche Wirkung erzielt der Film – unbeabsichtigt – durch die Meldungen vom selben und darauffolgenden Tag: Die Medien berichteten unter Hinweis auf Geheimdienstquellen, dass der Islamistische Staat IS in mehreren arabischen Ländern „zehntausende echter Reisepassdokumente" in seinen Besitz bringen konnte. Diese Pässe wurden entweder an Flüchtlinge verkauft, oder, wie die Geheimdienste mutmaßen, dazu verwendet, zukünftige Terroristen als Flüchtlinge getarnt nach Europa zu senden. Derartige offene Hinweise auf den möglichen Aufbau einer Fünften Kolonne im Inneren der Festung Europa gehen einher mit Fernsehbildern von den Aufnahmestellen, an denen sich junge, kräftige Männer aus Syrien sammeln, die jedenfalls nicht bereit sind, für die Freiheit ihres Landes an der Heimatfront zu kämpfen. Wen wundert es, wenn der eine oder andere Medienkonsument eins und eins zusammenzählt und sich nicht in die Reihen derer einfügen möchte, die einen jeden der Neuankömmlinge willkommen heißen.

Im Mai 2016 ließ der Präsident des Bundeskriminalamts verlauten, dass mittlerweile etwa 8000 Salafisten in Deutschland bekannt sind, von denen etwa 400 als „Gefährder" unter Beobachtung stünden. Die Radikalisierung von Flüchtlingen durch die islamistischen Extremisten sei eine zielgerichtete Aktion. Die Extremisten gehen in die Massenunterkünfte mit Spenden und sonstigen materiellen Zuwendungen, bieten Dolmetscherdienste und Begleitung bei Behördengängen an und bauen so Beziehungen und Abhängigkeiten auf, die langfristig ein belastbares Netzwerk entstehen lassen. Im Mai 2016 vermeldeten die Medien, dass nach Erkenntnissen des Bundeskriminalamts zunehmend auch junge Frauen, sogar, wie betont wurde, aus „guten Familien" (sic!), sich auf den Weg nach Syrien begeben, um dort für den Islamistischen Staat zu kämpfen. Von einem Frauenanteil von bereits 20% war die Rede. Eine junge Frau wurde bereits gleich auf der Durchreise in der Türkei auf einen möglichen Terroranschlag in Deutschland umgestimmt und verübte einen Messerangriff auf einen Polizisten in Köln.

Die Vorstellung der Existenz vor allem türkischer Mitbewohner als einer „Fünften Kolonne" in Deutschland erhielt Anfang März 2017 erstmals offizielle Bekräftigung von nicht geringerer Ebene als dem türkischen Präsidenten Erdogan selbst. Als Reaktion auf die Verbote zweier deutscher Kommunen, mit Hilfe seiner Minister Werbeveranstaltungen durchzuführen zur positiven Einstimmung türkischer Wähler in Deutschland für die bevorstehende Volksabstimmung zur Verfassungsänderung, überzog Erdogan Deutschland nicht nur mit heftigen Beschimpfungen. Viel nachhaltiger auf die Einstellung mancher nicht-türkischer Deutscher zu ihren türkischen Mitbürgern war die Drohung Erdogans, falls er selbst an der Einreise zu solchen Veranstaltungen gehindert werde, „einen Aufstand" zu organisieren. Mit anderen Worten, Erdogan gibt sich überzeugt, dass er eine große Anzahl der in Deutschland lebenden Türken für seine Interessen gegen die Politik der Bundesrepublik Deutschland einzusetzen im Stande ist. Einen solchen Eingriff in die Souveränität der Bundesrepublik seitens eines fremden Machthabers hat es zuvor noch nicht gegeben. Im Vertrauen auf seine Anhänger in Deutschland scheute der türkische Präsident sich auch nicht, im August 2017 seinen in Deutschland lebenden Landsleuten konkrete Wahlempfehlungen zu geben; er nannte es eine Frage der Ehre, der Türkei angeblich feindlich gesinnte Parteien, wie CDU, SPD und GRÜNE nicht zu wählen.[39]

Anfang April 2018 wurde der türkische Präsident noch deutlicher. Erneut forderte er die in Deutschland lebenden Türken – „meine Landsleute" – auf, sich sprachlich und gesellschaftlich in die deutsche Gesellschaft einzuarbeiten, und gleichzeitig „ihrem Land, ihrem Volk, ihrer Flagge und ihrem Gebetsruf treu" zu bleiben, um auf diese Weise die Interessen der AKP noch wirkungsvoller durchsetzen zu können.

Bei nicht wenigen Lesern solcher Meldungen in der alteingesessenen Bevölkerung bildet sich eine Mischung aus tief verwurzelten Abneigungen gegen das Fremde, dessen Werte man entweder nicht kennt, oder denen man misstraut, einerseits und ganz aktuellen, realen oder vermeintlichen Bedrohungen andererseits. Diese Mischung ist auch heute wieder maßgebend, wenn wir hässliche Szenen der „Fremdenfeindlichkeit" oder des „Fremdenhasses" sehen. Gegen die Ursachen der hässlichen Szenen lässt sich jedenfalls nicht ankämpfen, wenn man die verschiedenen Motive einer Aversion gegenüber „den Fremden" unter nur zwei Begriffen, „Fremdenfeindlichkeit" und „Rassismus" pauschal zusammenfasst.

Rassismus ist ein Bewusstsein, das durch vermeintlich wissenschaftlich fundierte Erkenntnisse legitimiert erscheint. Es wird geleitet von der Vorstellung, einer biologisch überlegenen Menschenrasse anzugehören. Aus die-

---

39 http://www.spiegel.de/politik/ausland/recep-tayyip-erdogan-greift-in-deutschen-wahlkampf-ein-a-1163495.html, gelesen 18.8.2017.

sem Bewusstsein heraus wird die Berechtigung abgeleitet, andere, für minderwertig erachtete „Menschenrassen" in Gedanken, mit Wort und Schrift oder auch mit konkreten Taten herabzuwürdigen, zu verletzen, wenn nicht gar zu vernichten.

Diese Art von Rassismus entstand in Europa im 19. Jahrhundert. Sie begann in den Schriften des Grafen Gobineau. Er war der erste, der eine Hierarchie „der Racen" postulierte, die in biologischen Eigenschaften der Völker begründet sei. Der Rassismus erreichte seinen Höhepunkt im Holocaust. Ob auch mehr als 70 Jahre nach dem Ende der NS-Ideologisierung ein in vermeintlich biologisch-wissenschaftlichen Erkenntnissen fundierter Rassismus außerhalb marginaler Randgruppen fortdauert und für fremdenfeindliche Übergriffe verantwortlich ist, ist schwer zu sagen. Grundlage einer in der Bevölkerung weitverbreiteten Haltung ist er vermutlich nicht.

Heute dient die Bezeichnung „Rassismus" als Chiffre, um alle diejenigen Verhaltensweisen von Deutschen gegenüber fremdkulturellen Mitmenschen zu verurteilen, die eine gedankliche, verbale, schriftliche oder gar tätliche Aversion gegenüber Andersartigen zum Ausdruck bringen. In diesem modernen Sinn schließt der Vorwurf eines „Rassismus" auch die abfällige Einschätzung der Süd-Italiener durch die Nord-Italiener ein.

Die Rassismusforschung ist bemüht, die historischen Wurzeln dieses Phänomens zu ergründen. Sie blickt zurück auf die Feindschaften und massiven Gräueltaten in vergangenen Jahrhunderten. Sie knüpft eine Kette aus vergleichbaren Einstellungen und Taten, die schließlich im 20. Jahrhundert in einem der scheußlichsten Verbrechen mündete. Zum anderen bezieht sie heutige verbale, schriftliche und tätliche Aggressionen gegen „Fremde" in das Konzept des Rassismus mit ein. Sie betont damit eine Verbindung zwischen diesen heutigen Aggressionen und dem Holocaust. Diese Art der Forschung hat zwei gravierende Defizite.

Zum einen wird der „Rassismus" zu einer kaum noch zu definierenden Formel, die ihre Gewalt aus dem Rückblick auf den Holocaust gewinnt. Tatsächlich unterschlägt sie die unterschiedlichen Motive, die zu Aversionen und Aggressionen gegenüber Fremden führen können. Das ist problematisch, weil nur unter Berücksichtigung der Motive solcher Aversionen und Aggressionen eine Prävention erfolgreich sein kann. Allen solchen Einstellungen, Äußerungen und Taten das Etikett „Rassismus" aufzuerlegen und die Hoffnung zu hegen, mit dieser Stigmatisierung bestimmter, nicht erwünschter Verhaltensweisen zu deren Verschwinden beizutragen, darf als Illusion erachtet werden.

Zum anderen verweisen die Autoren in ihrem Rückblick auf die „Geschichte des Rassismus" auf eine seit alters her in Europa erkennbare Kontinuität. Sie verweisen darauf, dass seit spätestens dem 18. Jahrhundert ein vielfach dokumentiertes kulturelles Überlegenheitsgefühl der Europäer gegenüber den Angehörigen außereuropäischer, nicht-weißer Bevölkerungen den Rassismus noch verstärkte. Tatsächlich sind die Aversionen und Aggressionen, die bereits vor dem 19. Jahrhundert dokumentiert sind und heute wieder von einigen Europäern gegenüber Fremden geäußert und tätlich umgesetzt werden, kein europäisches Merkmal. Ihre Einbeziehung in den Rassismus-Begriff verwäscht dessen Aussagekraft für die spezielle europäische und noch spezifischer deutsche Umsetzung im 20. Jahrhundert. Sie beinhaltet zudem eine einseitige auf Europa gerichtete Schuldzuweisung, die historisch und gegenwärtig in dieser Schwarz-Weiß-Differenzierung nicht gerechtfertigt ist.

Ein lesenswertes Buch zu diesem Thema hat der Konstanzer Soziologe Geulen verfasst.[40] Geulen zeigt die Absurdität eines Begriffs auf, der ursprünglich gut gemeint nun zu einer verbalen Keule geworden ist, die auf jeden

---

40   Christian Geulen. *Geschichte des Rassismus*. München. C. H. Beck Verlag. 2014.

Menschen gleich wo in der Welt herabfallen kann. Rassismus ist, wenn man Geulen folgt und von weit oben auf die Landkarte der Verurteilungen schaut, jede Form der Grenzziehung zwischen Vertrautem und Unvertrautem, Gewünschtem und Nicht-Gewünschtem, Eigenem und Fremdem. Daher kann der Rassismus-Begriff auf jegliche Form der Abgrenzung angewandt werden, gleichgültig, ob sie mit oder ohne Gewalt, in Gedanken, verbal oder tätlich erfolgt. Das Buch von Geulen spiegelt in seinem Resümee die Widersprüchlichkeit in der Anwendung des Rassismus-Begriffs wider. Er verweist auf diejenigen Autoren, die aufzeigen, dass es seit Urzeiten Abgrenzungen und tätliche Auseinandersetzungen gegeben hat, die ursprünglich noch gar nicht unter den Rassismus-Verdacht fallen können, aber bereits die Vorstufen liefern, die in späterer Zeit dem Konzept und der Rechtfertigung des Rassismus den Weg bereiteten. Diese Autoren sehen in jeglicher Abgrenzung der heutigen Zeit eine neue Variante eines jahrtausendealten Rassismus. Zugleich verweist Geulen auch auf diejenigen Anti-Rassismus-Autoren, die sich gegen die Annahme wehren, dass es Abgrenzung schon immer gegeben hat, dass Abgrenzung also gleichsam zur Natur des Menschen gehöre. Diese Autoren halten den Hinweis auf die lange Vorgeschichte der Exzesse des 19. und 20. Jahrhunderts für eine verwerfliche Vorstellung, die der Akzeptanz des Rassismus nur weiteren Vorschub leiste.

Die tief sitzenden Emotionen, die hinter dem seit jeher und in jeder Kultur bestehenden Versuch stehen, das Erwünschte vom Nicht-Erwünschten abzugrenzen, werden weder von der einen noch von der anderen Fraktion untersucht; sie bleiben unbeachtet, weil sofort Schluss sein muss mit der Differenzierung zwischen „wir sind die – und das sind die Anderen."

Im Grunde also, so könnte man resignierend das Fazit des Autors deuten, beginnt „Rassismus" in dem Moment, in dem man Kindern ein bestimmtes Verhalten mit der Formel „das tut man nicht" oder „das gehört sich nicht" auszureden sucht. Denn bereits damit setzt man eine Grenze zwischen denen, die „das tun", und denen, die „das nicht tun". Und man erzieht schon Kinder dazu, diejenigen, die „das tun", nicht zu mögen, vielleicht sogar zu verabscheuen. Wenn jede „Abgrenzung" den Keim für „Rassismus" in sich trägt, dann sind alle Gläubigen, die sich von den Ungläubigen abgrenzen, ebenso „Rassisten", wie die Anti-Rassisten, die den Rassismus bekämpfen.

Der heutige Gebrauch des „Rassismus"-Verdikts hat seinen ursprünglichen Rahmen überschritten. Der pseudo-biologisch begründete Rassismus ist schon seit langem durch den so genannten „Kultur-Rassismus" ergänzt. Menschen, die sich über Mädchen- oder Buben-Beschneidung erregen, Menschen, die es abscheulich finden, dass der Rabbi die Blutstropfen des beschnittenen Knaben mit dem Mund absaugt, Menschen, die Zwangsheirat und andere kulturelle Ausdrucksformen fremder Gruppen ablehnen, sind in dieser Sicht „Kultur-Rassisten". In dem ältesten Text der Chinesischen Medizin, dem Klassiker des Gelben Kaisers, heißt es: „Betrittst Du ein fremdes Haus, frage nach den dort herrschenden Tabus. Kommst Du in ein fremdes Land, frage nach den dort üblichen Sitten". Eine europäische Parallele mit derselben Aussage ist bekannt als „In Rome do as the Romans do". Solche Ratschläge werden heutzutage in einigen Kreisen als „kultur-rassistisch" eingestuft. Migranten abzuverlangen, ihre Gewohnheiten den Sitten des Gast-Landes anzupassen, ist mittlerweile zwar nicht mehr undenkbar. In manchen Schwimmbädern werden Hinweiszettel ausgelegt, die den Neuankömmlingen bestimmte Verhaltensgrenzen aufzeigen sollen. Doch die Vorbehalte gegen solche Bevormundung oder Umerziehung sind weit verbreitet. Grundsätzlich werden die neuen Mitbürger ermuntert, die multikulturelle Vielfalt durch Beibehaltung eigener Sitten und Gebräuche zu erweitern.

„Sprach-Rassismus" ist die Verwendung von Worten, die aus der Periode des Kultur- oder pseudo-biologischen Rassismus stammen und eine Herabsetzung eines Volkes oder einer Gruppe beinhalten. Das Aussondern solcher Worte aus der aktiven Sprache ist nachzuvollziehen. In der Jenenser *Zeitschrift für Kritisches Denken* geht man allerdings einen Schritt weiter. Da wecken die Bemühungen von Fichte, die deutsche Sprache zu reinigen – schließlich gab es zwar die Luther-Bibel, aber die vielen deutschen Staaten zu Beginn des 19. Jahrhunderts waren auch sprachlich in mancher Hinsicht getrennt – die Frage, ob auch das als „Sprach-Rassismus" zu interpretieren sei. Ein Journalist der *taz*, Robert Misik, ehemals Mitglied der „Gruppe Revolutionäre Marxisten", bezeichnet die Ablehnung eines Schuldenschnitts durch die Gläubiger Griechenlands als „Wirtschaftsrassismus".[41]

Mittlerweile wird das Konzept des „Rassismus" auch auf die Urteile über die Speisegewohnheiten einer anderen Kultur ausgeweitet. Ein englischer Manager einer Ölfirma in Kirgistan, der sich über social media mit einem abschätzigen Urteil über ein Lieblingsgericht des Gastlandes verbreitete, wurde im Herbst 2015 von den dortigen Behörden wegen „Rassismus" angeklagt; ihm drohten fünf Jahre Haft. Damit gibt es nun auch so etwas wie einen „kulinarischen Rassismus."

Das Konzept der „Rassen" wurde anfangs zu einem Zeitpunkt in kultur- und machtpolitische Auseinandersetzungen einbezogen, als Fronten zwischen Bevölkerungsteilen zu markieren waren, die nicht mehr durch territorial eindeutige Grenzziehungen oder etwa durch bestimmte Kleidung oder sichtbare religiöse Vorstellungen eine deutlich erkennbare Unterscheidung erlaubten. Mit dem Konzept unterschiedlicher „Rassen" wurde eine

---

41 Till Briegler, Linkspauschalen. Eine Griechenland-Diskussion auf Kampnagel. *Süddeutsche Zeitung*, Nr. 182. 10.08.2015, S. 9.

neue, scheinbar legitime Abgrenzung ermöglicht. Da sie keinerlei wissenschaftlich festgelegten Erkenntnissen folgte, stand diese Abgrenzung willkürlichen Definitionen offen, die sich den Zielsetzungen der an solcher Grenzziehung Interessierten anpassen konnten. Der Holocaust hat sich als Exzess derart willkürlicher Grenzziehung erwiesen.

Mit dem Begriff des „Rassismus" kann man zu Recht alle die Handlungen, mental, verbal oder tätlich, verurteilen, die sich auf die pseudowissenschaftliche Grenzziehung zwischen Menschengruppen berufen, die angeblich auf Grund biologischer Fakten auch einen unterschiedlichen Wert haben. Wäre der Gebrauch des Begriffs „Rassismus" in dieser Zielsetzung verblieben, dann wäre er gerechtfertigt gewesen. Er hätte denjenigen, die einen solchen Rassismus zu bekämpfen suchen, mit den Erkenntnissen der Wissenschaft ein starkes Argument gegeben. Denn hier geht es um Vernunft, nicht um Emotionen. Die Behauptungen der Rassisten, ihre Haltung sei wissenschaftlich fundiert, ist ein Appell an die Vernunft. Ein grundloser Appell, denn es gibt solche wissenschaftliche Begründung nicht.

Der Begriff des „Rassismus" ist auf mentale, verbale und tätliche Aktivitäten ausgedehnt worden, die mit der Vorstellung einer biologisch überlegenen Rasse und biologisch minderwertigen Rassen rein gar nichts zu tun haben. Dadurch ist der Kampf gegen Rassismus so weit ausgedehnt worden, dass er auch Einstellungen und Aktivitäten einschließt, die durch Vernunftargumente nicht zu beeinflussen sind.

Diesen Einstellungen und Aktivitäten gegenüber sind andere Strategien angebracht. Der Appell *no racism* bewirkt da gar nichts, weil er die Ursachen der fremdenfeindlichen Emotionen außer Acht lässt. Die Ursachen aber reproduzieren sich unentwegt, und da bleiben alle Aufrufe zu *no racism* unwirksam. Die Politiker, die zu

Fremdenfeindlichkeit aufrufen, und die einzelnen Mörder, die wie die NSU-Beteiligten tätlich werden, kann man mit Appellen weder auf die eine noch auf die andere Weise erreichen. Es gilt aber, auf diejenigen einzuwirken, die als Mitläufer das Wasser sind, in dem sich die Fische bewegen können.

Als rassistisch werden nun Verhaltensweisen bezeichnet, die aus einer gruppenspezifischen Aversion entstanden sind. Wer als ältere Frau einem Schwarzen kein Zimmer vermieten möchte, und deshalb in der Presse als rassistisch und fremdenfeindlich verurteilt wird, muss kein Ausländerhasser oder Fremdenfeind sein. Wer um türkische Fußballvereine in Deutschland einen Bogen macht, weil er die dort zuweilen herrschende Homophobie unausstehlich findet, muss kein Ausländerhasser oder Fremdenfeind sein. Die englischen Jugendlichen, die in ihrem Land deutsche Urlauber als Nazis beschimpfen, Steine auf ein deutsches Auto werfen und eine junge deutsche Familie mit Kindern verletzen, sind genauso wenig Ausländerhasser oder Fremdenfeinde, wie die College Schüler, die deutsche Gastschüler als Nazi oder Hitler titulieren. Sie haben in der Schule und in den Medien Schreckliches über die deutschen Taten im 2. Weltkrieg erfahren und lassen ihre Emotionen nun an den „Deutschen" aus, die sie treffen.

Für den echten „Rassismus" gibt es überhaupt keine Ursache. Das Konzept ist einfach falsch und unbegründet. Aber für gruppenspezifische Aversionen gibt es reale Ursachen. Es ist also eine ganz andere Auseinandersetzung mit dem Gesamtproblem notwendig, für die das Schlagwort „Rassismus" ungenügend ist. Es ist freilich leicht zu skandieren und eignet sich besser für die Straße und die politische Effekthascherei als eine differenzierte Sicht. Wer immerzu „Rassismus" ruft, wenn Fichte die deutsche Sprache reinigen möchte, wenn jemand Anstoß an der Knabenbeschneidung und wenn jemand keine Kopftuchträgerin als Sprechstundenhilfe einstellen möchte, der erreicht damit vielleicht seine Wiederwahl, aber sonst rein gar nichts.

16. Die Gesellschaft der Vielfalt

Unterschiedliche Kulturen grenzen sich voneinander ab. Von „Rassismus" zu sprechen, wenn jemand sich einer bestimmten Kultur nicht nur zugehörig, sondern auch verpflichtet fühlt, ist ungerechtfertigt. Kultur besteht im Kern nicht darin, den Menschen die Möglichkeit zu geben, zwischen Pop-Musik und Klassik, Kurzhaarschnitt und Filzzotteln, Sargbestattung und Leinenhülle, Immanuel Kant und Harry Potter zu wählen. Kultur bedeutet ursprünglich, dem Leben in der Natur bestimmte Werte voranzustellen, die das Überleben des Kollektivs sichern. Zunächst wohl aus der Perspektive eines kleinen Kollektivs der Jäger und Sammler geboren, später vornehmlich aus der Sicht und den Interessen der Schicht der Herrschenden verordnet und dann auch, in der jungen demokratischen Tradition, im Interesse der einzelnen Mitglieder der Gesellschaft.

Überlebenswille und Fortpflanzungstrieb sind allen Lebewesen, zu eigen. Denn so lange wir in der Geschichte zurückblicken können, war das Leben für die Menschen eine Last – ein „Jammertal", wie es die Christen dereinst nannten. Die Buddhisten in Südostasien kannten nur ein Ziel: niemals wiedergeboren werden! Gleichgültig wie. Nur hinaus aus diesem Leben. Leben ist Leiden. Das Nirvana, das Unaussprechliche, in dem die Kategorien menschlichen Seins keine Bedeutung besitzen und das deshalb auch gar nicht in menschliche Worte und Vorstellungen einzufügen ist, dieses Nirvana ist der erstrebenswerte Ausweg.

Die Menschen mussten jedoch in diesem „Jammertal" überleben. Sie haben versucht, dem Leben etwas Gutes und Freude abzugewinnen. Sie haben sich bemüht, Friedfertigkeit zwischen den Menschen zu erreichen, Besitzstände zu festigen oder auch dort abzubauen, wo erkannt wurde, dass Besitzstände Ungleichheiten schaffen und dem Allgemeinwohl schaden. Diesen Zielen dienen die Werte, die eine Gesellschaft für wichtig erachtet. Sie machen die Kultur einer Gemeinschaft und auf komplexerer Ebene einer Gesellschaft aus.

Diese Werte sollen dauerhaft gültig sein, und können es doch nicht sein. Denn die Umstände, unter denen sie einst sinnvoll erschienen, und die ihnen ihre Berechtigung gaben, können sich ändern.

Daraus ergibt sich fortwährend eine Unzeitgemäßheit, zumindest eines Teils der tradierten Werte. Sie können zu innergesellschaftlichen Widersprüchen und Konflikten führen. Neue Bewertungen bisher üblicher Verhaltensweisen, gesellschaftlicher Beziehungen, des Umgangs mit Eigentum, der Sexualität, der Religiosität und anderer Bereiche mehr lassen immer wieder neue Trennlinien in der Gesellschaft aufbrechen. Solche Trennlinien haben in der Vergangenheit gelegentlich zu heftigen Auseinandersetzungen bis hin zu Bürgerkriegen geführt. Ein Teil der Menschen hält mit konservativer Einstellung an althergebrachten Werten fest. Ein anderer Teil sieht die eigenen teilgesellschaftlichen Interessen dann besser gewährleistet, wenn nicht mehr zeitgemäße Werte an die neuen Umstände angepasst werden. Beispiele gibt es in der Vergangenheit wie in der Gegenwart zur Genüge.

Derartige Widersprüche innerhalb einer Gesellschaft ergeben sich nicht nur dadurch, dass sich innergesellschaftlich die Verhältnisse ändern und die Interessen verschieben. Entsprechende Widersprüche und Konflikte ergeben sich auch dann, wenn in ein Territorium, das bisher von einer sich weitgehend als homogen verstehenden Wertegemeinschaft bewohnt war, eine Bevölkerung Eingang findet, die ihre eigenen Werte mitbringt und diese in ihrem sittlichen Verhalten auch in das Alltagsleben einbringt.

Die Werte und die Sitten der Neuankömmlinge mögen in deren ursprünglichem Siedlungsraum einen Sinn ergeben haben, aber nun, in der neuen Umgebung sind sie oft nur noch Tradition ohne sinngebenden Rückhalt. Sie werden fortgeführt nicht zuletzt deshalb, weil sie der dauernden Versicherung der Gruppenidentität dienen; solche Mitglieder der Gruppe, die ausscheiden und sich den Werten und Sitten der neuen Umgebung anpassen, werden nicht selten mit schweren Strafen bedroht. Die mitgebrachten Werte und Sitten bieten der Gruppe keine Überlebens- oder Fortpflanzungsvorteile mehr in der natürlichen Umwelt. Sie bieten allein einen Überlebens- und Fortpflanzungsvorteil für die eigenständige Identität der Gruppe als solcher in fremdkulturellem Umfeld.

Als die ersten Europäer sich im 17. und 18. Jahrhundert langfristig in den Tropen niederließen, brachten sie ihre Gebräuche mit, die in ihrer Heimat sinnvoll waren. Essgewohnheiten, Kleidung, Architektur und anderes mehr verpflanzten sie in die für sie neuen, heißen, feuchten Gegenden und mussten dafür mit Kranksein und früher Sterblichkeit einen hohen Preis zahlen. Es dauerte eine Weile, bis sie die Vorteile mancher Gewohnheiten der Einheimischen erkannten und sich entsprechend anpassten.

Die Leichenbestattung im Leinentuch, die Vermeidung von Schweinefleisch, die Beschneidung der Knaben, die Verhüllung der Frauen, die Weigerung, einer Frau die Hand zu geben, die Polygamie, alle diese Traditionen hatten sicherlich an ihren Ursprungsorten vor langer Zeit ihren Sinn und ihren Wert. In Europa ist der ursprüngliche Sinn nicht mehr zu erkennen. Die Bräuche sind sinnentleert. Der Wert, diese Traditionen fortzuführen und als pseudo-religiöse Dogmen auf ewig festzuschreiben, besteht daher hier und heute allein in der Sicherung der Wir-Identität der Gruppen, die diese Bräuche fortführen, und damit in der bewussten und gewollten Abgrenzung von anderen Gruppen in derselben Gesellschaft.

Seit eh und je haben Menschengruppen neue Siedlungsräume gesucht. Seit eh und je stand dann die Frage im Raum: Identität als Gruppe bewahren, oder sich mit der bereits einsässigen Bevölkerung vermischen? Als die Mandschu, ein nord-ost-asiatisches Reitervolk im 17. Jahrhundert nach langer Vorbereitung ganz China einnahmen und ihre Fremdherrschaft für gut dreieinhalb Jahrhunderte errichteten, da war es ihnen bewusst, dass sie eine Kultur erobert hatten, die der ihren in vieler Hinsicht überlegen war. Sie suchten den Kompromiss, als Mandschus identifizierbar zu bleiben und sich dennoch so weit wie möglich in die so reiche chinesische Kultur einzufügen. So war die Herrschaft etwa der Kaiser Kangxi, Yongzheng und Qianlong ein Höhepunkt in der Verfeinerung der chinesischen Zivilisation. Es war dies eine ebenso seltene wie bemerkenswerte Ausnahme im Verhalten von Siegern zu der Kultur der von ihnen Besiegten. In der Regel fühlt sich eine technisch überlegene Macht, die in fremdes Territorium eindringt den Einheimischen auch kulturell überlegen. Diese Regel traf hier nicht zu.

Die Han-Chinesen selbst haben sich seit mehr als zwei Jahrtausenden bemüht, die Nachbarvölker unter ihre Herrschaft zu bringen. Dort, wo die Kräfteverhältnisse eindeutig waren, war der Erfolg schnell erreicht. Vietnam musste zwei Jahrtausende um seine Unabhängigkeit kämpfen. Die Versuche der Han-Chinesen, einer matriarchalischen Gesellschaft blindlings ihre eigenen patriarchalischen Strukturen aufzuzwingen, erwiesen sich letztlich als erfolglos. Die Japaner, die in die Siedlungsgebiete der Ainu im Norden der Inselkette eindrangen, haben auch nach vielen Jahrhunderten noch nicht zu einem entspannten Verhältnis zu den Unterlegenen gefunden. Die Zeit der japanischen Besatzung Koreas ist dort noch heute in übelster Erinnerung. Nicht einmal im privaten, familiären Kreis war den Koreanern unter japanischer Herrschaft gestattet, ihre eigene, koreanische Sprache zu nutzen.

Auf der Insel Taiwan gingen die japanischen Imperialisten zwischen 1895 bis 1945 gegenüber der einheimischen chinesischen Bevölkerung etwas großzügiger vor. Nur die Chinesen, die in japanische Dienste eintreten wollten, mussten Japanisch sprechen. Die malaiische Urbevölkerung auf der Insel wurde dagegen von den japanischen Truppen so weit wie möglich in ihren gebirgigen Siedlungsgebieten durch Kanonensalven vom Pazifik aus dezimiert. Die Russen, die unzählige Völker in Sibirien und im Kaukasus in ihren Herrschaftsbereich gezwungen haben, fühlen sich noch immer herausgefordert, sobald diese Völker auf ihrer eigenen Identität beharren. Die Völker in Nord-, Mittel- und Südamerika ringen auch nach Jahrhunderten noch um Gleichberechtigung mit den europäischen Eroberern, die dort und in vielen anderen Regionen nie einen Grund erkannten, ihre Kultur aufzugeben und sich den Einheimischen anzupassen.

Der Versuch, die eigene Kultur anderenorts durchzusetzen, hat somit nur noch sehr wenig mit ihrer ursprünglichen Bestimmung gemein, Überleben und Fortpflanzung der Menschen zu gewährleisten. Hier geht es um Machtausübung. Nun verkehrt sich Kultur, die sich einst herausgebildet hat, um den Menschen zu dienen, in eine Art Zwangsjacke, die die Menschen als ihre Objekte festhält.

In kleinen Gemeinschaften ist es unerlässlich, dass die einzelnen Mitglieder sich dem Wertekanon unterordnen, um den Fortbestand der Gruppe nicht zu gefährden. Das ist vergleichbar mit einer militärischen Disziplin im Kampf mit dem Feind. Die Fahnenflucht eines Einzelnen ist mit dem Tode zu bestrafen, da man den Bestand der Gesamtheit bedroht sieht, wenn dieses Verhalten Schule macht.

Ähnlich der Fahnenflucht aber ohne eine auch nur annähernd vergleichbare Rechtfertigung sehen die Repräsentanten mancher Kulturen auf das Ausscheiden einzelner oder, verwerflicher noch, größerer Gruppen aus ihrem Kulturkreis. Das Bemühen, Menschen unter Zwang in einem kulturellen Gefängnis zu halten, kann mit der Todesandrohung verknüpft sein, wie sie regelmäßig in bestimmten muslimischen Kreisen gegen Abtrünnige ausgesprochen und auch realisiert wird. Es ist in abgeschwächter Form dort offenbar, wo Rabbiner, etwa in den USA, die zunehmende Anzahl von Jüdinnen verurteilen, die sich die Freiheit nehmen, nichtjüdische Lebens- und Ehepartner zu nehmen. Sie gefährden nach Ansicht der Rabbiner die Fortdauer jüdischer Kultur, eine insbesondere mit Rückblick auf die genau auf dieses Ziel ausgerichtete Vernichtungspolitik der Nationalsozialistinnen und Nationalsozialisten nicht hinnehmbare Entwicklung.

Mit solchen Drohungen und Verurteilungen wird die Beziehung zwischen Mensch und Kultur in ihr Gegenteil pervertiert. Die Kultur schützt nicht mehr die Menschen und ihre biologische Fortpflanzung. Nun ist es an den Menschen, die Kultur zu schützen und deren Fortdauer zu sichern. Es mag schwerfallen, sich den daraus möglichen Schlussfolgerungen gegenüber zu öffnen. Denn es kann nicht das Ziel sein, eine bestimmte Kultur, und sei sie noch so bewundernswert, zu schützen, indem ihr die Interessen der Menschen untergeordnet werden. Wenn eine Muslima ihre Wertewelt verlässt, weil sie sich eingeengt fühlt, wenn eine Jüdin einen Nichtjuden heiratet und ihrem Ehepartner oder ihren Kindern die freie Wahl ihrer religiösen Zugehörigkeit und kulturellen Anbindung überlässt, dann ist das keine „Fahnenflucht", denn nicht die Existenz der Menschen ist gefährdet, sondern, falls Millionen dem Beispiel folgen sollten, schlimmstenfalls die Existenz des Artefakts „Kultur". Es wird dann in ein Museum der Weltgeschichte abgeschoben, weil sich andere Kulturen als überlebensfähiger erwiesen haben.

Die Situation der Gesellschaften Europas ist nicht frei von vergleichbaren Auseinandersetzungen. zwischen denjenigen, die aus eigenem Interesse, oder aus nüchternem Blick auf die Zeit, erkannt haben, dass so etwas wie kulturelle und „nationale (R)einheit" schon immer eine Illusion war, und angesichts der gegenwärtigen Bevölkerungswanderungen in Zukunft nicht mehr denkbar ist. Dieser Erkenntnis möchten oder können sich andere nicht anschließen, die die absehbaren schwierigen Zeiten eines ungewohnten Zusammenlebens kulturell unterschiedlicher Gruppen als bedrohlich erkennen und sich stattdessen wünschen, bei der einen verbindlichen Wertorientierung zu verbleiben, die ihr Leben bisher einigermaßen abgesichert und voraussehbar gemacht hat.

Nahezu jedes europäische Land hat in dieser Hinsicht seine eigenen offenen Fragen. Das reicht von Finnland im äußersten Nord-Osten bis hin zu Spanien auf der iberischen Halbinsel.

Das Gebiet des heutigen Staates Finnland hat bis zum Beginn des 19. Jahrhunderts mehr als 600 Jahre lang unter schwedischer Herrschaft gestanden. Es folgten mehr als 100 Jahre Zugehörigkeit als eigenständiges Großherzogtum zum russischen Zarenreich. Alle Versuche, eine „finnische Geschichte" bis in graue Vorzeit zurückzuverfolgen, und dem Land und seiner Bevölkerung eine „finnische Identität" aufzuzeigen, waren von eben diesem Ziel her begründet, aber nicht von den historischen Tatsachen.

Das „moderne Finnland" sieht sich, so der Sozialdemokrat und ehemalige Ministerpräsident Lipponen, als „Gebiet, auf dem eine ständige Migration stattfindet, aus der das Finnentum als dominante sprachlich-kulturelle Identität hervorging".[42] Damit fand er nicht bei allen Bewohnern des Landes Zustimmung. Die Partei der „Finnen", die sich früher „Wahre Finnen" nannten, feiert Wahlerfolge und im Juli 2015 fühlte sich ein Abgeordneter der Regierungspartei ermutigt, auf Facebook seinen Anhängern und allen anderen mitzuteilen: „Ich träume von einer starken, mutigen Nation, die diesen Alptraum mit

---

42 Paavo Lipponen. *Die Vernunft siegt*. Berlin. Berliner Wissenschafts-Verlag, 2014, S. 49.

Namen Multikulturalismus besiegt. Diese hässliche Blase, in der unsere Feinde leben, wird schon bald in eine Million Einzelteile zerplatzen." Geschätzte 15 000 Menschen gingen am 28. Juli 2015 auf die Straßen in Helsinki, um sich von derlei Sehnsüchten nach kultureller Einheit zu distanzieren.

Mit einer ganz anderen, aber nicht minder ernsthaften Zerreißprobe sieht sich Spanien konfrontiert, wo im Rahmen eines Zusammenwachsens Europas die baskischen und die katalonischen Nationalisten auf Selbstverwaltung pochen und prominente Unterstützer finden. Die Rückkehr zu einem Vorrang der eigenen Sprachen klingt wie der Vorspann zu der Errichtung einer kulturellen Mauer, die für Außenstehende nur mit Mühe zu durchdringen ist. Sollten die Bemühungen erfolgreich sein, wird das politische Leben in Spanien und die Existenz von „Fremden" im Baskenland und in Katalonien jedenfalls nicht einfacher werden.

Man kann nach Ungarn schauen, wo die Regierung eine „Reinigung" von unerwünschten Anteilen in der Bevölkerung anstrebt, man kann nach Dänemark schauen, wo die nationalen Populisten Stimme gewinnen, man kann nach Belgien schauen, wo das Zusammenleben von Flamen, Wallonen und der kleinen deutschen Minderheit auch durch noch so lange Verknüpfung in einer politischen Struktur keineswegs problemfrei ist. Man kann nach Polen schauen, wo im Oktober 2015 eine national-konservative Regierung gewählt wurde, die sich strikt weigert, muslimische Flüchtlinge aus dem Nahen Osten aufzunehmen, da sie die christliche-katholische Identität des Landes und die (R)einheit der Gesellschaft gefährdet sieht.

Karl Popper hat nach dem Ende des Zweiten Weltkriegs und im Angesicht des Holocausts die „Feinde der Offenen Gesellschaft" identifiziert. Er hatte die deutschen Nationalsozialistinnen und Nationalsozialisten und die sowjetischen Kommunistinnen und Kommunisten im Blick; von den Verbrechen der chinesischen sozialistischen Genossinnen und Genossen wusste er noch nichts. Deutschland hat seitdem und unter dem Eindruck der jüngsten Vergangenheit viele Hindernisse für die „Offene Gesellschaft" ausgeräumt. Doch in Europa erhebt sich mancherorts eine Gegenbewegung. Nicht zuletzt der Blick auf Deutschlands östlichen Nachbarn Polen und die Bemühungen der 2015 an die Regierung gewählten national-konservativen Regierung, die Kulturpolitik in jeder Hinsicht von der offenen in die Einfalt der monolithischen Gesellschaft zurück zu führen, muss für die Zukunft Europas nachdenklich stimmen.

Man darf sich fragen, auf welcher Grundlage die europäischen Staaten sich als „Gemeinschaften" zu einer „Gesellschaft" zusammen finden können, die sich *European Community*, „Europäische Gemeinschaft" nennt. Die unter den Slogans „Say No to the EU and EURO. Protect our Heritage. Control our Borders. Believe in Britain" erzielten Wahlerfolge der United Kingdom Independent Party (UKIP) in Großbritannien zeigten bereits lange vor dem Referendum am 23. Juni 2016, dass immerhin ein Viertel der Wähler kaum einen oder gar keinen Anreiz verspürten, ihr Land in der Europäischen „Gemeinschaft" aufgehen zu sehen. Eine Partei, die in Deutschland mit wortgleichen Parolen in deutscher Sprache um Wähler würbe: „Sagt Nein zu EU und EURO. Bewahrt unser Erbe. Kontrolliert unsere Grenzen. Glaubt an Deutschland" würde wohl mit der Einstufung als fremdenfeindlich, rechtsradikal und der „dunklen Seite" Deutschlands zugehörig rechnen müssen.

Auf dem Parteitag der Demokraten in den USA im Jahre 2004 hat der amerikanische Präsident den Bewohnern seines Landes zugerufen: *„Es gibt kein liberales und kein konservatives Amerika, sondern die Vereinigten Staaten von Amerika. Es gibt kein schwarzes und kein weißes*

Amerika und kein Latino-Amerika und kein asiatisches Amerika sondern die Vereinigten Staaten von Amerika."

Mehr als 200 Jahre nach der Gründung der Vereinigten Staaten von Amerika muss ein Präsident die Bevölkerung inständig bitten, die Trennlinien der einzelnen Gruppen allmählich zu beseitigen oder aber darüber hinweg zu sehen, und das, obwohl die Vereinigten Staaten von Amerika als Prototyp eines kulturell vielfältigen Landes gelten.

Die Kultur der USA ist so mitreißend, dass sich kaum eine Weltregion ihrer Faszination verschließen kann. Die zivilisatorischen Ideale dieses Landes, entstanden aus dem Widerspruch zu den Feudalherrschaften in Europa, sind in vieler Hinsicht so überzeugend, dass sich weltweit Menschen mit ihnen identifizieren konnten und dieses Land als Zufluchtsort aufsuchen möchten.

Es ist auch dieses Land, das Jahr für Jahr mit verbalen und tätlichen Gewaltakten zwischen einzelnen Bevölkerungsgruppen Schlagzeilen macht, die sich einander fremd geblieben sind und nicht zu einer „Gesellschaft" gleichrangiger *communities* finden können.

Was können wir von einem Europa erwarten, dessen einzelne Mitgliedsstaaten häufig selbst ernste Probleme haben, sich als „Gesellschaft" gleichberechtigter Gemeinschaften zu ordnen. In Europa sollen sie nun als Gemeinschaft auftreten, die die nächst höhere Ebene der Gesellschaft bilden.

In Deutschland haben, wenn man von verbalen Entgleisungen absieht, die das Gegenteil auszusagen scheinen, diejenigen Kräfte die Oberhand, die bereit sind, Abschied von der Illusion der Nation zu nehmen. Sie bekennen sich zunehmend zu dem Status einer ethnisch und weltanschaulich weitaus vielfältigeren politischen Struktur als dies ohnehin schon in der Vergangenheit der Fall war. Die Dynamik einer Vergesellschaftung auf immer höherer Ebene ist auch in Deutschland von Problemen begleitet. Wenn aus Gemeinschaften eine Gesellschaft mit eigener

Identität entsteht, so bleibt sie doch innerlich von den Besonderheiten der bisherigen Gemeinschaften geprägt.

In Deutschland mag dies an Bayern gut erkennbar sein. Jeder Außenstehende assoziiert mit „den Bayern" eine bestimmte Identität und übersieht doch, dass Bayern selbst wieder in verschiedene Identitäten zerfällt, zum Beispiel die der Franken und der Oberbayern. Bayern ist in diesem Sinne eine Gesellschaft, in der sich verschiedene Gemeinschaften mit jeweils eigener Identität finden, die auch durch gegenseitige, historisch begründete Aversionen geprägt sein können.

Auf der nächst höheren Ebene findet sich Bayern mit den übrigen Bundesländern, die eine ebenfalls mehr oder weniger gut wahrgenommene eigene Identität in die Gesellschaft Bundesrepublik Deutschland einbringen. Die Bundesrepublik Deutschland tritt wiederum mit einer von außen wahrgenommenen Identität auf, während die ihr innewohnenden Besonderheiten bestehen bleiben.

Wenn wir von der Bundesrepublik Deutschland in diesem Sinn als „Gesellschaft" sprechen, denken wir allerdings nicht nur an die Bundesländer als konstitutive Gemeinschaften. Viele zusätzliche Trennlinien bilden weitere Gemeinschaften ab. Das sind zum Beispiel die Trennlinien zwischen den Religiösen und den Nicht-Religiösen, zwischen Katholiken und Protestanten, zwischen den einzelnen protestantischen Kirchen und Sekten, zwischen Migranten und Einheimischen, zwischen Muslimen und Nicht-Muslimen, und vielen anderen Gemeinschaften mehr. Die Gegensätze zwischen einigen ehedem verfeindeten Gemeinschaften haben sich mittlerweile abgeschwächt. Es dürfte heute wohl nicht mehr vorkommen wie noch vor einem halben Jahrhundert, dass Abgesandte einer katholischen Pfarrei auf die evangelische Verlobte eines jungen Katholiken Druck ausüben, damit sie ihren Verlobten freigibt für eine Ehe mit einer Katholikin.

Deutschland war möglicherweise nie in seiner Geschichte näher als heute an dem Ideal einer offenen, vielfältigen Gesellschaft, in der unterschiedliche Gruppierungen weitgehend friedlich und geordnet miteinander leben. Das bedeutet nicht, dass alle glücklich und der Meinung sind, vom Wohlstand ihren gerechten Anteil zugeteilt zu bekommen. Eine Gesellschaft, in der dies erreicht ist, hat es nie gegeben und wird es wohl auch nie geben. Die arabischen Großfamilien in Berlin, über deren kriminelle Aktivitäten die Presse berichtet, sind eine Realität an die sich Behörden und Bevölkerung gewöhnt haben. Gelegentliche Schießereien auf offener Straße stören den allgemeinen Frieden offenbar nicht.

Die beiden Gruppierungen, die sich in der heutigen Bundesrepublik Deutschland bei politischen Aktionen gegenüberstehen, sind darum auch diejenigen, die durch eigene Mühe oder familiäre Bevorteilung zu Besitz gelangt sind, und die anderen, die auf Grund eigener Untätigkeit oder tatsächlicher Benachteiligung weniger oder gar nichts besitzen. Wie man die Kluft zwischen diesen beiden Gruppierungen schließen oder zumindest verringern kann, das wird die Politiker noch lange beschäftigen. Diese Kluft hat in der Vergangenheit den Zusammenhalt der Gesellschaft in mindestens demselben Maße gefährdet wie etwa die Auseinandersetzungen zwischen religiösen Fanatikern und aufgeklärten Humanisten.

Aller politischen Propaganda zum Trotz ist diese Kluft in Deutschland allerdings überwindbar. Es gibt die vormals sehr begüterten Top-Manager, die Insolvenz anmelden müssen, und es gibt Menschen, die aus bitterer Armut und unvorteilhaftesten sozialen Verhältnissen zu höchsten Ämtern aufsteigen und zu Wohlstand und Ansehen gelangen können. Doch von besonderer Bedeutung für den momentan ungeachtet aller Gegensätze erreichten sozialen Frieden in Deutschland ist die Tatsache, dass sowohl die „Eigner" als auch die Arbeitnehmer, vertreten durch ihre

Gewerkschaften, sich in überwiegend als Teilgruppen einer Gesellschaft ansehen, deren Fortbestand als solcher allen den größten Nutzen bringt.

Dass der Austausch zwischen den Gruppen noch immer, je nach Sichtweise, mehr oder weniger unzureichend ist, ist nicht zu leugnen. Aber die Bemühungen, hier bessere Verhältnisse zu schaffen, sind bei den Hauptakteuren der Politik nicht darauf ausgerichtet, die Gesellschaft insgesamt in Frage zu stellen.

Somit steht Deutschland ungeachtet der Kluft zwischen Besitzenden und Nicht-Besitzenden und auch ungeachtet der vielen unterschiedlichen Gemeinschaften, die sich in der Bundesrepublik zusammengefunden haben, als Gesellschaft, die nun in einer höheren Ebene der Vergesellschaftung in Europa aufgehen soll, besser da als manches andere Land der EU.

Bislang beweist die Mehrheit der Bevölkerung noch die Widerstandskraft der Vernunft gegenüber den Lockrufen an die Emotionen. Die Gesellschaft der Bundesrepublik ist momentan eine weitgehend reife Gesellschaft, die den beiden großen Volksparteien über lange Zeit den Vorzug gegeben hat, weil sie die Vielfalt der Bevölkerung abbildeten. Anders als manche europäischen Nachbarstaaten haben es die rückwärtsgewandten Nationalisten in der Bundesrepublik Deutschland nie über längere Zeit vermocht, eine Ernst zu nehmende politische Kraft zu bilden. Es fanden sich in den Marginalparteien links und rechts einfach nicht genügend überzeugende Personen, die die Schalmeien so gekonnt zu blasen vermochten, dass die weniger nachdenklichen Wähler allein ihren Gefühlen und weniger der Vernunft folgten. Die mörderischen Exzesse der Links- und Rechtsextremistinnen und –extremisten, der RAF und der NSU, sind weitgehend isoliert geblieben.

Der seit einigen Jahren erkennbare Verlust der beiden Volksparteien CDU/CSU und SPD an Wählerstimmen lässt freilich nun auch auf der höchsten politischen Ebene erkennen, wie sehr die Bevölkerung der Bundesrepublik Deutschland von unterschiedlichen Ängsten und Interessen geprägt ist und folglich unterschiedlichen Deutungen der gegenwärtigen Lage und der daraus zu ziehenden Folgerungen zu folgen bereit ist. In einer modernen, weltoffenen Gesellschaft ist das nicht anders zu erwarten.

17. Die Herausforderungen

Dieses Buch hat den Titel *Transition*. Es hätte auch den Titel *Übergang* tragen können. Der englische Titel ist bewusst gewählt. Er verweist darauf, dass es „das Deutschland" der Vergangenheit schon jetzt nicht mehr gibt. Tilo Sarrazin hat seinem Buch den Titel *Deutschland schafft sich ab* gegeben.[43] Das war unzutreffend, aus zwei Gründen. Zum einen wäre es richtiger gewesen, „Deutschland wird abgeschafft" zu formulieren. Die Übergänge, die er beklagte und die hier in diesem Buch ebenfalls thematisiert werden, sind nicht das Ergebnis einer deutschen, souveränen, politischen Willensentscheidung. Die Veränderungen werden Deutschland von einer globalen Umwälzung der Verhältnisse aufgezwungen. Deutschland kann lediglich in einigen Nischen souverän reagieren. Viel wichtiger aber ist der zweite Grund, der den Titel des Tilo Sarrazin als unzutreffend erscheinen lässt. Die Wirklichkeit sieht nämlich so aus: Das Deutschland, dessen Bild noch immer in vielen „Deutschen" ebenso wie im Ausland präsent ist, ist bereits abgeschafft.

Es entsteht ein neues Deutschland. Anders sicher als das *Neue Deutschland* der DDR sich das vorstellte – vielleicht sogar das genaue Gegenteil jenes Einheitsparteigebildes, das immer noch in den Köpfen einiger Anhänger der SED-Nachfolgepartei als Zielvorstellung fest verankert scheint. Das reale neue Deutschland ist in weiten

---

43 Deutsche Verlagsanstalt, München, 22. Auflage 2010.

Teilen der Bevölkerung weltoffen, innerlich vielfältig mit zahlreichen unterschiedlichen „Biotopen" und extrem anpassungsfähig. Wie wohl kein anderes Land stellt es sich auch heute noch, mehr als 70 Jahre nach 1945, Tag für Tag in den Medien und im Alltag den Untaten, die im Namen Deutschlands seinerzeit begangen wurden. Es entspricht den Anforderungen der Gegenwart und der Zukunft besser als alle die Länder, die sich große Mühe geben, in einer vergangenen nationalen Identität verhaftet zu bleiben.

Es ist bezeichnend, dass die Sprache die Richtung angibt. Wir sprechen heute noch vom Portemonnaie und von der Toilette, von der Mansarde ebenso wie von der Bordüre. Die französische Sprache hat mit vielen Worten Eingang in die deutsche Sprache gefunden; häufig zur Benennung von Dingen, für die es in der deutschen Sprache keine oder nur grobe Bezeichnungen gab. Die Anpassung an das Englische hat eine völlig andere Qualität. Es ist die Öffnung der deutschen Sprache für eine internationale Gesellschaft, deren Mitglieder sich immer besser verstehen möchten – nicht nur bilateral, wie ehedem zwischen Frankreich und den deutschen Ländern, sondern global, multilateral. Der politische Souveränitätsverlust wird dabei wie selbstverständlich begleitet von dem Abschied von der sprachlichen Isolation.

In Frankreich sperrt sich eine Nationale Kommission gegen die „Verhunzung" der französischen Sprache durch englische Fachtermini. Also muss der Computer so heißen, wie eben „Rechner" auf Französisch heißt: *ordinateur*. Das ist sehr schön und elegant, aber wer zitiert heute noch französische Autoren, die in ihrer eigenen Sprache verbleiben, um wissenschaftliche Ergebnisse zu veröffentlichen? Der amtliche Druck auf französische Wissenschaftler, auf internationalen Konferenzen Französisch zu sprechen, bewirkt lediglich, dass sie nicht mehr eingeladen werden. In Deutschland ist man flexibler in der Räumung sprachlicher Bastionen.

Nicht nur im Internet-Bereich hat die deutsche Sprache längst den Rückzug angetreten. Natur- und zunehmend geisteswissenschaftliche Veröffentlichungen, Vorlesungen an den Hochschulen, sowie das weite Feld von Werbung und Kommunikation bedienen sich der internationalen englischen Sprache. Auch in immer zahlreicheren Alltagsbereichen hat die deutsche Sprache das Nachsehen. Wenn ein Alterspflegedienst sich „ProfCare" nennt, fragt man sich, bei wie vielen älteren Menschen in Deutschland dieser Alterspflegedienst mit dieser Bezeichnung Vertrauen erwecken kann. Vielleicht ist das eine vorauseilende Namensgebung, die sich jetzt bereits an die Pflegebedürftigen wendet, die heute noch als junge Leute mit ihren I-phones twittern und eifrig Blogs schreiben?

Sepp Kammermeier, Bürgermeister der kleinen Gemeinde Eschlkam im Bayerischen Wald erhielt im August 2015 von dem Bayerischen Wirtschaftsministerium eine Einladung zu einem „Get-together" – und beschwerte sich bei der Ministerin Aigner über die Verwendung dieses Wortes, schließlich sei Deutsch immer noch die Amtssprache. Das Ministerium konterte über ihren Pressesprecher kühl, „das Wort stehe so im Duden und habe sich im deutschen Sprachgebrauch etabliert. Insofern haben wir uns an die deutsche Amtssprache gehalten."[44]

Der Hausmeister? Er ist heute der *facility manager*. Die Fahrkarte? Sie ist heute das Ticket. Die Endstation? Sie ist heute das Terminal. Auch die Planer des neuen Fahrrad-Schnellwegs quer durch Berlin fühlten sie verpflichtet, ihre Englischkenntnisse zu beweisen. Sie sprechen von einem Fahrrad-Highway und gaben ihm den Namen „Green Line". Wäre „Grüne Zeile" nicht auch möglich gewesen? Aber wenn man sich vor Augen hält, dass das Englische und das Deutsche sich erst vor gar nicht so langer Zeit

---

44 Hans Kratzer, "Man spricht english", *Südd. Zeitung* Nr. 201, 2. Sept. 2015, S. 26.

auseinanderentwickelt haben, dann muss man auch ansehen können, wie die Sprachen wieder zusammenfinden.

Kommunikation ist schließlich eine Grundlage jeder Kultur; wie die Kulturen nun global zusammenwachsen, das zeigt sich auch in der Sprache. Die „Reinheit" der Sprache, die Fichte vor nunmehr 200 Jahren als nationales Bollwerk gegen französische Hegemonialansprüche forderte, ist heute nur noch anachronistisch zu nennen. Die Kultur insgesamt muss dem Menschen dienen, und nicht umgekehrt. Das trifft auch auf die Sprache als Teilbereich der Kultur zu: sie muss dem Menschen dienen und nicht umgekehrt.

Das besagt nicht, dass sich jeder diesem Trend anschließen muss. In der kulturell heterogenen Gesellschaft der Zukunft wird man sich daran gewöhnen, dass sprachlich unterschiedliche Biotope nebeneinander existieren. Da mag es solche geben, die darauf beharren, eine Fahrkarte eine „Fahrkarte", eine Endstation eine „Endstation" und einen Hausmeister „Hausmeister" zu nennen. Der Verein Deutsche Sprache sieht Deutsch als „Katalysator für Kreativität und Eleganz" und wirbt für Deutsch auch als Wissenschaftssprache. Das ist nostalgisch verständlich, nicht zuletzt angesichts eines haarsträubenden Englisch, das in Deutschland in den um Internationalität bemühten Geisteswissenschaften nicht selten zu hören ist. Dennoch ist das Ziel unrealistisch; die deutsche Sprache hat allein noch einen Binnenwert.

Transition verweist nicht nur auf den Übergang Deutschlands in die europäische Ebene der nächst höheren, in der historischen Zwangsläufigkeit unvermeidbaren Gesellschaftsbildung. *Transition* ist auch der Übergang Deutschlands in eine Phase, in der selbst die Lösung der inneren gesellschaftlichen Widersprüche bereits weitgehend nicht mehr der Souveränität Deutschlands unterliegt. Das bewirkt bislang nicht gekannte Herausforderungen. Wie die Bevölkerung auf diese Herausforderungen reagiert, wird sich daran zeigen, welchen politischen Programmen sie zur Lösung der anstehenden Probleme vertraut und welche politischen Kräfte sie folglich in die Parlamente entsendet und mit der Regierung beauftragt.

Ein für Deutschland neues Phänomen ist der Gegensatz zwischen „Demokraten" und „Populisten." Man könnte das aus dem Griechischen entlehnte Wort „Demokratie" als „Volksherrschaft" übersetzen und das aus dem Lateinischen entlehnte Wort „Populismus" als das „Eingehen auf die Emotionen des Volkes." Einen solchen Populismus hat es in der Parteienpolitik der Bundesrepublik schon immer gegeben. Parteien haben sich der Sorgen und Ängste der Bürgerinnen und Bürger angenommen und diese in ihre Wahlversprechen einbezogen. Man könnte die Partei der GRÜNEN als beispielhaft nennen. Die Ängste eines Teils der Bevölkerung vor den langfristigen Auswirkungen der Umweltverschmutzung, der Ressourcenknappheit und der Energieproblematik haben zu den wachsenden Wahlerfolgen dieser Partei beigetragen. Aber diese Art des Eingehens auf die Emotionen der Bevölkerung ist nicht zu verwechseln mit dem Populismus der AfD. Die Sorgen und Ängste, die die GRÜNEN ansprechen sind erst von ihnen selbst und anderen, die etwas wissen, was die allgemeine Bevölkerung in der tatsächlichen Bedrohlichkeit gar nicht erkennen kann, in die Bevölkerung getragen worden. Die Sorgen und Ängste, die die AfD anspricht sind aus einer unmittelbaren Erfahrung eines Teils der Bevölkerung und durch Presseberichte über diese Erfahrungen entstanden. Die AfD hat sich zum Anwalt dieser Sorgen und Ängste gemacht, weil keine der etablierten Parteien sich ihrer angenommen hat. Das politische System der Bundesrepublik Deutschland war auf eine solche Situation nicht vorbereitet.

In der Geschichte der Bundesrepublik haben bislang die so genannten „demokratischen Parteien" das parlamentarische System beherrscht. Es sind Parteien, deren führende Kräfte eine mehr oder weniger klar definierte Vorstellung davon haben, wie eine Gesellschaft beschaffen sein und geführt werden sollte. Diese Vorstellungen werden der Bevölkerung je näher die nächsten Wahlen rücken mit allerlei Slogans und Versprechungen nahegebracht, um so die Wortführer an die politische Macht zu bringen und ihnen die Möglichkeit zu bieten, ihre Visionen, die nicht selten die Interessen einflussreicher Lobbygruppen berücksichtigen, zu verwirklichen.

Die „demokratischen Parteien" sind Teil eines sinnvollen Systems, das der wahlberechtigten Bevölkerung verschiedene Varianten politischer Gegenwarts- und Zukunftsgestaltung vorlegt und sie zu überzeugen sucht, dass - je nach Partei - das eine oder andere Programm im besten Sinn der Bevölkerung ist. Die Verfassung der Bundesrepublik Deutschland ist hier eindeutig. Den politischen Parteien obliegt die politische Bildung der Bevölkerung. Das heißt, nach dem Ende der NS-Herrschaft gingen die Väter dieser Verfassung davon aus, dass eine direkte Demokratie nicht wünschenswert sei. Stattdessen obliege es den politischen Parteien, sich intern Gedanken zu machen, wie gute Politik für Deutschland sein sollte, und dann die Bevölkerung von ihren Schlussfolgerungen überzeugen.

Unter den Meinungsführern der „demokratischen Parteien" herrscht eine große und vermutlich berechtigte Skepsis, solche Parteien willkommen zu heißen, die der Bevölkerung Deutschlands einen unmittelbaren, also gleichsam ungefilterten Zugriff auf die Gestaltung der politischen Geschehnisse ermöglichen. Sie desavouieren als „Populisten" diejenigen politischen Kräfte, die sich die Sorgen und Ängste zumindest eines Teils der Bevölkerung zu eigen machen, die diese Ängste vielleicht noch verstärken und hoffen, auf diese Weise gewählt zu werden und das politische Mandat zu erhalten, um solche Maßnahmen einzuleiten, die die Sorgen und Ängste ihrer Wähler mildern mögen. Die „Populisten" gefährden das System der „demokratischen Parteien," weil sie sich nicht scheuen, den aus deren Sicht politisch riskanten, weil nicht von politischer Vernunft und Bildung sondern von Emotionen geleiteten Volkswillen aufzugreifen und zu ihrem politischen Programm zu machen.

Für die Meinungsführer der „demokratischen Parteien" ist der „Populismus" daher eine verachtenswerte politische Variante, insbesondere wenn er dem „rechten" politischen Rand zugeordnet werden kann. Auf den Punkt gebracht hat diese Verachtung für eine Politik die sich primär an den Sorgen und Ängsten der Bevölkerung orientiert und nicht an den Parteiprogrammen einer wie auch immer gearteten politischen Vernunft der seinerzeitige Ministerpräsident Bayerns, Franz-Josef Strauss, mit seiner von altsprachlicher Bildung inspirierten Feststellung: *Vox populi, vox Rindvieh*. Selbst DER SPIEGEL in seiner online-Ausgabe vom 1. August 2015 gab einer Redakteurin die Möglichkeit zu fragen, ob in der Reaktion auf den Ansturm von Flüchtlingen die Demokratie an ihre Grenzen gelangt sei.

Mit anderen Worten, wenn ein Teil der Bevölkerung ängstlich, wütend und sogar gewalttätig auf die Zahlen von Neuankömmlingen reagiert, dann ist es für die Meinungsführer der „demokratischen Parteien" auch denkbar, nach solchen Herrschaftsstrukturen Ausschau zu halten, die das Risiko ausschließen, dass Parteien gewählt werden, die diese Emotionen zur Leitschnur ihres politischen Handelns machen. Sinnvoller wäre es, wenn auch die „demokratischen Parteien" sich der aus der Flüchtlingskrise genährten Sorgen und Ängste der Bevölkerung öffneten und konstruktiv in ihre Parteiprogramme einbezögen, anstatt diejenigen, die diese wie auch immer öffentlich äußern, einfach nur mit herabsetzenden Bezeichnungen als politisch unmündig zu versetzen.

Die zentralen Herausforderungen an die deutsche Politik, mit denen sich die „Demokraten" ebenso wie die

"Populisten" konfrontiert sehen, kommen aus der Europa-Frage, aus der Frage der inneren Vielfalt und aus der allumfassenden Dynamik, dem zunehmenden Verlust an staatlicher Souveränität.

17.1 Europa

Die Frage ist, ob dieses Deutschland, das nun seine eigene nationale Identität *nolens volens* abstreift, in Handel und Wandel einen Vorteil davon hat, als "Gemeinschaft" in einer neuen "Gesellschaft" Europa aufzugehen. Davon kann man überzeugt sein. Für den Handel der international agierenden Konzerne ist der Gemeinsame Markt sicherlich ebenso ein Segen wie für den Wandel eines jeden Individuums der Wegfall der Grenzen und Währungsvielfalt. Es gibt freilich auch Stimmen, die die Bedeutung dieser Vorteile für Deutschland insgesamt bezweifeln.

Vielleicht haben die Europa-Romantiker unter den deutschen Politikern und anderswo geglaubt, die Einigung Europas sei nur die Wiederholung der Einigung der deutschen Staaten in der zweiten Hälfte des 19. Jahrhunderts auf einer höheren Ebene. Das ist vielleicht in der Theorie so. Preußen und Bayern haben sich gegenseitig nicht gemocht. Die Erinnerung an den Einzug des bayerischen Kronprinzen Ludwig I. an der Seite des französischen Imperialisten Napoleon in Berlin ist lange im Gedächtnis der Preußen haften geblieben. Die Unterschiede zwischen den europäischen Staaten, die sich nun entschlossen haben, eine gesamteuropäische Gesellschaft zu bilden, die sie mutig bereits eine "Europäische Gemeinschaft" genannt haben, sind ohne Zweifel sehr viel tiefgreifender, als die Widersprüche zwischen Bayern und Preußen, oder Schleswig-Holstein und Baden-Württemberg.

Die im Verlauf der so genannten Griechenland-Krise öffentlich verbreiteten Tiraden griechischer Politiker gegen "Deutschland" als vermeintlichen Volkskörper und gegen deutsche Politiker als vermeintliche Re-Inkarnationen der Nazi-Vergangenheit orientieren sich an Reparationsforderungen für deutsche Verbrechen in Griechenland während des Zweiten Weltkriegs. Sie brechen immer dann auf, wenn sie einen Nutzen für die griechische Politik zu bewirken versprechen. Ähnliches ist bei einigen Politikern Polens zu sehen, obschon Polen seit 2005 nach Ansicht der Vertreter der deutschstämmigen Schlesier eines der fortschrittlichsten Minderheitengesetze Europas in Kraft gesetzt hat. Der Blick Englands auf Deutschland bleibt von dem großen Krieg belastet. Die Einstellung zahlreicher Tschechen gegenüber Deutschland ist weiterhin von den Erfahrungen der deutschen Besatzungspolitik geprägt. Hinzu kommt das schlechte Gewissen angesichts der Nachkriegsverbrechen an deutschen Zivilisten im Sudetenland. Das war Rache, die aus Kreisen der GRÜNEN zwar immer wieder als gerechtfertigt bagatellisiert wird, die aber wie jedes Verbrechen, das als Rache an Unschuldigen verübt wird, dennoch an Verwerflichkeit nichts verliert.

Im Alltag kann der Sohn des Mordopfers erwarten, dass die neutrale Justiz die notwendige Bestrafung des Mörders einleitet. Wenn der Sohn nun selbst die Initiative ergreift und den Sohn des Mörders tötet, dann geschieht das aus Rache, die das Rechtssystem aus gutem Grund verbietet. Viele Tschechen haben, wie andere Bewohner leidgeprüfter Regionen auch, das Heft in die eigene Hand genommen, und Rache an zahllosen Unbeteiligten geübt. Das kann man als unerheblich vom Tisch wischen. Das bedeutet aber auch, dass man nur die Emotionen der einen Seite ernst nimmt, nicht die Emotionen derer, die unter dieser Rache gelitten haben, die alles aufgeben mussten und die sich bewusst sind, dass das Völkerrecht zwar auf ihrer Seite stand, aber keine Chance hat, in dieser schwierigen Situation Anwendung zu finden.

Es ist zu hoffen, dass die Zeit diese Wunden heilt. Die unmittelbar betroffenen Opfer auf beiden Seiten werden in absehbarer Zeit nicht mehr leben. Die Brücken, die allmählich zwischen den Sudetendeutschen und den jüngeren Tschechen wachsen, sind ermutigend. Doch wie lange solche Wunden auch über die Lebenszeit der unmittelbar Betroffenen offenbleiben, und irgendwann von denen instrumentalisiert werden, die das ursprüngliche Leid nur aus dem Schulunterricht, aus der Literatur und vom Hören-Sagen kennen, das zeigen die immer wieder aufflammenden Konflikte in Süd-Ost-Europa, Irland und anderswo.

Die Größe des wiedervereinigten Deutschlands hat alte Ängste in einigen Nachbarstaaten wiederbelebt. Die einfältige Überzeugung, das alles werde sich richten, wenn Deutschland fest in die EU eingebunden sei, hat sich mitnichten als berechtigt erwiesen. Deutschland traut man zu, Europa beherrschen zu wollen – mit Deutschland verbinden einige immer noch Hakenkreuzarmbinde und Hitlerbärtchen, KZ-Vergangenheit und brutale Übergriffe auf Nachbarländer.

Europa hat seine gegenwärtige Situation nach unendlich vielen kriegerischen Auseinandersetzungen gewonnen. Es ist heute nicht mehr vorstellbar, dass Deutschland gegen Frankreich, gegen England oder gegen Polen in den Krieg ziehen könnte. England ist mit Spanien immer noch uneins über die Zugehörigkeit von Gibraltar. Einen Krieg deswegen anzetteln? Könnte Spanien nicht Gibraltar als seine „Krim" im Handstreich einnehmen und sich auf einen geheimen Beistandspakt mit Russland stützen? Sicher nicht. Das war 19. Jahrhundert oder früher. Aber darüber hinaus beginnt schon der Zweifel. Wie steht es in Süd-Ost-Europa? Wie steht es in Ost-Europa? Konfliktherde sind vorhanden; dass dort auch die Flammen des Krieges lodern können, ist offenbar.

Für ein gedeihliches Zusammensein innerhalb der EU sind jedenfalls die Grundlagen gelegt: Nicht-Aggressivität! Für den Interessenausgleich sorgen die EU-Institutionen, die allen Mitgliedsländern übergeordnet sind. Die zunehmende Übertragung von Souveränität der Mitgliedsländer an diese Institutionen ist noch keine Einbahnstraße. Manchen Mitgliedsländern geht sie zu weit, sie fordern Kompetenzen zurück. Das ist eine normale, langfristige Verhandlungsdynamik.

Aber kann man sich eine stabile *community*, eine Gemeinschaft, der Europäer vorstellen, ohne das Prinzip des „Gleichbesitz"? Hier liegt wohl einer der Grundfehler der europäischen Einigung, abgesehen von der mangelnden Berücksichtigung der Bedeutung der inneren gesellschaftlichen Widersprüche eines jeden Mitgliedslandes für die Stabilität Europas insgesamt. Nicht zuletzt die Finanzkrisen um Portugal, Spanien und Griechenland haben wohl den meisten der Beteiligten plastisch vor Augen geführt, dass hier ein Konstruktionsfehler im Bau der Europäischen Gemeinschaft vorliegt.

Die Auswirkungen der unterschiedlichen Wirtschaftskraft, der unterschiedlichen Arbeitsmoral, der unterschiedlichen Einstellung zum Staat und dessen Gesetzen, der unterschiedlichen klimatischen und geologischen Bedingungen im Norden und Süden, im Westen und im Osten ziehen dauerhafte Verwerfungen innerhalb der *community* nach sich. Diese Verwerfungen werden keineswegs die ersehnte Stabilität und den friedlichen Austausch zwischen den *community members*, den Mitgliedern der Gemeinschaft, begründen und sichern.

Den Bösen Blick als Ergebnis des Neides der Benachteiligten auf die Vorteile der Mehrbesitzenden, den gibt es heute nicht mehr. An seine Stelle sind Vorwürfe und Forderungen an die bessergestellten Staaten getreten. Sie spiegeln unvermeidlich das Defizit einer Gesellschaft wider, deren Mitglieder noch kein Bewusstsein einer Gemeinschaft entwickelt haben: das ist der Mangel an Solidarität.

Solidarität ist als Schlagwort in vieler Munde. Eine Gruppe Berliner Studenten hat beispielsweise auf dem Höhepunkt der Griechenland-Krise für „Solidarität" mit den Arbeitern in Griechenland geworben. Eine solche

Aktion beruht auf einem Missverständnis. Was die hilfsbereiten Studenten meinen, das ist Mitleid, Barmherzigkeit und politische Unterstützung. Das kann im Rahmen einer solidarischen Verbundenheit erfolgen. Eine solche solidarische Verbundenheit existiert allerdings zwischen den Berliner Studenten und den griechischen Arbeitern nicht. Solidarität ist stets auf Gegenseitigkeit gegründet. Wir sitzen alle in einem Boot. Jeder hilft jedem. Die Studenten sind bereit, den griechischen Arbeitern zu helfen. Aber das geschieht aus Mitleid und Barmherzigkeit, aus einer politisch im linken Denkspektrum begründeten Hilfsbereitschaft für Benachteiligte. Aber es ist eine einseitige Unterstützung. Es ist kaum eine sinnvolle Ebene denkbar, auf der die griechischen Arbeiter den Berliner Studenten ihre Unterstützung zukommen lassen wollten oder gar könnten.

In Deutschland sind noch mehrere echte solidarische Institutionen aktiv, allen voran die Besteuerung der gesamten Bevölkerung. Steuerflucht nicht nur von Individuen sondern vor allem großer international agierender Konzerne sind Anzeichen für einen Mangel an solidarischer Einstellung zu den Mitbürgern.

Aus der Zeit der vermeintlichen nationalen Identität als „Volkskörper" stammt die solidarische Krankenversicherung. Abgesehen von dem Ausschluss einiger sehr gut Verdienender, die sich privat versichern konnten, war die Gesetzliche Krankenversicherung angelegt als ein die gesamte Bevölkerung umgreifendes solidarisches System. Jeder Arbeitnehmer zahlt ein. Falls er/sie gesund bleibt, wird er/sie von den Einzahlungen nie etwas wiedersehen. Die Einzahlungen sind für die Hilfsbedürftigen. Jeder, der Pflichtbeiträge einzahlt, kann erwarten, dass ihm Unterstützung zuteil wird aus dem großen Topf, in den alle etwas einzahlen. Das ist echte Solidarität. Sie ergibt sich in einer Gemeinschaft, in der jeder in dem Bewusstsein lebt, dass ihm selbst das zustoßen kann, was auch anderen zustoßen kann. Er unterstützt mit seinen Beiträgen andere; die anderen unterstützen mit ihren Beiträgen ihn, falls dies irgendwann erforderlich wird. Solche Solidarität kann nur dort entstehen, wo alle Beteiligten einander vertrauen, weil sie Teil eines identischen Werte-Systems sind.

Nun sind im Verlauf der Griechenland-Krise immer wieder Stimmen laut geworden, die eine „europäische Solidarität" vermissen. Eine solche wird sich unter den gegenwärtigen Bedingungen nicht von selbst einstellen. Es kann zwischen den Staaten Europas Hilfeleistungen als finanzielle Unterstützung geben, aber das geschieht nicht auf der Grundlage einer „Solidarität". Dazu sind die Mitgliedsstaaten der EU zu verschieden. Die wirtschaftlichen Möglichkeiten variieren zu stark und das gegenseitige Vertrauen ist zu schwach, als dass – wie im Fall der solidarischen Krankenversicherung – jeder in einen großen Topf Einzahlungen leisten könnte, die jedem anderen, und dem Einzahler selbst, im Falle der Not zur Heilung verhelfen.

Deutschland ist in dieser Hinsicht Vorbild eines „Gemeinschaftswesens". Die Verfassung erzwingt den Länder-Finanzausgleich. Lange Jahre zur Anfangszeit der Bundesrepublik Deutschland war Bayern ein Empfängerland; nun ist es auf Grund seiner wirtschaftlichen Stärke ein Geberland. Das Ausmaß der Zahlungen an Länder wie Berlin, die es sich leisten können, gebührenfreie Kitas anzubieten und durch Inkompetenz der Politiker in den Aufsichtsgremien Unsummen in den Brandenburgischen BER-Flughafen-Sand zu versenken, löst zwar Unmut in Bayern aus, aber die Verfassung ist nun einmal so. Man könnte auf europäischer Ebene Griechenland mit Berlin vergleichen – aber einen EU-Mitgliedsländer-Finanzausgleich gibt es nicht. Das war so nicht gewollt in den europäischen Verträgen; das hätten die meisten Steuerzahler in den einzelnen Staaten wohl nicht gewollt.

Europa, schön und gut. Freies Reisen ohne Grenzen und mit einer Währung, wunderbar. Aber Reichtum mit den Armen teilen? So weit reicht der europäische Enthusiasmus – und damit die innereuropäische Solidarität nicht. Der Unwille einiger europäischer Nachbarländer Deutschlands im Herbst 2015 und in den Folgejahren, die Last der Flüchtlingsaufnahme und -unterbringung mit Deutschland (und Schweden) zu teilen, ist ein weiterer deutlicher Hinweis auf die Selbstsucht einzelner Mitgliedstaaten einerseits. Andererseits mögen Italien und Griechenland zu Recht darauf verweisen, dass ihnen bereits Jahre vorher die nördlichen EU-Länder nicht angemessen zur Seite standen, gemeinsam und solidarisch die Last der über das Meer anlandenden Migranten zu tragen.

Wir haben die inneren Probleme mancher Mitgliedstaaten der EU bereits kurz angedeutet. Diese Mitgliedstaaten sollen nun eine Gesellschaft auf höherer Ebene bilden, obschon ihre interne Gesellschaftsbildung vielfach noch nicht abgeschlossen ist. Die EU ist soziologisch gesehen eine „Gesellschaft". Sie trägt aber in ihrem Namen den Anspruch der „Gemeinschaft". Wir Europäer denken, wir kennen einander – ja, vielleicht ein wenig. Aber es reicht nicht, weil wir einander nicht trauen. Zu unterschiedlich sind die Eigenarten, die wir einander noch aus dem Zeitalter der Nationen zusprechen: „die" Deutschen, „die" Franzosen, „die" Griechen, „die" Polen. Zu negativ sind die gegenseitigen Erinnerungen: haben nicht die Deutschen Griechenland auf übelste Weise behandelt? Haben nicht die Italiener den Türken geholfen, Griechenland zu besiegen?

Vor diesem Hintergrund sind die Bemühungen, auch die Türkei in die *European Community* einzubringen, nachgerade abenteuerlich zu nennen. Nachdem der Vorsitzende der Partei DIE GRÜNEN, Cem Özdemir, Kritik an einigen Vorgehensweisen der AKP in der Türkei geäußert hatte, bezeichnete der ehemalige Ministerpräsident und jetzige Staatspräsident der Türkei, Herr Erdogan, ihn als einen „so genannten Türken". Herr Erdogan möchte Herrn Özdemir nun nicht mehr in der Türkei sehen. So einfach ist das in der AKP-Version von Demokratie. Es gehört schon viel Phantasie, oder böser Wille, dazu, sich Herrn Erdogan oder einen seiner politischen Mitstreiter in einer Runde mit europäischen Regierungschefs vorzustellen. Ein Verdacht ist nicht von der Hand zu weisen, dass die AKP-Führung der Türkei gar kein Interesse daran hat, Mitglied in der EU zu werden – eine Vollmitgliedschaft würde die Handlungsfreiheit auf dem eingeschlagenen Weg zu einer den Rechtsstaat negierenden, ethnisch, kulturell und somit religiös homogenen Gesellschaft weitestgehend einschränken. Aber die türkische Regierung wird aus naheliegenden Gründen die Beitrittsverhandlungen nicht von selbst beenden. Mit Blick auf die Stimmung unter der Bevölkerung wäre es von Vorteil, wenn die Ablehnung der EU-Mitgliedschaft von der EU ausgesprochen würde. Ein Gefühl, als Türken von der EU zurückgewiesen zu werden, käme vermutlich der AKP zugute.

Wer sonst könnte ein Interesse an einer EU-Mitgliedschaft der Türkei haben? Die NATO, weil sie einen Verbündeten an der Süd-Ost-Flanke benötigt? Oder die USA, weil sie kein Interesse an einer friedlich erstarkenden EU haben können? Die USA sind Europa so lange in „Freundschaft" verbunden, wie die langfristigen Interessen übereinstimmen. Die „Freundschaft", und das ist völlig legitim, hört da auf, wo die USA sich in ihren Interessen gestört fühlen.

Als der Präsident des europäischen Parlaments, Martin Schulz, in einem Gespräch mit dem ehemaligen amerikanischen Botschafter John Kornblum darauf hinwies, das Ukraine-Problem sei allein ein europäisches Problem unter Nachbarn, bekam er folgende Antwort: „Nachbar in diesem Fall ist nicht das Problem. In dieser globalisierten Welt sind alle Nachbarn. Die Frage ist, wer hat die Weltsicht und wer hat auch die Stärke, und es ist wunderbar, wenn Europa verhandelt, aber im Endeffekt liegt die Macht in Washington...."[45]

Es ist auch legitim, dass die Geheimdienste der USA die Politik und die Wirtschaft Europas ausspähen. Die US-Politik und die US-Wirtschaft wollen schließlich wissen, wann der Zeitpunkt gekommen ist, an dem die Interessen sich trennen und ein Einschreiten erforderlich ist. „Ausspähen unter Freunden, das geht gar nicht", dieser Ausspruch der Bundeskanzlerin erinnert an die Freundschaft zwischen den sozialistischen Bruderstaaten. In vielen Worten beteuert, hatte sie in der Realität keine Gültigkeit. Es wäre naiv zu glauben, das Verhältnis zwischen der EU und den USA könnte von anderer Qualität sein. Im Interesse der USA liegt es jedenfalls nicht, ein geeintes Europa erstarken zu sehen, das sein historisches Potenzial in die Tat umsetzen könnte.

Den Druck aus den USA, auch die Türkei in die EU aufzunehmen, mag folglich der eine oder andere durchaus als die sprichwörtliche Klappe ansehen, die zwei Fliegen schlägt: die Süd-Ost-Flanke sichern und Europa auf lange Sicht mit inneren Konflikten nicht zur Ruhe kommen lassen. Noch vor seinem Amtsantritt hat der Präsident der Vereinigten Staaten Donald Trump am 16. Januar 2017 in einem Interview mit einer französischen und einer deutschen Zeitung es so deutlich ausgesprochen wie kein hoher US-Politiker vor ihm: Die Europäische Union sei aus seiner Sicht bereits jetzt ein Auslaufmodell. Für „to make America great again" bedarf es keines geeinten Europas; im Gegenteil.

Der Optimismus, mit Verträgen von Rom, Maastricht und darüber hinaus, die Gegensätze auszugleichen, stand von Anfang an auf schwachen Beinen. Doch im Jahre 2015 kam der Punkt der Wahrheit. Die schlechter Gestellten schauen auf die besser Gestellten und machen ihnen

---

45 http//friedensblick.de/15092/us-botschafter-john-kornblum-ukraine-politik..

Vorwürfe. Die schlechter Gestellten schauen nicht, ob die besser Gestellten vielleicht etwas besser können, etwas besser machen, das ihnen die Vorteile bringt. Sie machen stattdessen Vorwürfe: ihr habt uns unser Geld weggenomen, als Ihr uns Eure BMW und Mercedes verkauft habt, ihr habt uns bestochen, bei Euch zu kaufen – Ihr seid die Bösen. Sie könnten auch sagen: wir haben Eure BMW und Mercedes gekauft, obwohl wir das Geld nicht hatten und uns erst leihen mussten. Wir haben uns von Euch bestechen lassen und das Geld gerne genommen und dafür BMW und Mercedes gekauft. Wir waren die Leichtfertigen. Aber so kann der schlechter Gestellte nicht reden; die Schuld liegt bei dem, dem es besser geht. Warum auch immer.

Der Böse Blick, *mal ojo, evil eye* – ist heute kein Grund mehr zur Besorgnis. Man muss das, was man besitzt, nicht mehr verhüllen, man kann ungeniert auf der Straße essen, früher undenkbar, und die nichts zu essen haben, die müssen eben zuschauen. Und wenn sie es nicht auf der Straße sehen, wie viel besser es den besser Gestellten geht, weil sie zu weit entfernt sind, dann können sie es im Fernsehen sehen, oder in Hochglanz-Journalen nachlesen, die sie an ihren Kiosken erhalten. Schließlich geht es sie ja auch direkt an, denn auch aus ihren Völkern tummeln sich nicht wenige auf den Hochglanzseiten.

Die EU hat schon bei ihrer Gründung, das Prinzip Gleichbesitz, als Sicherung der *community* außer Acht gelassen. Man sollte sich nicht wundern, wenn sie daran und an der Unmöglichkeit, in echten Krisen Solidarität zu zeigen, schon zerbräche, ehe sie recht zur Vervollkommnung gelangt ist.

Tatsache ist, dass Europa aller Wahrscheinlichkeit nach nicht nur an seinen eigenen inneren Widersprüchen scheitern wird. Europa hat auf Grund einer einzigartigen Periode wissenschaftlicher und technologischer Kreativität seit dem Beginn der Neuzeit eine kulturelle, zivilisatorische und kommerzielle Bedeutung weltweit erringen können, die in keinerlei Verhältnis zu dem kleinen Territorium steht, das sich Europa nennt. Die aus dieser Wissenschaft und Technologie hervorgegangene militärische Technologie hat den einzelnen Staaten Europas, ungeachtet ihrer Winzigkeit im weltweiten Maßstab, über einen Zeitraum von fast zwei Jahrhunderten eine globale Vorherrschaft ermöglicht, die historisch ihresgleichen suchte. Aber diese Zeit endet nun unwiederbringlich. Die Ergebnisse der europäischen wissenschaftlichen und technologischen Kreativität der vergangenen Jahrhunderte stehen mittlerweile weltweit zur Verfügung und insbesondere China verdeutlicht, dass Europa schon bald nicht mehr vonnöten ist, um auf den vorgegebenen Bahnen voranzuschreiten. Falls die Europäer es nicht vermögen, eine große eurasische Allianz zu schmieden, die von Westeuropa bis an das Gelbe Meer reicht, dann ist der im Jahre 2016/17 erkennbare Rückfall in nationalistische Kleinstaaterei gleichbedeutend mit dem Rückfall ganz Europas in die Bedeutungslosigkeit.

17.2. Souveränität

Die Frage nach der Mitgliedschaft der Türkei in Europa, die Bewältigung der Krisen in Griechenland und in anderen finanzschwachen Mitgliedsländern der EU zeigen die umfassende Problematik des Übergangs Deutschlands von einem Nationalstaat mit einer angeblich rein deutschen Identität zu einem neuartigen, kulturell vielfältigen politischen Gebilde, für das es noch keinen Präzedenzfall gibt.

Die deutsche Identität nach außen hin ist nicht gefährdet. Deutschland wird mit den Klischees über Pünktlichkeit, Sauberkeit, Ordnungsliebe, etc noch einige Zeit leben müssen, auch wenn diese in der Realität längst nicht mehr zutreffen. Berlin ist nicht nur die Hauptstadt Deutschlands, es ist auch die im Straßenerscheinungsbild vermutlich schmutzigste unter den Hauptstädten West-Europas – so jedenfalls sehen es unvoreingenommene Touristen aus

China, wenn sie im Rückblick die Stationen ihrer ersten Reise durch Europa vergleichen. Die Medien vermelden, dass „die Deutschen" ihre Autos nicht mehr waschen. Das kann nur als Anzeichen für einen wirklich tiefgreifenden Mentalitätswandel gedeutet werden.

Der Berliner Flughafen BER ist von erkennbar unfähigen Politikern gemeinsam mit den beauftragten Fachleuten in ein Milliardengrab verwandelt worden, das bis zu der Eröffnung monatlich Unsummen an nutzlosem Geld verschlingt. Es sind dieser Nonchalance der Beteiligten keinerlei politische oder strafrechtliche Konsequenzen gefolgt, und auch von niemandem mit Nachdruck verlangt worden. Die Unfähigkeit der Stadtverwaltung von Köln, im Jahre 2015 gültige Wahlzettel für die Wahl eines Oberbürgermeisters zu drucken, zeigt, dass die „Entdeutschung" das gesamte Land ergriffen hat. An der Deutschen Bahn ist das einzig Verlässliche noch, dass die Fernverbindungen häufig mit größter Verspätung am Ziel eintreffen. Dies sind nur wenige von vielen Beispielen, die dem Ausland allmählich die Augen öffnen sollten, „die Deutschen" nicht mehr als Sonderlinge anzuschauen. Es sind mittlerweile ganz normale Menschen, unter denen sich eine offenbar zunehmende Zahl – Einheimische wie Fremde – weder an Schmutz auf den Straßen und in den Parks noch an Pfusch am Bau und Schludrigkeit in der Erfüllung jedweder Aufgabe stören – wie es halt in anderen Ländern auch nicht anders ist.

Ähnliches gilt für Klischees, die noch aus der Zeit der Preußen und der NS-Herrschaft herrühren: vor allem das Image eines kriegslüsternen, grausamen Zerstörers, der mit Schnarrstimme und hohen schwarzen Stiefeln auf den Leibern und Seelen der Nicht-Deutschen beliebig herum trampelt. So haben viele Schweizer „die Deutschen" im Kopf und andere Nachbarn denken auch heute noch ähnlich über „die Deutschen", obwohl die Bevölkerung heutzutage sehr viel heterogener geworden ist, und der schnarrstimmige deutsche Rechthaber bestenfalls noch am Strand eines südlichen Ferienlands seinen Ansprüchen auf einen Liegeplatz Ausdruck verleiht.

Dieses so gewandelte Deutschland kann freilich nur noch in engen Grenzen sein zukünftiges Schicksal selbst bestimmen. Die Einbindung in die „westliche Staatengemeinschaft" hatte nicht zuletzt dieses Ziel. Das große Land in der Mitte Europas mit seinen geographisch zumeist undefinierbaren Grenzen galt es nach zwei von ihm verursachten Weltkriegen zu zügeln. Das ist weitgehend gelungen; weitgehender jedenfalls als man sich das vielleicht einmal vorgestellt hat.

Nicht nur NATO und EU sind Garanten der Zügelung deutscher Souveränität. Es gibt zahlreiche weitere Einbindungen in weltweite Verträge und Verpflichtungen, so im Rahmen von UN-Resolutionen, die die Handlungsfähigkeit einer deutschen Regierung einschränken. Rufe werden gelegentlich laut, aus der EU in einen lockereren Staatenbund überzugehen, aber das würde für die deutsche politische Selbstständigkeit auch nicht viel ändern. Im Übrigen ist Deutschland spätestens seit Bismarck in internationale Verträge eingebunden, die Verpflichtungen anderen Staaten gegenüber beinhalteten. Das ist also nichts Neues.

Eine neue Dimension des Gehabten bringt allerdings das geplante Freihandelsabkommen TTIP mit den USA, dessen Abschluss seit der Wahl des US-Präsidenten Trump auf Eis liegt. Hier wird über Europa hinaus die nächst höhere „Vergesellschaftung" in die Wege geleitet. Allerdings mit einem entscheidenden Strukturfehler. Es wird keine neutrale Oberinstanz geschaffen, die über den Parteien steht und neutral die Interessen aller vertritt. Eine solche neutrale, übergeordnete Instanz kann es im Verhältnis Europa – USA gar nicht geben. Anders als auf der „Gesellschafts"-Ebene Deutschland, im Verbund der deutschen Länder, und auf der Ebene Europa, im Verbund der europäischen Staaten, kommt es in dem geplanten Handelsverbund Europa – USA nicht zu einem Zusammenschluss mehr oder weniger gleichrangiger Partner. TTIP verbindet zwei Partner mit eindeutiger Überlegenheit des einen der beiden Partner, das sind die USA. Eine „neutrale" übergeordnete Instanz ist unmöglich. So ist es nur konsequent, dass die so genannten Schiedsgerichte, die die Funktion einer solchen Instanz wahrnehmen sollen, geheim tagen und geheim beschließen sollen. So soll der Öffentlichkeit verborgen bleiben, welche Interessen in Betracht gezogen und mit welchen Argumenten ein Urteil gefällt oder eine Empfehlung abgegeben werden.

Die Verhandlungen werden von denen geführt und bestimmt, die sich größte Vorteile erhoffen können. Gleichzeitig werden der Öffentlichkeit Versprechungen über mehr als 100 000 neue Arbeitsplätze, nie gekannte Wachstumsschübe und andere Visionen mehr vorgetragen. Wahrscheinlich glauben die meisten Menschen das auch; der Widerstand breitet sich jedenfalls erstaunlich langsam aus. Dabei weiß jeder, der sich die Verhandlungen und die Inhalte des Abkommens näher anschaut, dass massive Einschränkungen der Souveränität nicht nur Deutschlands sondern aller beteiligten europäischen Staaten das Ergebnis sein werden.

Souveränitätseinschränkungen, das haben wir gesehen, waren die Folge einer jeden höheren Stufe der „Vergesellschaftung". Hier aber haben sie eine neue Qualität, weil sie auf dem Diktat nur der einen Seite beruhen, und das sind die Freihandelsinteressen der USA. Insbesondere die so genannten Investitionsschutzklauseln nehmen den europäischen Staaten weitgehend Befugnisse aus der Hand, da vorauszusehen ist, dass die Investitionstätigkeit zwar keine Einbahnstraße USA Richtung Europa sein, aber doch eine sehr einseitige Dynamik entfalten wird. Wie sich die internationalen Konzerne in ihren Interessen über die örtlichen Erfordernisse und historisch gewachsene

Strukturen mit katastrophalen Folgen für die Einheimischen hinwegsetzen, ist in Afrika nur zu deutlich erkennbar. Es ist zu vermuten, dass Europa mit TTIP einen ähnlichen Weg in die Abhängigkeit gehen wird.

In seinem Buch *Die Freihandelslüge: Warum TTIP nur den Konzernen nützt - und uns allen schadet* hat Thilo Bode eine ausführliche Analyse der Problematik vorgelegt. Dem ist hier nichts hinzuzufügen. An einem in Hinsicht auf die öffentliche Wirksamkeit weniger einflussreichen Ort, in der Zeitschrift *Lehre und Forschung* des Deutschen Hochschulverbandes, hat der Direktor des Zentrums für europäische Rechtspolitik an der Universität Bremen, Prof. Dr. Andreas Fischer-Lescano, sehr präzise aufgeführt, was zu erwarten ist. Nachdem der unzureichende Schutz von Nahrungsmittelstandards anfangs im Zentrum der Kritik stand, weitet sich allmählich die Besorgnis aus: „Die Gewerkschaften kritisieren die Gefährdung von Arbeitnehmerrechten, die Umweltverbände fürchten ökologische Schäden, der Deutsche Musikrat hält TTIP und CETA für kulturgefährdend, der Lehrerverband warnt vor Gefahren für die Bildung, und Juristen sehen durch die Abkommen Demokratie und Rechtsstaatlichkeit gefährdet."[46] Die deutsche Regierung sieht sich offenbar außerstande, Selbstverständlichkeiten einzufordern, wie zum Beispiel eine Klausel, die „den Vorrang menschen- und umweltrechtlicher Verpflichtungen vor den Vertragspflichten sichern würde".[47]

Die Behörden werden ermächtigt, ohne Rückbindung an das europäische Parlament oder die staatlichen Parlamente neue Zölle und Güter in das Abkommen einzubeziehen, „Das ist undemokratisch und so kaum mit dem Grundgesetz und dem Unionsgesetz vereinbar."[48] Mittler-

---

46 Andreas Fischer-Lescano, *Lehre und Forschung*, 8/15, S. 634.

47 Ebenda.

48 Ebenda.

weile regen sich Stimmen, die die Gefahren auch für das deutsche Gesundheitswesen aufzeigen; es wird auf ein noch stärker kommerzialisiertes Niveau herabgezogen werden, als bisher. Der Solidaritätsgedanke, ohnehin in der kulturell vielfältigen Gesellschaft kaum überlebensfähig, wird durch diese Abkommen mit Gewissheit durch ein Anbieter–Konsumenten-Modell ersetzt werden.

Es würde viele weitere Seiten füllen, wollte man alle diese Probleme hier im Einzelnen ansprechen. Selbst die etwas behäbige Hochschulrektorenkonferenz, gewiß kein Verein mental gleichgeschalteter Professoren, sieht sich mittlerweile gezwungen, ihre Befürchtungen zu äußern, mit der Forderung, „den Bereich Bildung vollständig aus dem Freihandelsabkommen auszunehmen".[49] Es wird nichts fruchten. Die Gesundheit ist bereits zur Ware geworden;[50] die Bildung steht da kaum nach. TTIP wird diesen Übergang noch beschleunigen.

Die zunehmende Einschränkung der Souveränität Deutschlands entsteht aus der Dynamik einer global vernetzten Wirtschaft. Es sind nicht nur die Märkte, die diktieren, welches Angebot der Nachfrage gegenübergestellt wird. Der Blick der deutschen Politik, die auch zur Aufgabe hat, die deutsche Wirtschaft zu unterstützen, neue Märkte zu eröffnen und den globalen Absatz zu fördern, muss ständig auf die Entwicklungen in Ostasien, in Latein- und Nordamerika, letztlich überallhin gerichtet sein. Wenn sich die Fertigung in Deutschland nicht anders lohnt, dann wird die Fertigung eben in die Ferne verlagert und in Deutschland werden Arbeitskräfte freigesetzt und fallen den Kommunen zur Last, die für die Sozialausgaben zuständig sind. Diese Dynamiken kann die deutsche Politik nicht beeinflussen. Die Souveränität Deutschlands greift hier nicht mehr.

49　Ebenda.

50　Paul U. Unschuld, *Ware Gesundheit. Das Ende der klassischen Medizin*. C. H. Beck. München, 3. Auflage, 2014.

Ein wenig schon. Die deutsche Politik kann in begrenztem Umfang noch entscheiden, ob sie politisch sensible Waren an Staaten liefern lässt, die von Diktatoren und Verbrechern regiert werden. Die Aufrufe, davon Abstand zu nehmen, gehen großzügig mit der Not der eigenen Arbeitslosen um, wenn sie die Not der unter einem Unrechtsregime Leidenden im Blick haben. Noch ist das möglich, weil die Einkünfte Deutschlands groß genug sind, um auch den durch solche Restriktionen arbeitslos Gewordenen ein Existenzminimum zu sichern. Aber das mag nicht immer so bleiben, und dann wird der Zwang zu handeln, auch in diesem Sektor die Souveränität der Regierung weiter einschränken.

Es sind vor allem die Kräfte der Finanzindustrie, die diktieren, welche Wirtschaftspolitik ein Staat betreibt. Die Rufe von innen, eine Gesellschafts- und Wirtschaftspolitik fortzuführen, die sich an den herkömmlichen Idealen deutscher Sozialvorstellungen orientiert, prallen zunehmend an den Erfordernissen ab, sich den Anforderungen der globalen Finanzindustrie entsprechend zu verhalten. Seit der Präsident der USA, Richard Nixon im Jahre 1981 das Bretton-Woods Abkommen von 1944, das die USA zur Golddeckung der Währung verpflichtete, gekündigt hat, entwickeln sich die Finanzmärkte nahezu ungehindert.

Das Produkt der Finanzindustrie sind Finanzen. Das klingt plausibel. Aber diese Finanzmittel haben keine regionale Anbindung. Das ist neu. Die von der Finanzindustrie erzeugten Finanzmittel stehen nicht nur auf dem Papier. Sie finden sich in den Händen und Taschen einiger weniger in London und anderswo, für die es ein Wochenendvergnügen ist, mal wieder eine mehrere Millionen Pfund teure penthouse-Wohnung zu erstehen. Das sei jedem gegönnt. Neid ist nur destruktiv und bewirkt nichts Gutes. Aber hier liegt auch gar nicht das Problem.

Das Problem besteht darin, dass sich eine Kultur der Zinsanforderungen entwickelt hat, die die Regierungen weltweit in einen Wettbewerb treibt. Beste Investitionsbedingungen müssen geschaffen werden, so dass der so ersehnte Investitionsregen, der die lokale Wirtschaft befruchten soll, im eigenen Land niedergeht und nicht woanders. Wie eine Wolke über den Ländern schwebend und mal hier, mal dort ihre Tropfen hinab sendend, so muss man sich die Finanzmittel vorstellen. Weltweit umspannt sie alle Kontinente und wartet nur darauf, dass das Finanzklima stimmt, so dass sie ihren wohltuenden Inhalt entleeren kann.

Die Regierungen haben eine Wahl zwischen zwei Polen: entweder mit den Wölfen heulen, die Löhne möglichst niedrig halten und einen Finanzsegen anlocken, der vielen eine schlecht bezahlte Arbeit bietet und wenigen die großen Gewinne ermöglicht, oder gegen den Stachel löcken, den Menschen Illusionen von Souveränität und Lohnsteigerungen und opulenten Sozialleistungen vorgaukeln und in den Abgrund versinken.

Die Abhängigkeit der Regierungen von der Finanzindustrie ist deshalb so problematisch, weil die Finanzindustrie tatsächlich die Rückkehr in den Feudalismus erzwingt. Es bilden sich feudale Strukturen heraus, die unabhängig von jeglicher demokratischer Regulierbarkeit agieren. Sie dürfen auch deshalb „feudal" genannt werden, weil sie wieder krasse Wohlstandsunterschiede erzeugen, die den einen ermöglichen, die extravagantesten Schlösser zu bauen (heute mit den dazu gehörigen Yachten und Flugzeugen), die anderen aber auf Zuliefererdienste verweisen, die jederzeit zurückgewiesen werden können, wenn sie anderswo preisgünstiger oder gefälliger angeboten werden.

Man sollte freilich auch die Vorteile gegenüber früher sehen. Es gibt keine „Klassen" und keine „Klassenunterschiede" mehr. Es steht jedem frei, sich in dieser Welt nach vorne zu arbeiten; Herkunft spielt keine so entscheidende Rolle mehr wie vordem. Die Welt des Internet und der IT-Geschäfte steht jedem offen, der das schulische Angebot, das das deutsche Bildungssystem (noch) kostenlos bietet, nutzt und den Weg „nach oben" sucht. Eine „Klassenzugehörigkeit" ist nicht mehr entscheidend. Entscheidend kann ein persönliches, bildungsfeindliches, familiäres Umfeld sein – aber das kann in allen gesellschaftlichen Schichten den Nachwuchs behindern; es ist keine „Klassenfrage" mehr.

Die deutsche Politik und damit Deutschland insgesamt sind zum Spielball von Kräften und Entscheidungsträgern geworden, die sich außerhalb des Zugriffs der staatlichen Politik befinden. Deutschland hat eine größere Wirtschaftsmacht als viele andere europäische Staaten und verschiedene politische Entscheidungen, die der vormalige SPD-Kanzler Schröder durchsetzen konnte, haben wesentlich dazu beigetragen, dass das Land heute zu prosperieren scheint. Es hat auch den Anschein, dass es den Ländern, die schlechter gestellt sind, seinen Willen aufdrücken kann und will. Aber das ist eine Illusion. Deutschland lebt vom Glück der Stunde, von Rahmenbedingungen, die sich seit geraumer Zeit als positiv erwiesen haben. Das kann sich schnell ändern. Wie langfristig die Ankunft von immer mehr Menschen, die zu Recht dorthin gehen, wo sie ein besseres Leben erwarten, die deutsche Gesellschaft verändern wird, das bleibt abzuwarten. Festzuhalten ist, dass die Zukunft Deutschlands nur sehr begrenzt in den Händen und der Entscheidungsfreiheit „der Deutschen" und damit in der Entscheidungsgewalt derer liegt, denen die Wähler die politische Verantwortung übertragen.

Das bleibt in der Bevölkerung nicht unbemerkt. Die so genannte Parteien-Demokratie des Parlamentarismus hat in den vergangen zwei Jahrzehnten stark an Überzeugungskraft verloren. Immer weniger Bürger fühlen sich den einzelnen Parteien verbunden. Das ist eine Entwicklung, die offenbar europaweit erfolgt. In Deutschland haben seit 1990 die Volksparteien die Hälfte ihrer Mitglieder verloren. Die älteren sterben oder treten aus; die Jüngeren sehen kaum einen Anreiz nachzurücken. Ungeachtet anderslautender parlamentarischer Wortgefechte der Parteipolitiker, die an der Regierung bleiben oder diese Position erreichen möchten, ist kaum noch erkennbar, welche grundlegende Richtungsänderung die Wahl der einen oder anderen Partei nach sich ziehen könnte.[51]

17.3 Die innere Vielfalt

Die deutsche Einwanderungspolitik, die den Anschein erweckt, in das Chaos der in das Land Strömenden noch etwas Ordnung zu bringen, unterscheidet zwischen politischen Flüchtlingen und Wirtschaftsflüchtlingen. Erstere sind mit mehr oder weniger Zähneknirschen willkommen; letztere haben kein Recht auf langfristige Bleibe. Das ist menschlich gesehen eine recht fragwürdige Unterteilung. Jede Frau, jeder Mann, der Mecklenburg-Vorpommern verlässt, um sich in Stuttgart oder Hannover eine Stelle zu suchen, ist ein „Wirtschaftsflüchtling". Aus wirtschaftlicher Bedrängnis zu leiden ist für die Betroffenen kaum anders als auf Grund politischer Bedrängnis zu leiden. Es macht keinen Sinn, auf die „Wirtschaftsflüchtlinge" hinab zu schauen und sie so schnell wie möglich zurück in das Elend zu senden, die politischen Flüchtlinge aber hier zu halten und sie dem Elend zu entziehen. Jeder weiß, dass bald die Grenze erreicht sein wird, und zwar spätestens dann, wenn die Millionen von Flüchtlingen, die über das Mittelmeer und den Balkan aus dem Nahen Osten, Süd-Ost-Asien und Afrika nach Europa kommen, hier eine Zahl erreicht haben und eine Belastung verursachen, die nicht

---

51 Ingrid van Briezen, Peter Mair, Thomas Poguntke, Going, going, gone? The decline of party membership in contemporary Europe. *European Journal of Political Research*, 51/1. 24–56, January 2012.

nur in Unmut und derbe Worte und Parolen auf den Straßen, sondern in weit verbreitete Gewalt ausarten mögen.

Die jetzige Situation ist die Konsequenz einer völlig verfehlten Politik in den Ländern, aus denen die Hilfesuchenden kommen, und auch in den Ländern, die mit diesen Ländern diplomatische Beziehungen unterhalten und Handel und Wandel treiben. Über viele Jahrzehnte sind die Diplomaten vor Ort entweder blind gewesen und haben nicht gesehen, was sich abspielt und welche Konsequenzen das irgendwann einmal haben wird, oder sie haben es ihren Regierungen in Europa gemeldet, aber der Lobbyismus derer, die aus der Ungleichheit einen Gewinn schlagen, und derer, die militärisch-strategische und sonstige Bündnisinteressen in den Vordergrund ihrer Politik stellen, hat jede sinnvolle Vorgehensweise verhindert. Das Fernsehen, Filme und Berichte derer, die es in die gelobten Länder geschafft haben, sind Lockmittel von verführerischer Stärke – wer wollte sich ihren Botschaften widersetzen, wenn er oder sie auf die eigenen miserablen Lebensumstände und Zukunftsaussichten schaut?

Die vielen Millionen, die nun für vergebliche Grenzziehungen verfügbar sind, sind offenbar nicht vorhanden, um in den Herkunftsländern Anreize zu setzen, menschenwürdige politische und wirtschaftliche Umstände zu schaffen. Es ist freilich absurd, die Bedingungen im Vorderen Orient, in Pakistan, in Afrika immer und immer wieder auf die Traumata und politischen Fehlkonstruktionen zurück zu führen, die durch die Kolonialzeit entstanden sind. Die haben ihre schlimmen Auswirkungen gehabt, aber bei einigermaßen gutem Willen der Beteiligten wären diese Nachwirkungen längst überwunden.

Dieser gute Wille fehlt in vielen Herkunftsländern; die inneren Auseinandersetzungen sind auf einem Niveau stehen geblieben, das in Europa längst verlassen wurde. Die strategischen Spielchen der Großmächte, die eine Gruppe gegen die andere auszuspielen, die eine zu bewaffnen, damit sie die nicht genehme bekämpfe, haben langfristig kaum einen messbaren Vorteil erbracht, aber die Situationen weiter dahingehend verschlimmert, dass nun Millionen heimatloser Menschen vor unseren Türen stehen und um Einlass bitten.

Eine Aussicht, den Strom der Neuankömmlinge zu unterbrechen, besteht kaum. Gleich wie viele Menschen noch nach Deutschland kommen werden, das „Deutschland", das es einmal gegeben hat, wird es in Zukunft nicht mehr geben. Die Vielfalt der Bewohner wird sich schwierig in eine deutsche Identität integrieren lassen. Es besteht ein wenig Hoffnung, und die sollte man auch nicht aufgeben, dass viele der Menschen, die hier Zuflucht suchen, zumindest den Hass auf Andersdenkende, auf Andersartige, auf Clanfremde und Anderssprachige abschütteln und das Angebot einer modernen Gesellschaft annehmen, sich aus eigener Kraft und mit der notwendigen gesamtgesellschaftlichen Unterstützung ein friedliches Leben einzurichten.

Nicht nur manche Eingesessenen schauen ablehnend auf die Fremden. Solche Ablehnungen finden auch zwischen den Neuankömmlingen statt und sind nicht von der Hand zu weisen. Dass türkische Väter in Berlin ihre Töchter möglichst nicht auf eine Schule senden, in der zu viele arabisch-stämmige Kinder sind, ist eine Tatsache. Die Aversionen zwischen fremden Gruppen in der deutschen Gesellschaft finden sich in jeder Richtung. Ob sich irgendwann einmal eine Mehrheit der Harmoniefähigen einstellen und den Alltag bestimmen wird, das muss sich zeigen.

Die ethnische und kulturelle Vielfalt der Bevölkerung in Deutschland ist unausweichlich. Da ist jede Sehnsucht nach einer „Alternative für Deutschland" Illusion und Zeitvergeudung. Die Vision einer multikulturellen, friedlichen Gesellschaft in Deutschland, getragen von den Harmoniefähigen, ist vielleicht ebenso eine Illusion. Nirgendwo existiert bisher ein Präzedenzfall einer solchen Gesellschaft. Das ist unbeschadet aller Hoffnungen und

Enthusiasmen nüchtern festzustellen. Es gibt kein Beispiel, an dem Deutschland sich orientieren könnte.

Man mag an Indien denken – besser nicht. Dort dauert seit dem gewaltsamen, zerstörerischen Eindringen des Islam in die Hindu-Gesellschaft im 12. bis 14. Jahrhundert ein permanenter Konflikt zwischen diesen beiden Volks- und Glaubensgruppen an, der auch in nächster Zukunft nicht schwächer werden wird. Man mag an Pakistan denken. Dort protestierten unübersehbare Massen muslimischer Frauen und Männer Ende November, Anfang Dezember 2018 tagelang gegen die von einem obersten Gericht verfügte Aufhebung eines Todesurteils gegen eine Christin, die der Gotteslästerung bezichtigt worden war, bis die Regierung einlenkte und eine Revision zuließ. Man mag an Ägypten denken, wo immer wieder Muslime ihre koptischen Mitbürger, mit denen sie seit über 1000 Jahren zusammenleben, aus fanatischem Hass töten. Es gibt im 21. Jahrhundert keine andere religiöse Gemeinschaft, deren Mitglieder von ihren Theologen derart unverhohlen immer wieder und überall, wo sie geeignete Mehrheiten in der Bevölkerung mobilisieren können, zu Aktionen aufrufen, die ihren fundamentalistischen Zielen dienen.

Auch der Blick nach China ist lehrreich, in ein seit zwei Jahrtausenden ethnisch und kulturell überaus vielfältiges Land. Die Han-Chinesen führen dieses Land und verteidigen diese Führung, wo erforderlich mit harter Hand. Die meisten „ethnischen Minderheiten" sind zu schwach, um sich bemerkbar zu machen. Sie dürfen in ihren Trachten im Nationalen Volkskongress den Regierungsvorlagen zustimmen, sie dürfen in bunten TV shows ihre Tänze und Lieder aufführen, sie brauchen sich, anders als die Han-Chinesen, nicht an die Ein-Kind-Politik zu halten, und sie werden bei den Aufnahmeregeln für die Hochschulen bevorzugt – aber sie bleiben sich untereinander und in ihren Beziehungen zu den Han-Chinesen bisher in vieler Hinsicht fremd.

Die zahlenmäßig größte „Minderheit" der Uighuren, die sich als Turkvölker fühlen und immer wieder einmal, auch mit Terroranschlägen, aufbegehren, sind neben den Tibetern das auch von außen deutlich sichtbare Symptom für die Probleme des chinesischen Modells einer „Multikultur". Es ist ein Modell, in dem ein Volk den Ton angibt; die anderen dürfen folgen. Es gibt Mischehen, und es gibt zahlreiche Gelegenheiten der Zusammenarbeit und des Austauschs. Und dennoch: die Trennlinien zwischen den einzelnen Völkern haben sich auch nach so langer Zeit noch nicht verwischt. Dass ein Tibeter, ein Uighure oder ein Mitglied einer der sonstigen Minderheiten Staatspräsident der VR China werden könnte, ist schlicht undenkbar.

Ein solcher, vordem „undenkbarer" Vorgang ist nun eine Zeitlang in den USA nicht nur denkbar sondern Wirklichkeit geworden. Ein „schwarzer" Präsident ist, getragen von den Hoffnungen, Sehnsüchten, Erwartungen einer Mehrheit der Bürger über (fast) alle ethnischen und religiösen Grenzen hinweg gewählt und nach fünf Jahren wiedergewählt worden. Als John F. Kennedy sich für dieses Amt bewarb, erschien es Konservativen noch „undenkbar", dass ein Katholik zum Präsidenten der USA gewählt werden könne. Er wurde gewählt – und ermordet. Die Hintergründe wurden nie aufgeklärt.

Der Hass, der Barack Obama in einigen Bevölkerungskreisen der USA entgegenschlug, nur weil er „schwarz" ist, reiht sich in die vielen Anzeichen dafür ein, dass auch das amerikanische Modell einer „Multikultur" nur sehr bedingt die Erwartungen erfüllt. Dies ungeachtet einer auf überaus anspruchsvolle Ideale gegründeten Verfassung, ungeachtet mitreißender Kulturschaffender, die, wie Joan Baez und viele andere ihre Botschaft nicht nur im eigenen Land sondern weltweit vortragen.

In den USA gibt es alles. Es gibt eine große Anzahl von Menschen, die gefunden haben, was sie suchen: die Freiheit, sich selbst zu verwirklichen, die Freiheit, Gleichgesinnte zu treffen, die Freiheit, jederzeit den Wohnort zu wechseln, die Freiheit, jeder nur denkbaren religiösen oder sonstigen weltanschaulichen Gruppierung zu folgen, und vieles andere mehr. Es gibt unzählige Menschen, die ohne irgendwelche Scheu und mit Vergnügen und Gewinn die ethnischen und religiösen Grenzen überschreiten und sich nur ein Dasein, das auf Harmonie gegründet ist, zwischen den einzelnen Gruppen vorstellen können.

Aber das ist eben nur die eine Seite der USA. Die andere Seite ist ebenfalls vorhanden und sie wird immer wieder sichtbar, weltweit. Präsident Obama mochte noch so gute Vorsätze haben; er konnte sie kaum in die Alltagsrealität des gesamten Kontinents umsetzen. Er mochte sich vorbildlich verhalten, mitreißende Reden halten, sie erreichten keineswegs jeden. Sein Nachfolger war angesichts der Gewaltausbrüche in Charlottville am 12. August 2017 nicht in der Lage, ähnlichen Einfluss geltend zu machen. Die Ausbrüche der Aversionen in Gewalt erfolgen an Schwachstellen der Gesellschaft. Das können schlecht ausgebildete und unterbezahlte Polizisten sein; das können Schwarze sein, die sich in ihren Vierteln durch die Geschäftsmoral der Koreaner bedrängt fühlen.

Es gibt viele solcher Schwachstellen, und keine noch so idealisierte Verfassung, kein US-Präsident und keine Joan Baez werden es je erreichen, dass diese alle beseitigt werden. Letztlich mag man zu der Einsicht gelangen, dass kulturelle Vielfalt sich eben nicht nur in unterschiedlichen Essensvorlieben, Heiratsregeln und Kleidervorschriften auswirkt, sondern handfeste, gegensätzliche Machtinteressen beinhaltet, die mit gutem Willen und schönen Worten derjenigen, die an ein harmonisches Miteinander glauben, nicht ausgeräumt werden können. Auf den Dollarnoten der USA ist für alle täglich sichtbar die Maxime aufgedruckt: „E pluribus unum." Die Erwartung, dass sich „aus der Vielfalt die Einheit" ergeben könne, hat sich bislang nicht erfüllt.

Am 22. September 2017 strahlte der Rundfunk Berlin-Brandenburg ein Interview mit Naika Faroudan aus, stellvertretende Direktorin des Berliner Institut für empirische Integrations- und Migrationsforschung. Auf die Frage des Journalisten, wie sie die Aussage der Bundeskanzlerin „Multikulti in Deutschland, das geht gar nicht" bewerte, antwortete die Professorin, diese Aussage entbehre der empirischen Grundlage, ein Blick auf Kanada genüge, um zu zeigen, dass eine multikulturelle Gesellschaft möglich sei; dort werde das Prinzip „unity within diversity" in die Praxis umgesetzt.

Angesichts einer solchen Aussage darf man sich fragen, wie dick die rosarote Ideologiebrille sein muss, die jemand vorweisen muss, um als „Wissenschaftlerin" an ein Institut für Migrationsforschung der Humboldt-Universität in Berlin berufen zu werden? Jeder derartige Vergleich zwischen Kanada und Deutschland verbietet sich. Er wäre, um es ganz deutlich zu sagen, erst dann möglich, wenn die deutsche indigene Bevölkerung entrechtet, enteignet und in Reservate in unwirtlichen Gegenden abgeschoben wäre und sich die Migranten das Land nach eigenem Belieben teilen könnten und unter strikten Einwanderungsregeln nur die noch ins Land einwandern liessen, die ihnen genehm sind. Sowohl in den USA als auch in Kanada bestimmen seit zwei Jahrhunderten nicht die alteingesessenen, indigenen Bewohner die Politik, sondern Einwanderer, die sich ungebeten und überfallartig das Land angeeignet und die Macht übernommen haben. Dass diese neuen Herren nun die Maxime „unity within diversity" als Leitlinie erheben, ist verständlich. Für Deutschland ist der Hinweis auf Kanada nicht nur unwissenschaftlich, sondern leichtfertig. Er ist sogar ausgesprochen gefährlich, weil er die historischen Ursprünge der nationalistischen, gegen das Fremdkulturelle gerichteten Gefühle eines Teils der alteingesessenen Bevölkerung außer Acht lässt und damit die Illusion nährt, der Übergang in die neue, multikulturelle Gesellschaft sei doch kein Problem, wenn man sich nur an fernen Vorbildern ein Beispiel nehme.

Tatsächlich zeigt der Blick auf die großen, historischen ethnisch und kulturell vielfältigen Staaten kein Beispiel, an dem sich Deutschland auf seinem Weg in die „Multikultur" orientieren könnte. Es gilt also, den auf das Land zukommenden Problemen offen und ehrlich entgegen zu sehen. Es gilt, nicht nur an die Vernunft zu appellieren und auf die Grundsätze der Verfassung zu verweisen. Es gilt, auch die Emotionen der Betroffenen in die politischen Strategien einzubeziehen. Die Rücksicht auf die Emotionen ist durchaus auch von Verantwortung getragen vorstellbar – von Verantwortung für diejenigen, die den Übergang zunächst überhaupt nicht oder jedenfalls nicht so schnell mitvollziehen können, wie es die Harmoniefähigen und die Ideologen einer Multikultur verlangen.

Der Preis, den der Übergang in die vielfältige Gesellschaft verlangt, ist die Anerkennung der ethnischen und kulturellen Vielfalt. Das klingt banal, ist es aber nicht. Denn die Ideologie der Multikultur zielt auf die Quadratur des Kreises: Multikultur und zugleich der eine Anstand, auf den sich alle einigen können? „Biotope rückwärtsgewandter Spießer", die sich an der Bezeichnung „Ehe" für homoerotische Partnerschaften stören oder andere Erscheinungsformen der Moderne für ihr eigenes Dasein nicht akzeptieren können, sind nicht zugelassen. Wo ist denn dann die „Multikultur", wenn alle Teilnehmer auf den einen Anstand verpflichtet werden? Der eine Anstand kann sich nur auf das oben bereits zitierte Prinzip beschränken, das als Ideal vielen US-Amerikanern vorschwebt, und dort auch weitgehend, aber eben nicht flächendeckend, zur Anwendung gelangt: Ich mache, was mir gefällt und Du machst, was Dir gefällt, und so lange Du mir nicht auf die Füße trittst und mir richtig weh tust, kümmere ich mich nicht um Dich und Du kümmerst Dich auch nicht um mich, so lange ich Dir nicht auf die Füße trete und Dir weh tue! Das, was uns allen gemeinsam gefällt, das genießen wir gemeinsam, und wenn es von außen oder innen bedroht wird, dann schützen wir es gemeinsam.

Das ist kein leicht zu erfüllender Vorsatz. Ihn umzusetzen fällt den „Multikultur"-Ideologen genau so schwer wie den konservativen Hardlinern. Beide möchten im Grunde, dass alle Menschen auf einen Anstand gleichgeschaltet sind. Aber die Grenzziehung zwischen dem einen Anstand, auf den sich alle einigen können, und der Vielfalt, in die die Gesellschaft zerfallen darf, wird nicht diskutiert. Damit fehlt die Grundlage, die man vielleicht mit der Hoffnung verknüpfen könnte, dass der Übergang in die ethnisch und religiös vielfältige Kultur in Deutschland etwas weniger konfliktreich gestaltet werden könnte als anderswo.

Viele fühlen sich von kultureller Vielfalt angezogen. Aber es sollte auch den Menschen freigestellt bleiben, sich von denen fernhalten zu dürfen, die in ihrer Weltanschauung und in ihren Sitten andere Wege gehen. Das sind schließlich die Faktoren, die viele Menschen emotional stark bewegen und Gegenreaktionen hervorrufen.

Hier wird in der Diskussion gerne das negativ behaftete Wort des Diskriminierens verwandt. Diskriminieren bedeutet ursprünglich nichts Anderes als auszuwählen – auszuwählen, was man gerne essen möchte, was man gerne anziehen möchte, wo man gerne wohnen möchte, mit wem man gerne als Partner oder verheiratet durch das Leben gehen möchte, mit wem man gerne den Urlaub verbringen möchte. Allen diesen Entscheidungen geht eine Auswahl, eine Diskriminierung voran. Eine diskriminierende Auswahl bedeutet auch, das abzulehnen, was man als unschöne Kleidung oder als unpassenden Wohnort ansieht, wen man für einen unpassenden Lebenspartner oder die falsche Urlaubsbegleitung einschätzt. Solche ablehnende Auswahl und somit Diskriminierung ist im

Alltag selbstverständlich. .Nur auf der Grundlage solcher alltäglicher Aussonderungen ist der Alltag auf lange Sicht erträglich.

Man mag auf einer Fahrt in der S-Bahn neben oder gegenüber Menschen sitzen, die einen durch Kleidung, Körpergeruch, Aussehen oder Körpergeräusche abstoßen, man mag es nicht mit ansehen können, dass jemand seine Schuhe auf den gegenüber liegenden Sitz bettet, um sich ein wenig Bequemlichkeit zu gönnen. Man mag es mit Widerwillen zur Kenntnis nehmen, wenn sich zwei Liebende schon vor der Rückkehr in ihr schützendes Heim allzu nahekommen. Doch das ist in der Regel hinnehmbar, weil man sich nur vorübergehend nahe ist und die gefühlte Unerträglichkeit jederzeit durch Platzwechsel beendet werden kann. Erst die Fortdauer eines erzwungenen Zusammenseins mit Menschen, die einem aus irgendeinem Grund emotional unangenehm erscheinen, führt zu einem Unwohlsein, das zur Belastung werden kann.

Und nun gibt es seit geraumer Zeit in Deutschland tatsächlich ein Anti-Diskriminierungsgesetz. Es ist bestimmt, den Menschen in durchaus zentralen Lebensbereichen das Recht zu verweigern, ihren Emotionen, Neigungen und Abneigungen zu folgen, wenn es zu entscheiden gilt, mit wem sie dauerhaft und Tür an Tür zusammenwohnen möchten. Das Anti-Diskriminierungsgesetz hat bislang Rücksicht genommen auf „Kleinvermieter" mit weniger als 50 Wohnungen und auf den Wunsch, soziale und kulturelle Diskrepanzen in einem Wohngelände zu vermeiden. Diese Ausnahmen waren sinnvoll und werden doch immer wieder in Frage gestellt, weil den Befürwortern einer bedingungslosen Anerkennung einer allüberall vorhandenen kulturellen und gesellschaftlichen Vielfalt der Zwang als das einzig wirksame Mittel gilt, um dieses Ziel zu erreichen.

Das Gesetz ist eine Art Brechstange, die mit Gewalt öffnen soll, was sich nur langsam und behutsam öffnen kann – das ist die Tür für die Andersartigen, die Neuankömmlinge, deren Kultur und somit Werte und Gebräuche man in der Regel nur aus Negativmeldungen der Medien kennt und die somit zunächst einmal Mißtrauen und Zurückhaltung hervorrufen. Es ist zu hoffen, dass eines Tages ein solches Gesetz nicht mehr erforderlich ist – aber zu hoffen, dass solch ein paradiesischer Zustand über Kurz oder Lang zustande kommen und durch gesetzlichen Zwang befördert wird, das ist realitätsfern.

Im Oktober 2016 hat die Dok Leipzig, ein international renommiertes Dokumentarfilm-Festival erstmals die bislang ökumenische Jury christlicher Prägung zu einer „interreligiösen Jury" erweitert, in der auch Muslime und Juden vertreten sind. Solche Inseln sind noch vergleichsweise selten und werden deshalb von der Presse als beachtenswert notiert, aber vermutlich werden derartige Beziehungen über die kulturellen und religiösen Grenzen hinweg zunehmen und, wo es erfolgreiche Beispiele gibt, auch Schule machen. Dass weder ultra-orthodoxe Juden, oder fundamentalistische Muslime und Christen sich in solchen Gemeinschaften einfinden werden, ist nicht zu ändern. In der multikulturellen Gesellschaft sind überkulturelle Verbindungen ebenso selbstverständlich wie kulturelle und religiöse Abgrenzungen.

Anti-Diskriminierung ist ein ebenso fragwürdiger Begriff wie Rassismus. So wie die Verwendung des Begriffs „Rassismus" eine feine Differenzierung der Motive verhindert, die den unterschiedlichen Formen von Aversion gegenüber dem und den Fremden zu Grunde liegen, so verhindert die Pauschal-Forderung nach „Anti-Diskriminierung" die Auseinandersetzung damit, wo eine Diskriminierung selbstverständlich sein kann, und wo sie einen zulässigen Rahmen überschreitet.

Hier kommt der zweite Generalvorwurf in Betracht: Vorurteil. Ohne Vorurteile wären wir schnell verloren. Vorurteile sind doch genau besehen Urteile, die auf früheren Erfahrungen beruhen. Das können Erfahrungen anderer sein, oder auch Erfahrungen, die man selbst gemacht hat. Vorurteile sind notwendig, weil sie die Notwendigkeit ausschalten, jeden neuen Einzelfall eines übergeordneten Typus wieder neu zu prüfen, ehe man sich mit ihm näher einlässt. Es ist ein Vorurteil zu glauben, dass das dünne Eis im frühen Winter einen Schlittschuhläufer noch nicht tragen wird. Es ist ein Vorurteil, dass die Autofahrer nicht schnell bremsen können, wenn man plötzlich, ohne links und rechts zu schauen, auf eine viel befahrene Straße rennt. Man kann es ja einmal versuchen, ob an diesen Vorurteilen etwas dran ist, oder nicht.

Es ist ein Vorurteil, wenn ein Restaurant-Kritiker ein vernichtendes Urteil in einer Gourmet-Zeitschrift über die Küche eines bestimmten Restaurants veröffentlicht, oder wenn ein Musikkritiker in einer Besprechung eines Konzerts einen Solo-Cellisten als unfähig bezeichnet. Man kann diese Vorurteile vernachlässigen und ihnen ungeachtet in das Restaurant essen gehen oder im nächsten Konzert dem besagten Solisten erneut zuhören. Aber so reagieren nicht alle Menschen. Vorurteile dieser Art werden in der Regel akzeptiert und weitergetragen. Sie bestimmen flächendeckend das Verhalten. Von Kind an erziehen bekannte Sprichworte wie „Wer einmal lügt, dem glaubt man nicht" und „Gebranntes Kind scheut Feuer" jeden dazu, aus früheren eigenen oder fremden Erfahrungen sich ein Vorurteil zu bilden, dass davor schützt, sich naiv in eine riskante Situation zu begeben.

Warum sollte es anders sein, wenn wir nicht mit Restaurants und Solisten, mit Wintereis und Straßenverkehr, mit Feuer und Lügnern konfrontiert sind, sondern mit Menschen, die erkennbar einer Gruppe angehören, über die es bereits weitverbreitete Urteile gibt. Die Vermieterin in Paris, deren Vater während der deutschen Besatzung als Widerstandskämpfer von „den Deutschen" getötet wurde, kann, aber sie muss nicht, mit dem Deutschen, der sich als Interessent für die angebotene Wohnung gemeldet hat, ein persönliches Interview führen um herauszufinden, in welchem Ausmaß er mit den NS-Verbrechen verknüpft ist und vielleicht selbst noch eine Weltanschauung mit sich trägt, die ihn in die Nähe der damaligen Ideologie rückt. Sie ist vollkommen berechtigt, ihrem Vorurteil gegenüber „den Deutschen" zu folgen. Sie und viele andere hatten sehr negative Erfahrungen mit „den Deutschen". Das darf genügen, um ihren Emotionen das Recht zu geben, fortan mit diesen Menschen keinen Kontakt mehr zu suchen.

Es gibt auch Gegenbeispiele. Etwa die in den 1940er und 1950er Jahren in Frankreich sehr bekannte Filmregisseurin, Madame R., Tochter des Metro-Passagiers, der 1944 als Zufallsgriff aus den Insassen einer Pariser Metro herausgenommen wurde, nachdem in einem Zug ein deutscher Soldat erstochen worden war. Der Zufallsgriff wurde dann auf die Schienen gelegt, alle übrigen französischen Passagiere mussten in der Metro bleiben und gemeinsam über den auf die Schienen gelegten Landsmann fahren. Zur Abschreckung. Die Tochter hat nach dem Krieg überlegt, wie sie mit diesem Trauma weiterleben kann, und hat sich entschlossen, ihre ältere Tochter nach Deutschland zu einem Gastaufenthalt in Düsseldorf in eine Familie zu geben. Dort wurde das Mädchen sehr schlecht behandelt und kehrte traumatisiert zurück. Die Mutter entschloss sich nun, junge Deutsche in ihre Familie aufzunehmen, und ihnen eine gute Zeit in Paris zu ermöglichen. So hat der Autor dieser Zeilen sie kennen gelernt. So kann man auch mit Vorurteilen umgehen.

Mit der Ablehnung von Vorurteilen gegenüber bestimmten Menschengruppen eng verknüpft ist die nicht selten vorgebrachte Mahnung, bestimmte Menschengruppen, von deren Mitgliedern vermeintlich gehäuft kriminelle Handlungen verübt werden, „nicht unter Generalverdacht zu stellen." Diese Mahnung dürfte ebenso von nur begrenzter Überzeugungskraft sein, wie der Versuch,

Vorurteile abzuschaffen. Wir leben in einer Zeit, in der die so genannte statistische Signifikanz unseren Alltag bestimmt. Bestes und allen bekanntes Beispiel ist die auf jeder Zigarettenpackung aufgedruckte Warnung „Rauchen tötet." Diese Warnung ist sicher gut gemeint, aber sie ist schlicht falsch. Nur ein Teil der Raucher stirbt am Nikotin und anderen Giften, die aus der Zigarette in den menschlichen Organismus gelangen. Aber wir stellen alle Zigaretten unter Generalverdacht. Wir stellen zahlreiche Verhaltensweise unter den Generalverdacht, dass sie schädigen oder gar töten, obwohl es nur eine mehr oder weniger große Wahrscheinlichkeit ist, mit der ein solch unguter Ausgang zu erwarten ist. Es ist eine alltägliche Realität, die unsere Kultur prägt, eine gewisse Wahrscheinlichkeit, die zumindest durch Einzelfälle belegt ist, unserer Bewertung einer Gesamtheit eines bestimmten Verhaltens oder einer bestimmten Substanzgruppe zu Grunde zu legen. So darf es nicht wundern, wenn auch im Umgang mit bestimmten Menschengruppen die Berichte über Einzelfälle oder gehäufte Fälle unguten Verhaltens einen ähnlichen Generalverdacht bewirken.

Vorurteile und Generalverdacht werden nun tagaus, tagein gegenüber den Gruppierungen gebildet, die zu der kulturellen und religiösen Vielfalt in Deutschland beitragen. In den Medien liest man über Ehrenmorde und Drogenhändler, über Clitoris-Beschneidungen und Zwangsheiraten, über die mehr oder weniger entsetzlichen Zustände in den Heimatländern der Migranten, über schmutzstarrende Grillversammlungen in öffentlichen Parks, über dies und das und unzählige anstößige Eigenarten und Verhaltensweisen mehr. Die kriminellen arabischen Großfamilien in Berlin und in mehreren Städten des Ruhrgebiets sind eine Realität. Wo sich die Behörden durch die Ideologie der Regierungsparteien dazu gedrängt fühlten, die Augen zu schließen, existieren bereits Stadtviertel, in denen die deutschen Sicherheitsorgane nur noch begrenzt Gewalt ausüben können. Einige Medien folgen der Beschwichtigungspolitik der zuständigen Politiker nicht und berichten regelmäßig über die Verhältnisse, die sich gebildet haben.

All dies hinterlässt in der Bevölkerung Spuren, emotionale Spuren. Nicht jeder Leser kann sie mit Nachdenklichkeit und Vernunft auf einen realen Kern reduzieren und dann, bei Begegnung mit den Angehörigen der so beschriebenen Gruppen, bestätigt oder widerlegt sehen. Es gibt die Emigrantenfamilie in New York, die jeden Artikel in einem Kaufhaus, der den Vermerk „Made in Germany" trägt, wieder zurücklegt. Es gibt die Witwe in Hannover, die den Afrikaner zurückweist, der mit schief sitzender Baseballkappe das zur Vermietung angebotene Zimmer anschauen möchte. Alle diese Menschen diskriminieren und handeln nach Vorurteilen, die aus Emotionen ebenso wie aus vergangenen Erfahrungen genährt sind. Hier pauschal von anti-deutschem oder anti-afrikanischem „Rassismus" zu sprechen, ist nicht hilfreich.

Es kann demnach nur einen Ausweg geben. Die Verfassung ist gegeben. Sie bietet den Rahmen. Kann sich aber die deutsche Verfassung in einer vielfältigen Gesellschaft unverändert halten? Sie ist entstanden aus den Erfahrungen und Bedenken derer, die die Weimarer Republik haben scheitern sehen, und die das „Dritte Reich" haben kommen und gehen sehen. Sie haben ihre europäischen, christlichen, humanitären Ideale soweit wie möglich eingebracht. Wird solch eine Verfassung der modernen, vielfältigen Bevölkerung gerecht? Das wird sich zeigen.

Eine Ebene tiefer und somit flexibler liegen die Gesetze. In ihnen kommt zum Ausdruck, was in der deutschen Gesellschaft für gut und ungut erachtet worden ist. Sie bestimmen ein entsprechendes Verhalten. Aber sind diese Gesetze den Anforderungen einer modernen, vielfältigen Bevölkerung entsprechend? Wie lange wird sich noch, um nur ein banales Beispiel herauszugreifen, die Feiertagsordnung aufrechterhalten lassen? Allein die sich verändernden zahlenmäßigen Verhältnisse der unterschiedlichen Bevölkerungsgruppen werden hier zu Veränderungen führen, die nicht jedem gefallen werden. Wird man mit den so gereizten Emotionen umgehen können? Oberflächlich formulierte „Anti-Diskriminierungs"-Gesetze oder ähnliche Vorgaben von oben herab werden da nicht weiterhelfen.

Die Meinungsfreiheit ist ein hohes Gut. Sie wird durch Gesetze geschützt. Es hat langer Kämpfe bedurft, um sich gegenüber den Herrschenden, den Mächtigen und den Kirchen so ausdrücken zu dürfen, wie man fühlt. Die Presse muss sich diese Freiheit immer wieder neu erarbeiten. Die Morde in Paris an den Zeichnern und Journalisten von *Charly Hebdo* haben eine Debatte in Gang gesetzt, die rasch wieder verebbte. Die Frage lautet schlicht: Schließt Meinungsfreiheit auch Beleidigungsfreiheit ein? Wo ist die Grenze zu ziehen, zwischen kritischer Berichterstattung und verletzender Berichterstattung? Die Zeichnungen in der NS-Zeitschrift *Der Stürmer* waren für die Juden so verletzend wie die Zeichnungen in *Charly Hebdo* für gläubige Muslime. Es wird zu diskutieren sein, wie viel Rücksicht und Takt gegenüber Andersdenkenden, Andersgläubigen erforderlich ist, um eine heterogene Gesellschaft in Frieden zu halten.

Die Einheimischen kommen nicht umhin, einen Preis zu zahlen für den Übergang. Er wird die eine oder andere Freiheit einschränken. Er wird aber auch eine größere Freiheit beinhalten müssen, sich in Biotopen zusammen zu finden, in denen man mit Gleichgesinnten die Werte im Alltag umsetzt, die einem am Herzen liegen. Und es muss möglich sein, diejenigen, die diese Werte nicht teilen, oder von denen man ohne Einzelfallprüfung annehmen kann, dass sie diese Werte nicht teilen, aus dem Biotop fernzuhalten. Wenn sich gläubige Christen nur mit gläubigen Christinnen vermählen möchten, dann sei es ihnen unbenommen. Dasselbe gilt für gläubige Aleviten oder

Jesiden. Aber in der kulturell und ethnisch vielfältigen Gesellschaft darf es andererseits auch keine Bedrohungen derer geben, die über die Grenzen ihrer herkömmlichen Religion und Ethnie hinaus ihre Lebenspartner suchen.

Es gibt inzwischen Schützenvereine, die kein Problem haben, ein dem muslimischen Glauben verpflichtetes Mitglied zum Schützenkönig zu wählen. Das ist der natürliche Weg: solche Offenheit kann sich aus der Nachbarschaft, aus guter und vertrauensvoller Kenntnis ergeben. Aber sie muss es nicht. Und wo sie sich nicht von selbst ergibt, mit Zwang und Brechstange und dem Verdikt von „Diskriminierung" und „Vorurteil" die Tür zu öffnen, das ist nicht hilfreich und schafft Unfrieden statt Harmonie.

Im Oktober 2016 berichteten die Medien von einem Zahnarzt in Stuttgart, der eine qualifizierte Bewerberin als Zahnarzthelferin explizit deshalb nicht einstellte, weil sie als Kopftuchträgerin erkennbar war. Die junge Frau nahm sich einen Anwalt, der den Arzt auf Grund des Allgemeinen Gleichbehandlungsgesetzes (AGG) von 2006 auf einen finanziellen Schadenersatz verklagte. Das Gesetz besagt, dass niemand im Arbeitsleben für Dinge benachteiligt werden darf, die mit seiner Arbeitsleistung nichts zu tun haben - neben dem Glauben etwa wegen seiner Herkunft, seines Geschlechts oder seines Alters. Das ist gut gedacht, aber in der Praxis problematisch. In zahlreichen Berufen spielen Geschlecht und Alter eine von der Arbeitsleistung völlig unabhängige Rolle, ohne dass die Betroffenen sich einen Anwalt nehmen und auf Schadenersatz klagen könnten.

Es finden sich in Deutschland sicher zahlreiche nicht-muslimische Arbeitgeber, die ohne Zögern eine qualifizierte Bewerberin auch mit Kopftuch einstellen. Aber wir befinden uns in einer Übergangsphase.

Eine unbekannte Zahl von Einwohnern mag sich den neuen Gegebenheiten und Anforderungen nicht so schnell anpassen wie mancher andere. Sie sehen im Kopftuch eine bewusst sichtbar gemachte Einstellung zu unserer Gesellschaft, zu dem Verhältnis von Mann und Frau, zu der Islamisierung in der Türkei und anderen Facetten kultureller und politischer Art mehr, die von ihren eigenen Werten und Gewohnheiten abweicht. Auf diese Menschen nun herabzuschauen, sie gar als die „Zu-kurz-Gekommenen" abzuqualifizieren, ist arrogant und unpassend. Diesen Menschen, wie im Fall des Stuttgarter Zahnarztes, nun unter Strafe zu verbieten, eine solche Bewerberin zu übergehen, bewirkt vermutlich das Gegenteil dessen, was das Gleichbehandlungsgesetz erreichen soll. Das Gleichbehandlungsgesetz mag seine Anwendung in bestimmten Behörden und in großen Betrieben finden, aber einer kleinen Zahnarztpraxis mit nur einer Handvoll Mitarbeitern auf diese Weise zu verbieten, eine als Fremdkörper eingeschätzte Bewerberin zu übergehen, ist nicht zweckdienlich. Der Stuttgarter Fall ist deshalb hier erwähnenswert, weil er die negative Seite des naiven *social engeneering* aufzeigt. Die Gesellschaft wie eine Maschine auf eine neue Leistung zu trimmen, mit einem Gesetz das zu erreichen, was der Ingenieur an der Maschine mit ein, zwei Drehungen an einer Schraube erreichen kann, das ist eine verhängnisvolle Einstellung, die dennoch in nicht wenigen politischen Köpfen tief verwurzelt ist.

Der Preis des Übergangs in die kulturelle Vielfalt der Gesellschaft hat zwei Seiten. Zum einen müssen sich die Alteingesessenen an viele Veränderungen des Alltagslebens gewöhnen; zum anderen müssen auch diejenigen, die darauf beharren, ihre für die Alteingesessenen fremden Verhaltensweisen hier fortzuführen, damit rechnen, dass der eine oder andere den Kontakt mit ihnen meidet.

Ein Beispiel von vielen, die nicht von den Medien beachtet werden: In einer Kleinstadt in der Nähe von Köln stellte sich im Frühjahr 2016 bei einem deutschen, nichtmuslimischen Hautarzt, der selbst mit einer Muslima verheiratet ist, eine kopftuchtragende Patientin mit der Bitte um eine Untersuchung vor. Sie nannte ihm die Bedingung, dass er zwar ihre Füße anschauen dürfe, nicht aber ihren Bauch. Das dürfe nur die weibliche Sprechstundenhilfe. Der Hautarzt hat sich auf eine solch diskriminierende Forderung eingelassen; er hat das im Rückblick als einen Fehler angesehen und stellt nun solchen Patienten als Bedingung: entweder sie verhalten sich in seiner Praxis so, wie es hierzulande üblich ist, oder sie suchen sich eine andere Praxis.

Die muslimische Patientin, die sich nicht von solchen diskriminierenden Forderungen trennen möchte, wird sicher leicht eine andere dermatologische Praxis finden, in der ihren Wünschen stattgegeben wird. Auch die von dem Stuttgarter Zahnarzt abgelehnte Bewerberin wird sicherlich leicht eine andere Praxis finden, in der sie ihre Fähigkeiten beweisen darf. Den Zahnarzt, der sie nicht in seiner engen Umgebung als Mitarbeiterin akzeptieren mochte, nun an den Pranger zu stellen und mit einer Geldstrafe zu bedrohen, ist überflüssig. Solche Brechstangen sind mehr dazu geeignet, die Tür, die sie öffnen sollen, zu verbarrikadieren, als dass sie den Durchgang freilegen. Die unaufhaltsame Realität der kulturellen Vielfalt damit einleiten zu wollen, dass man den einzelnen Betroffenen eines der höchsten Güter nimmt, das ist die Freiheit, sich mit denen zusammenzufinden, mit denen man die Werte des Lebens teilt, ist ein großer Fehler auf dem Weg in eine friedvolle Zukunft.

Die kulturelle und ethnische Vielfalt der Gesellschaft verlangt noch einen weiteren Preis. Das ist ein allmählicher Schwund der gesamtgesellschaftlichen Solidarität. Wir haben bereits Steuerflucht von Individuen und Konzernen angesprochen. Ein solches Ausscheren aus dem Verbund der Solidarischen ist nichts Neues. Auch Versicherungsbetrug ist ein Ausscheren aus dem Solidarverbund. Bei Schadensfällen ist es keine Seltenheit, dass der Handwerker fragt: private Zahlung oder Versicherungsfall? Für den Versicherungsfall wird ein höherer Kostenbetrag als notwendig veranschlagt. Die Folge ist eine Schädigung der Solidarkasse, in die die Beiträge aller Versicherten fließen. Entweder müssen irgendwann die Beiträge erhöht oder die Leistungen gekürzt werden. Ein schlechtes Gewissen, die Solidargemeinschaft auf diese Weise zu hintergehen, ist wohl eher eine Seltenheit.

Das System der solidarischen Krankenversicherung befindet sich seit Jahren schon in einem Wandel. Die Gesetzlichen Krankenkassen empfinden sich nicht mehr als neutrale Sammler von Pflichtbeiträgen, mit denen diejenigen bezahlt werden, die den Beitragszahlern solche medizinisch-therapeutische Dienstleistungen zukommen lassen, die die finanziellen Möglichkeiten des einzelnen Versicherten allzu oft übersteigen. Die Gesetzlichen Krankenkassen haben sich in Betriebe mit „Produkten" und eigenen Gewinn-Interessen gewandelt. Sie betreiben Werbung, sie siedeln in den teuersten Immobilien-Standorten. Im Sommer 2016 hat eine der großen Gesetzlichen Krankenkassen eine Werbeaktion mit großflächigen Plakaten durchgeführt, auf denen die Betrachter aufgefordert werden, sich so schranken- und bedenkenlos zu benehmen und in Gefahr zu begeben, wie es ihnen gefällt – und die möglichen gesundheitlichen Schäden mit dem Versprechen bagatellisiert: Wir zahlen! Eine unfassbar verantwortungslose Aktion, die wie alle die genannten Beispiele aus den Beiträgen der Pflichtversicherten finanziert wird, die somit den eigentlichen Zielen der Solidargemeinschaft der Versicherten entzogen werden. Gesundheit wird zunehmend zu einer Ware, die es zu erwerben gilt. Die Krankenhäuser werden „Profit-Centers", aus denen Investoren Renditen im zweistelligen Prozentbereich erwirtschaften, die dann ganz woanders angelegt werden. So war das System nicht gedacht, dass Pflichtbeiträge als Renditegewinn in die Karibik oder an einen anderen noch profitableren Ort abgezogen werden. Es ist nur eines von mehreren Anzeichen für die Schwächung des Solidaritätsgedankens in der modernen Gesellschaft.

Die Vorstellung des einen Volkes mit einem „Volksgeist" und einem „Volkskörper" ist nicht mehr zeitgemäß. Wie in den ethnisch und kulturell vielfältigen Situationen der USA und Chinas wird es unausweichlich sein, dass jeder sich seinen kleineren Rahmen der Solidarität sucht oder schafft. Das kann im klassischen Sinn die Familie sein, das können Freundeskreise Gleichgesinnter sein, das können religiöse Gemeinden sein, das können kommerziell angebotene Sicherheiten sein, oder andere mehr. Entscheidend in der kulturell vielfältigen Gesellschaft ist, dass diejenigen, die ein vertrauensvolles und verlässliches Umfeld wünschen, sich ein solches selbst suchen müssen. Und hier ist es wichtig, dass die Wertemaßstäbe mit den eigenen möglichst übereinstimmen.

Auch die Neuankömmlinge werden einen Preis entrichten müssen, wenn sie in der kulturell und ethnisch vielfältigen Gesellschaft zu einem friedfertigen Leben beitragen möchten. Jeder Mensch erleidet irgendwann Zurücksetzungen und Demütigungen. Sich stets darauf zu beziehen, dass dies Rassismus und Fremdenfeindlichkeit ist, wenn die Zurücksetzung und Demütigung von einem Eingesessenen ausgeht, ist bequem, aber oft genug nichtzutreffend. Der Eingesessene, vor dessen Nase der Busfahrer die Tür schließt, weil er endlich abfahren muss, ärgert sich über die vermeintliche Unfreundlichkeit des Busfahrers. Der „Farbige" oder sonstwie erkennbar Fremde deutet das Verhalten des Busfahrers als fremdenfeindlich, wenn er nicht bereit ist, über die Ideologie des „permanenten Rassismus" hinaus zu blicken.

Im Herbst 2014 wurden die Ergebnisse einer Studie veröffentlicht zu den Chancen von Jugendlichen mit Migrationshintergrund bei der Bewerbung um Ausbildungsstelle und Anstellung. Jemand, der sich als Ali oder Mohammed um eine Stelle bewirbt, wird häufiger mit einer Absage rechnen können, als jemand der sich als Winfried Müller oder Sabine Brunner vorstellt. Es lohnt sich, hier noch einmal etwas genauer hinzusehen.

Abgesehen davon, dass der normale Empfänger eines solchen Bewerbungsschreiben ohne Photo und explizite Anmerkung zum Geschlecht nicht wissen kann, ob es der oder die Cem, der oder die Aygun ist, hat der Name gewollt oder nicht eine zentrale Botschaft: Ich gehöre einer fremdkulturellen Einwanderergruppe an, und dazu bekenne ich mich.

Im 18. und 19. Jahrhundert sind Juden nach Deutschland eingewandert und viele von ihnen haben - nicht nur unter Zwang, sondern durchaus freiwillig – die Integration in die deutsche Kultur und Gesellschaft gesucht. Sie haben ihre ursprünglichen, jahrtausendealten Namen abgelegt und sich deutsche Namen zugelegt. Das waren in manchen Fällen schöne, sinnreiche Worte wie Abendrot oder Kornblume, das waren in anderen Fällen Allerweltsnamen, wie Maier oder Müller, das konnte ein Name sein, der auf den Wohnort hinwies, wie Marx oder Mannheimer, und das konnten Namen sein, die auf die farbigen Täfelchen über den Türen in den Ghettos hinwiesen, in denen die Väter und Großväter lange gelebt hatten und aus denen sie sich nun befreit hatten, wie zum Beispiel die Rothschilds, die Grünspans und manche andere.

Die NS-Gesetzgebung erzwang die Rücknahme dieser Integration über die Namensgebung. Sie erstellte eine Liste aller derjenigen Vornamen, die als jüdisch identifiziert wurden und den Träger somit unmittelbar als Juden/Jüdin erkennbar machten. Alle diejenigen Jüdinnen und Juden, die rein „deutsche" Vornamen trugen, wurden gezwungen, als Frau den Vornamen Sara und als Mann den Vornamen Israel dem bisherigen Vornamen voran zu setzen. Damit sollte die Ausgrenzung verdeutlicht werden. Der Wille zur Integration in die deutsche Gesellschaft, der nicht zuletzt in der Übernahme deutscher Vor- und Familiennamen seinen Ausdruck gefunden hatte, wurde von der NS-Ideologie nicht gewürdigt.

Eine solche Botschaft: ich bin Teil der deutschen Gesellschaft, ich integriere mich und werde zumindest von meinem Namen her ein Mitglied dieser Gesellschaft, ist heute nicht mehr denkbar. Für derlei Bestreben, sich vollkommen der neuen Gesellschaft und Kultur einzuordnen wird nun der Begriff „Assimilation" verwendet – und enthält eine nur noch negative Aussage. Assimilation ist Angleichung und damit Aufgabe der eigenen kulturellen Herkunft. Das passt nicht in die Zukunft der multikulturellen Gesellschaft. Der Name ist Teil der persönlichen und der kulturellen Identität. Kaum jemand unter den Migranten käme auf die Idee, diesen Teil der persönlichen und Gruppenidentität aufzugeben. Nicht einmal die Integrationsbeauftragten des Berliner Senats oder der Bundesrepublik mögen hier noch mit gutem Beispiel vorangehen; sie beharren auf der Abgrenzung durch ihre herkömmlichen türkischen Vornamen. Das kann man so akzeptieren, aber es geht auch anders.

Als der libanesische Arzt George Hatem sich den chinesischen Kommunisten um Mao Zedong anschloss, um ihnen im Kampf gegen die japanischen Aggressoren zu helfen, da blieb ihm nichts übrig, als sich fortan Ma Haide zu nennen. Unter diesem Namen wurde er bekannt und geehrt – es hat ihm kein kulturelles Trauma beschert, dass er seinen schönen libanesischen Namen ablegen musste. Viele weitere Beispiele gibt es, denken wir nicht zuletzt auch an den amerikanischen Schauspieler Woody Allen, der als Mr. Koenigsberg vielleicht seinen amerikanischen Fans wohl ein wenig Zungenbrechen beschert hätte, oder an den Tänzer, der sich problemlos von seinem Namen Austerlitz getrennt hat, und scheinbar schwerelos als Fred Astair an der Seite von Ginger Rogers über die Bühnen schwebte. Der namhafte deutsche Schauspieler und zeitweilige *Tatort*-Kommissar Charles Brauer kam mit einem

Familiennamen durch die Taufe, den sein erster Agent für recht karrierehinderlich ansah. Hat er seine Kultur, seine Identität verloren, weil er nun als Charles Brauer berühmt wurde? Mit dem ursprünglichen Namen wäre es ihm, so machte ihm sein Agent klar, bei Bewerbungen gegangen, wie es manchem Ali und Mohamed bei der Bewerbung um einen Ausbildungsplatz geht: Absage. Passt nicht, schon des Namens wegen.

In den USA ist es üblich, dass ein chinesischer Einwanderer, der aus seiner Heimat den Namen Liu Kongming mitgebracht hat, nicht nur die im chinesischen gebräuchliche Voranstellung des Familiennamens abändert, sondern auch einen englischen Vornamen hinzufügt. Er nennt sich nun Peter Kongming Liu. Eine Frau, die in China Yuan Lin hieß, nennt sich nun Ann Lin Yuan. Wu Yuhua, Mitglied der Konsultativkonferenz des chinesischen Volkes und langjähriger Vize-Präsident Siemens Ltd. China, hat für seine Kommunikation mit deutschen Kollegen und Mitarbeitern den Vornamen Werner angenommen. Das ist keine Verleugnung der eigenen kulturellen Identität. Es ist Ausdruck eines kulturellen Selbstbewusstseins und zugleich eine freundliche Geste denjenigen gegenüber, die nicht erkennen können, was der Familienname ist, wie der persönliche Name ausgesprochen wird, und ob er männlich oder weiblich ist.

Die kulturell und ethnisch vielfältige Gesellschaft der Zukunft muss damit leben, dass es neben der Anpassung auch die Verweigerung der Anpassung gibt. Sie muss damit leben, dass ein Teil der Menschen über das Trennende hinweg schauen kann, während andere Menschen großen Wert auf die Fortdauer des Trennenden legen. Kann man sich vorstellen, dass sich in Deutschland irgendwo ein Stadtviertel bildet, in dem Orthodoxe irgendeiner Glaubensrichtung ihre fundamentalistischen Vorstellungen durchzusetzen suchen und, wie man es zum Beispiel aus Israel kennt, auch nicht davor zurückschrecken, mit

Steinwürfen diejenigen zu vertreiben, die sich diesen Vorstellungen nicht anschließen möchten? Kann man sich ein kleines Dorf irgendwo auf dem Land in Deutschland vorstellen, wo die Freiheit, sich in einem selbst gewählten ethnischen und kulturellen Biotop von Andersartigen abzugrenzen, dahingehend ausgenutzt wird, dass Muslime als unerwünscht völlig außen vor gehalten werden? Kann man sich ein von den ehemals Ansässigen verlassenes Dorf irgendwo in Mecklenburg-Vorpommern oder Brandenburg vorstellen, in dem sich allein strenggläubige Muslime niederlassen und keine von ihnen als „dekadent" verachteten Christen und sonstige Ungläubige um sich haben möchten?

Man muss es sich vorstellen. Solche Biotope sind exzessiv. Sie sind schädlich für eine Gesellschaft, in der die Gemeinschaften der unterschiedlichen Glaubensrichtungen und kulturellen Herkünfte zusammenwachsen sollen. Es sollten alle sinnvollen Anstrengungen unternommen werden, sie nicht zustande kommen zu lassen. Aber sie sind doch vorstellbar. Als Reaktion auf die Auseinandersetzungen in dem Erstaufnahmelager für Asylsuchende in Suhl wurde am 20. August 2015 in den Medien der Ruf laut, die Neuankömmlinge nach Ethnien und religiöser Zugehörigkeit getrennt unterzubringen. Das ist der Ruf nach Ghetto-Bildung. Kam dieser Ruf aus der Richtung der Rechtsradikalen, der Neo-Nazis? Der Ruf kam von einem führenden Politiker der Partei DIE LINKE.

Die Frage ist, wie die Mehrheit der Bürger auf diese Tendenzen reagiert. Freiheit hat ihre Grenzen. Sie werden in einer Gesellschaft in zähem Ringen festgelegt. Ein vielfältiges Arsenal an Anreizen und Hindernissen ist denkbar, um den gewünschten Austausch unter den Gruppen befördern zu können und ein zunehmendes Miteinander gegen ein Nebeneinander zu setzen. Und doch wird es in der voraussehbaren ethnisch und kulturell vielfältigen

Gesellschaft Nischen geben, Biotope eben, die sich dem Miteinander verweigern.

Konfliktpotential und Herausforderung liegen nahe beieinander. In einem Interview mit Radio Berlin-Brandenburg am 17.10. 2015 wurde der vormalige Botschafter Israels in Deutschland, Shimon Stein, befragt, welche Lehren Deutschland aus der Bewältigung und Integration mehrerer Einwandererwellen nach Israel ziehen könne. Obschon alle diese Einwanderer über ihre gemeinsame Religion, das Judentum, eine gemeinsame Identität zu haben schienen, ist die ursprüngliche Erwartung, Israel werde sich als „Schmelztiegel" für alle Neuankömmlinge aus etwa 100 Staaten verschiedener kultureller Ausprägung erweisen, nicht in Erfüllung gegangen. Shimon Stein riet aus eigener Erfahrung den Deutschen zwei der israelischen Grundprinzipien zu beachten: jeder Einwanderer nach Israel war gezwungen, Hebräisch zu lernen. Einwanderer, die sich bestimmten Grundwerten nicht unterordnen wollten, wurden wieder abgeschoben.

Die Reporterin wies daraufhin, dass in Deutschland nach Beginn der großen Einwanderungswelle im Sommer 2015 manche Bürgermeister es für sinnvoll erachtet hatten, den Neuankömmlingen eine Liste von Verhaltensregeln, die es zu beachten gelte, vorzulegen, z.B., mit dem Hinweis, dass in Deutschland Homosexualität zu tolerieren sei. Diese Bürgermeister waren sogleich Zielscheibe heftigster Angriffe aus denjenigen politischen Kreisen, die solche Vorgaben als unzumutbare Eingriffe in die Herkunftskultur der Migranten deuteten. Die Reporterin merkte weiter an, dass es kaum eine Wirkung habe, in Deutschland türkischen Familien zu sagen, dass sie bitteschön von Zwangsheiraten absehen möchten. Solche Hinweise seien wirkungslos. Shimon Stein konnte als Reaktion nur auf das Beispiel Kanada verweisen und den Rat geben, eine strikte „rote Linie" zu ziehen und diejenigen, die sich nicht daranhalten, „abzuschieben". Diese „rote

Linie" zu ziehen, dürfte in Deutschland sehr schwierig, wenn nicht gar unmöglich sein. Die Entwicklung hin zu einer kulturellen und ethnischen Vielfalt hat bereits die Schwelle überschritten, in der allein aus der Sicht der Alteingesessenen ein für alle verbindlicher Sittenkodex verfasst werden könnte.

Jürgen Habermas hat als den möglichen kleinsten gemeinsamen Nenner einer zukünftigen kulturell heterogenen Gesellschaft die „Verfassungsloyalität" eingefordert – das klingt vernünftig und ist doch recht fragwürdig, wenn man die Möglichkeiten der Durchsetzung dieser Forderung überprüft. Die Verfassungen wohl aller demokratischen Staaten sind steter Anpassung an gewandelte gesellschaftliche Wirklichkeiten und Anforderungen unterworfen. So ist bereits jetzt eine Situation vorstellbar, in der die Verfassung des einen oder anderen europäischen Staates durch gewandelte Mehrheitsverhältnisse in einer Weise neu geschrieben wird, die den Alteingesessenen zutiefst verhängnisvoll erscheint. Das ist keine unrealistische Vision. Studien des Instituts für Migrationsforschung am Wissenschaftszentrum Berlin haben gezeigt, dass z. B. fast die Hälfte der in England wohnenden Muslime sich für die Scharia, für die Todesstrafe für Glaubensabtrünnige und für die Polygamie einsetzen.[52] Es ist folglich nur eine Frage der Zeit und der zahlenmäßigen Verschiebung der Mehrheitsverhältnisse, dass sich die Verfassung in diese Richtung, zu diesen Werten hin ändern wird. Eine Verfassungsloyalität wird dann auch von denen eingefordert werden, die sich heute eine solche Loyalität als Garant für eine friedliche, multikulturelle Gesellschaft der Zukunft vorstellen, wenn auch – illusorisch - auf der Grundlage der Werte, die der europäischen Zivilisation

---

52 Ruud Koopmanns, Fundamentalismus und Fremdenfeindlichkeit. Muslime und Christen im europäischen Vergleich. https://www.wzb.eu/sites/default/files/u252/s21-25_koopmans.pdf.

schon bisher als Richtschnur galten. Immerhin 60% der befragten Muslime in sechs europäischen Ländern gaben an, dass ihnen „religiöse Regeln wichtiger sind als die Gesetze des Landes, in dem sie leben."[53] Es ist durchaus vorstellbar, dass eine Verfassung, die den religiösen Regeln der Muslime angepasst ist, dann bei Nicht-Muslimen denselben Mangel an Verfassungsloyalität bewirkt, den heute die Mehrzahl der Korangläubigen für sich beansprucht.

18. Ausblick auf Deutschland

Deutschland befindet sich in *Transition* – im Übergang. Die Begleitumstände und die mittel- und langfristigen Folgen sind unabsehbar und vielleicht auch gar nicht steuerbar. Die drei Herausforderungen einer zunehmenden inneren kulturellen und ethnischen Vielfalt, das sind die Problematik der europäischen Integration, der schleichende Verlust an Souveränität und damit unabdingbar verknüpft eine Schwächung der herkömmlichen demokratischen Regulierungsmechanismen. Sie stellen die deutsche Gesellschaft und die deutsche Politik vor schwierigste Aufgaben.

Deutschland wird sich verändern mit den gewandelten Umständen. Goethe und Schiller, Luther und Herder, Beethoven und Wagner und viele andere Namen werden einem wachsenden Großteil der zukünftigen Gesellschaft kaum noch etwas bedeuten. Neue kulturelle Identifikationen werden einen Platz erhalten. Diese Entwicklung hat ihre positiven Seiten und je früher diese erkannt werden, umso besser mag der Übergang in die neuen Gegebenheiten mit einem friedlichen Miteinander oder zumindest Nebeneinander der unterschiedlichen Gruppierungen gelingen.

Man darf davon ausgehen, dass ungeachtet der profunden kulturellen Unterschiede die allermeisten Menschen es vorziehen, in einer friedlichen Gesellschaft zu leben.

---

53 Ebenda.

Dieses Potential gilt es zu nutzen, um aus dem bisherigen Deutschland einen neuen Staat zu formen, der das Positive aus der deutschen Geschichte mit in die Zukunft nimmt und zugleich die positiven Elemente der neu Hinzugekommenen aufnimmt. So könnte in Deutschland das schon angestrebt werden, was für große Teile der bewohnten Welt ohnehin unausweichlich ist: die Suche nach einer friedvollen Ordnung in der post-nationalen politischen, kulturellen und ökonomischen Realität.

Es wird notwendig sein, dieses Ziel bewusst anzustreben und die Gefahren, die auf dem Weg dahin drohen, nicht zu verharmlosen.

Am 13. Mai 2018, kurz vor Beginn der Fußballweltmeisterschaft in Russland, posierten zwei türkisch-stämmige Spieler der deutschen Fußballnationalmannschaft, Ilkay Gündogan und Mezut Özil, in London mit dem türkischen Präsidenten Erdogan und überreichten ihm ein Trikothemd mit der handschriftlichen Widmung, in türkischer Sprache, „dem verehrten Präsidenten." Eine Woge der Kritik ergoss sich in der Presse und in den sozialen Medien. Die BILD-Zeitung titulierte am 15. 5. auf ihrer ersten Seite „Erbärmliche Wahlkampfhilfe für Erdogan." Der Grünen-Spitzenpolitiker Cem Özdemir meinte, die Fußballspieler daran erinnern zu müssen, dass Walter Steinmeier ihr Präsident sei, nicht Erdogan. Die Aufregung, dass „deutsche Fußballweltmeister" (BILD) einem Verächter der Medienfreiheit und Rechtsstaatlichkeit auf diese Weise zur Wiederwahl verhelfen, verdeckt freilich die viel wichtigere und positive Bedeutung jener Begegnung und Geste in London.

Wer von Gündogan und Özil verlangt, sich entweder für Erdogan oder für Steinmeier zu entscheiden, ist in den alten Kategorien der Nationalstaatlichkeit verfangen: „die oder wir." Tatsächlich ist es ein gutes Zeichen für die Überwindung des Nationalismus, wenn sich Personen, insbesondere solche mit herausragender Medien-Präsenz, als Vertreter einer „sowohl-als auch" Mentalität zeigen. Solcher Klammern bedarf es vieler, um die ehemals tiefen Gräben zwischen den Bevölkerungen der Nationalstaaten zu überwinden. Dass von der Aktion der Fußballnationalspieler Gündogan und Özil ausgerechnet ein Mann wie Erdogan profitieren könnte, ist ein für Anhänger einer freiheitlich-parlamentarischen Demokratie unschöner, aber letztlich oberflächlicher Nebeneffekt, den es zu ertragen gilt.

Der anschließende, wochenlange Disput um die politische Bedeutung des Erdogan-Photos und der sportlichen Leistung insbesondere Mezut Özils verdeckt einen nicht unwichtigen Aspekt der Integration solcher Fußballspieler, die eine doppelte Loyalität verspüren. Grundsätzlich ist es zu begrüßen, wenn auf Grund einer hervorragenden sportlichen Leistung sowohl die „Deutschen" ihrer Fußball-Nationalmannschaft zujubeln, als auch die Türken sich über ihre „Brüder" in der Mannschaft freuen können. Aber das trifft den Sinn einer Nationalmannschaft nicht mehr. Nationalmannschaften stehen auf dem Rasen, um stellvertretend für eine bestimmte Nation gegen die Stellvertreter einer anderen Nation anzutreten. Spieler mit erklärter Doppelloyalität und mehr noch Doppelpassinhaber machen eine Nationalmannschaft gleichsam zu einer internationalen Mannschaft – und das führt dazu, dass sich die Nation eben nicht mehr mit den Mitgliedern einer solchen Mannschaft in demselben Maße identifiziert wie mit den Mitgliedern einer wirklichen Nationalmannschaft.

Dass die „internationalen" Mannschaftsmitglieder der deutschen Nationalmannschaft sich weigern, die deutsche Nationalhymne erkennbar mitzusingen, verstärkt noch die Distanz zu denen, für die eine Nationalmannschaft nach wie vor der – nun friedliche – Leistungswettkampf der Nationen ist. Im Sinne einer zukünftigen Weltordnung, die den engen Nationalbegriff hinter sich gelassen hat, erscheint es daher sinnvoll, das Singen der Nationalhymne ebenso abzuschaffen wie die Bezeichnung „Nationalmannschaft." Dazu wird es freilich so schnell nicht kommen.

Somit ist die Haltung der Schweiz verständlich nach dem Eklat, der von Schweizer Spielern mit Schweizer und Kosovo-Doppelpass während der Fußballweltmeisterschaft in Russland ausgelöst wurde. Nach dem Sieg der „Schweiz" über Serbien zeigten sie mit den Händen den albanischen Doppeladler und damit wurde aus dem Spiel Schweiz gegen Serbien unversehens ein Sieg der Kosovo-Albaner über Serbien. Die Konsequenz lautete, zukünftig keine Spieler mit übernationaler Loyalität in die Schweizer Nationalmannschaft aufzunehmen. Auf die aktuelle Problematik in Deutschland bezogen würde das bedeuten, von türkisch-stämmigen Fußballspielern, die in der deutschen Nationalmannschaft mitspielen möchten, zu verlangen, den endgültigen Schritt einer Integration zu vollziehen: die türkische Staatsbürgerschaft aufzugeben (das hat Mezut Özil getan!) und darüber hinaus die geteilte Loyalität zu beenden. Das zu verlangen, ist ein sehr hoher Preis und stünde einer Überwindung eines veralteten nationalstaatlichen Ideals, also des Nationalismus, entgegen.

Die Geschichte zeigt uns, dass individuelle oder gruppenspezifische Interessen durch Machtkämpfe durchgesetzt werden. Die Machtinteressen verbergen sich nicht selten hinter Ideologien, wie beispielsweise Religionen, die früher und heute in blutigen wie in unblutigen Auseinandersetzungen ausgetragen werden. Dass es in absehbarer Zeit eine gesellschaftliche Ordnung geben könnte, in der es jedem gut geht, in der jeder eine gleiche Chance hat, ist kaum vorstellbar. Diejenigen, die das Nachsehen haben, aus welchen Gründen auch immer, bilden sicher nicht den einzigen, aber vermutlich den ergiebigsten Nährboden für Anschuldigungen an die anderen. Die Tendenz, ein wenig erfreuliches Dasein in der Verantwortung anderer oder gar eines ganzen „Systems" zu suchen, ist heute stärker denn je. Wie eine Gesellschaft die richtige Mischung von Eigenverantwortung und sozialer Verantwortung für das Wohl jedes Einzelnen finden kann, das ist im Moment jedenfalls nicht bekannt.

Europa hat sich in den vergangenen zwei Jahrhunderten eine globale Bedeutung aneignen können, die in keinerlei Beziehung zu der kleinen Landmasse dieses Erdteils steht. Es gibt dafür viele Gründe, nicht zuletzt die Entwicklung einer Wissenschaft und Technologie, die allen vergleichbaren kulturellen Errungenschaften außerhalb Europas überlegen waren. Europa war auch die Wiege des sozialen Denkens in der Politik. Das hatte ganz nüchterne Ursachen. Die kleinen Nationalstaaten Europas im ausgehenden 18. und 19. Jahrhundert benötigten jeden einzelnen Bürger, ungeachtet Schichtzugehörigkeit und Bildung, für die Stärkung ihrer Produktiv- und Wehrkraft. Vor diesem Hintergrund setzte sich die Erkenntnis durch, dass die Ausbildung der erforderlichen gesunden Lebens-, Wohn- und Arbeitsbedingungen nicht mehr jedem Einzelnen zuzumuten waren, sondern eine Aufgabe der Gesamtgesellschaft seien. Das war die Geburt des sozialen Gedankens; ihm gesellte sich die politische Theorie der Demokratie hinzu. Beides, das soziale und das demokratische Element, verlieh Europa eine Kraft, die eine Zeitlang weltweit einzigartig war und selbst eine Zivilisation wie China ins Wanken bringen konnte.

Es sind bis heute Aspekte, die sich bewährt haben und weiter bewähren werden, wenn sie konsequent angestrebt und umgesetzt sind. Man kann von den Neuankömmlingen in Deutschland nicht erwarten, dass sie in Kürze „Deutsche" werden; aber man sollte versuchen, den zukünftigen und den heutigen Mitbürgern den Wert der sozialen und demokratischen Gedanken zu vermitteln.

Es sind unter allen großen Glaubensrichtungen, die sich mittlerweile in Deutschland versammelt haben, Menschen, die dazu bereit sind. Die muslimische Rechtsanwältin und Frauenrechtsaktivistin Seyran Ates mag als ein Beispiel dienen. Sie möchte den Koran und die Tradition der Aussprüche des Propheten historisch-kritisch lesen. Sie zählt zu der kleinen Schar der Muslime, die die ursprüngliche Botschaft ihrer Heiligen Schrift von solchen späteren Einschüben befreien möchten, die sie nicht zuletzt auf die Interessen einer männlichen Dominanz zurückführen.

So hat sie am 16. Juni 2017 in Berlin mit Gleichgesinnten die erste liberale Moschee Deutschlands eröffnet, in der fortan Männer und Frauen gleichberechtigt beten dürfen und in der auch weibliche Imame wirken können. Der Name Ibn Rushd-Goethe-Moschee, verknüpft zwei Persönlichkeiten aus dem islamisch-orientalischen und christlich-europäischen Kulturkreis, die sich beide für die Kultur der Gegenseite interessierten und in der fremden Kultur eine mögliche Quelle der Bereicherung sahen.

Navid Kermani, der Träger des „Friedenspreis des Deutschen Buchhandels" 2015 hat als Muslim in seiner Dankesrede am 18. Oktober 2015 allen Zuhörern nur zu deutlich seine Überzeugung aufgezeigt, dass Verständigung über die Grenzen des persönlichen Glaubens hinaus möglich ist. Das mag wie das sprichwörtliche Pfeifen im finsteren Walde sein, aber es gilt, Menschen, die so denken und auch zu handeln bereit sind, dazu aufzurufen, an dem einen Ziel mitzuwirken und eine Gesellschaft zu ermöglichen, die für die Zukunft den Weg in ein friedliches Miteinander oder zumindest Nebeneinander weist.

Allein auf die Überzeugungskraft der Vernunft zu setzen, um noch einmal zum Anfang dieses Essay zurück zu kommen, mag dabei nicht ausreichen. Es gilt auch, die Emotionen der Besorgnis sowohl der Einheimischen als auch der Neuankömmlinge zu berücksichtigen und Wege zu finden, sie für das Neue empfänglich zu machen. Die Zeichen mehren sich, dass auch in den Köpfen derer, die noch zu Beginn der Flüchtlingskrise einen fordernd-optimistischen Ton anschlugen, den bereits erkennbaren und noch zu erwartenden Schwierigkeiten der neuen Situation etwas realistischer gegenübertreten. Der ehemalige Bundespräsident Joachim Gauck, über jede Vermutung, ein „zu kurz Gekommener" oder ein Rassist oder Fremdenfeind zu sein, mahnte 2015: „Jetzt **muss** zusammenwachsen, was bisher nicht zusammengehört hat." Nur drei Jahre an Erfahrung reicher und ohne die Bürde seines Amtes konnte er am 31. Januar 2018 in einer Vorlesung an der Heinrich-Heine-Universität in Düsseldorf sagen: „Wer sich vorstellt, quasi als imaginierter Vertreter eines Weltbürgertums alle Grenzen des Nationalstaates hinweg zu nehmen, überfordert nicht nur die materiellen, territorialen und sozialen Möglichkeiten eines jeden Staates, sondern auch die psychischen Möglichkeiten seiner Bürger." Man mag daran die Hoffnung knüpfen, dass die Debatte über die Zukunft des Landes eine neue Qualität gewinnt.

19. Ausblick auf Europa

Vor etwa zweihundert Jahren, unter dem Eindruck der napoleonischen Bedrohung, setzten sich besorgte Patrioten dafür ein, den vielen Staaten deutscher Sprache eine gesamtdeutsche Identität zu vermitteln. Diese Identität, so die Erwartung, würde dem Widerstand gegen die französischen Eindringlinge eine ideologische Grundlage bieten, eine Plattform, auf der sich alle „Deutschen" kraftvoll zur Gegenwehr versammeln könnten. Es war dies der Beginn einer Illusion, die sich an ähnliche Illusionen in anderen Regionen Europas anlehnte. Die Illusion hierzulande bestand darin, eine deutsche ethnische und kulturelle Identität aufzuzeigen, die jedem einzelnen Teilhaber deutlich vor Augen steht und ihn gleichermaßen dazu antreibt und verpflichtet, die solchermaßen definierte Ethnie und deren Kultur gegen Angriffe und Gefährdungen zu verteidigen.

Unzählige Autoren beteiligten sich auf allen möglichen Ebenen der literarischen Ausdrucksweise und der politischen Argumentation, der Kunst und der Musik an der Zementierung eines „deutschen" Bewusstseins in der Bevölkerung. Die Schaffung einer deutschen Identität war unvermeidlich mit der Betonung positiver deutscher Eigenschaften verknüpft und damit auch mit dem Hinweis auf solche Eigenschaften, die nicht-deutsch und daher abzulehnen sind. Schon seit dem 16. Jahrhundert bot sich die Bezeichnung „welsch" für alles „Undeutsche" an; sie wurde für viele zur Chiffre zur Abgrenzung gegenüber der romanischen Kultur und nicht zuletzt auch gegenüber Frankreich. Hatte noch der preußische König Friedrich der Große Deutsch als Sprache an seinem Hof abgelehnt und sich mit französischen Philosophen umgeben, galt das „welsche" Frankreich seit den Befreiungskriegen zunehmend als der „Erzfeind." Der Sieg der deutschen Truppen gegen Frankreich 1871 schien dem jahrzehntelangen Bemühen Recht zu geben, dem Nachbarn die Überlegenheit der deutschen Identität in aller Deutlichkeit vor Augen zu führen.

Identität bedeutet eben nicht nur Abgrenzung. Um eine erfolgreiche Motivation zu politischem Handeln zu vermitteln, muss eine nationale Identität mit Eigenschaften verknüpft werden, die in den Menschen, die sich diese Identität zu eigen machen sollen, ein Bewusstsein einer Überlegenheit erwecken – einer Überlegenheit gegenüber „den Anderen" vielleicht nicht in jeder Hinsicht, aber doch in einigen wichtigen oder sogar möglichst vielen Belangen.

Die Verteidigung der „deutschen" Kultur sollte sich nicht zuletzt auf ein solches Überlegenheitsbewusstsein stützen. Angriffe auf die „deutsche" Kultur konnten nur von Seiten derer kommen, die an dieser Überlegenheit nicht teilhatten und die diese Überlegenheit durch ihren Einfluss gefährdeten. „Nichtdeutsche" Kultur galt es abzulehnen, nicht weil sie anders aber vielleicht gleichwertig war, sondern weil sie anders und minderwertig sei.

Die Schaffung und Wahrung einer solchen Identität für alle „Deutschen" war von Anfang an ein Kunstprodukt, das mit der Realität der unterschiedlichen Regionen, in denen Deutsch gesprochen wurde, nicht übereinstimmen konnte. Es war eine Illusion, die sich vollends ins Absurde und schließlich zu einem der größten Verbrechen der Menschheit entwickelte, als die Verteidigung dieser Identität nach dem kläglichen Scheitern der Großmachtambitionen im Ersten Weltkrieg nun den Feind im Inneren ausmachte und für immer und ewig zu vernichten suchte.

Gerade die zwölf Jahre, in denen wie nie zuvor an einen angeblich allen gemeinsamen „Volksgeist" appelliert wurde, sind auch ein deutlicher Hinweis darauf, was Menschen, viele davon zuvor unbescholten und unauffällig, zu leisten und zu tun imstande sind, wenn sie sich für eine Sache einsetzen, die ihnen gleichsam als eine heilige Pflicht, die ihnen aus ihrer Identität erwächst, anerzogen wird. Aber was geschieht, wenn Menschen keine nationale oder kulturelle Identität auf ihren Lebensweg mitgegeben wird? Entsteht hier eine Leere, die einigen wenigen oder gar vielen als solche spürbar ist und sie veranlasst, sich selbst auf die Suche nach einer Identität zu begeben, nach einer kulturellen, nationalen, religiösen oder wie auch immer gearteten Identität?

Es hat den Anschein, dass wir uns heute in einer solchen Situation befinden, in einer Zeit der Identitätsleere. Das Ende des Zweiten Weltkriegs beendete zwar eine auf völkische Identität gegründete Diktatur, aber sowohl in der erklärtermaßen weltoffenen Demokratie in der Bundesrepublik Deutschland als auch in der enger begrenzten DDR wirkte sich dieses Ende nur oberflächlich auf die deutsche Identitätsfrage aus. Die Ideologen der DDR machten es sich leicht, indem sie alle Verantwortung auf die „Faschisten" schoben und in vielfacher Anlehnung an entsprechende Traditionen ein sozialistisches Deutschsein ohne Faschismus propagierten. Die meinungsbildenen

Kräfte in der Bundesrepublik hingegen übten sich nach einer allzu langen Zeit des Wiederaufbaus und der Stille in Schuldbekenntnis. Die NS-Zeit erschien als ein kurzer, katastrophaler Zeitabschnitt, für den es Abbitte zu leisten und Verantwortung aufzuzeigen galt. Aber das Deutschtum an sich, das galt nicht gefährdet. Die mahnenden Worte linker Gruppierungen, das Versagen des Deutschtums nicht auf die Jahre von 1933 bis 1945 zu begrenzen, sondern in der deutschen Kultur insgesamt Verwerfliches zu sehen, blieben weithin folgenlos.

Nun aber ist die Situation eine andere. Zunächst hat die Globalisierung die alten Grenzen nicht nur zwischen den europäischen Nationen aufgeweicht. Der Druck der globalisierten Wirtschaft, sich in Europa zusammenzuschließen und eine handlungsfähige Europäische Union zu bilden, führte bereits zu der Frage: sind wir noch Deutsche, oder nur noch Europäer? Ehemals sehr ferne Regionen und deren Kulturen sind im Laufe der vergangenen Jahrzehnte sehr nahe an uns herangerückt. Ob es der ehemalige Erzfeind Frankreich ist, dem freundschaftlich zu verbinden nicht nur eine moralische Pflicht sondern eine politische Notwendigkeit gebot, oder ob es das am anderen Ende des eurasischen Kontinents mehr als 8000 km entfernt gelegene China ist, dessen Erzeugnissen heute auch in Deutschland niemand mehr ausweichen kann, die Welt ist kleiner geworden, die Entfernungen sind geschrumpft. Die ehemals in der Abwehr des Andersartigen, des Fremden und des gefühlt Minderwertigen erforderlichen nationalen kulturellen Identitäten haben ihre Grundlage und ihren Sinn verloren.

Welche Überlegenheit könnte etwa Deutschland gegenüber irgendeiner anderen Nation oder Region behaupten? Die Globalisierung betrifft nicht nur den Handel mit Gütern. Die wachsende und mittlerweile allen bewusste Abhängigkeit einer jeden Volkswirtschaft von den Aktionen einer global wirkenden Finanzindustrie bewirkt zunehmend eine Einschränkung der eigenen, nationalen Handlungsmöglichkeiten. Noch kann sich die deutsche Wirtschaft durch eindrucksvolle Exportüberschüsse glänzend behaupten. Doch jedem Wirtschaftsweisen ist bewusst, dass diese Form der Überlegenheit endlich und nicht allein von deutscher Politik abhängig ist.

Globalisierung bedeutet auch eine gegenseitige wissenschaftliche, technologische und kulturelle Durchdringung. Die wissenschaftliche und technologische Überlegenheit der europäischen Kultur, die sich seit dem 18. Jahrhundert entwickelt hatte und im 19. und frühen 20. Jahrhundert die europäischen Mächte zu weltbeherrschenden Ambitionen verleitete, ist Vergangenheit. Japan und China etwa sind heute wissenschaftlich, technologisch und somit auch militärisch auf höchstem Weltniveau tätig; sie haben sich alle ehemaligen Vorteile der europäischen Wissenschaft und Technologie angeeignet und setzen diese nun im eigenen Interesse ein.

Ähnliches gilt für die Kultur. Ostasiatische Kultur übt seit Jahrzehnten viele Einflüsse auf die westliche Kulturwelt aus; dasselbe gilt auch umgekehrt. Wie viel, so ist zu fragen, bleibt denn noch übrig, um eine spezifisch deutsche Kultur oder gar Überlegenheits-Identität zu bestimmen? Nicht zuletzt die sprachliche Anpassung an eine der global führenden Sprachen, das Englische, ist ein nur allzu deutliches Anzeichen für die Verwischung der ehemals scheinbar wohldefinierten Grenzen.

Die so genannte Flüchtlingskrise seit 2015 hat das Problem einer bislang weitgehend unbeachteten Identitätskrise nun an die Öffentlichkeit gebracht. Politische Randgruppen, die sich eine identitäre Heimat suchen, hat es in Deutschland schon länger gegeben; sie mussten niemanden groß aufregen, da sie das Große und Ganze nicht zu gefährden imstande waren. Doch nun zeigt sich, ein beachtlicher Teil der deutschen Bevölkerung schließt sich Argumenten an, die darauf abzielen, die deutsche

Identität zu verteidigen, die mit soviel Energie über zwei Jahrhunderte aufgebaut wurde und die ihnen nun gefährdet scheint. Diesen Menschen die Identität eines multikulturellen Weltbürgertums als Alternative vorzusetzen, wie es momentan gang und gäbe ist, ist vermutlich zumindest kurz- und mittelfristig zum Scheitern verurteilt. Eine solche Identität mag für den Teil der Bevölkerung attraktiv und sinnvoll sein, der sich aus welchen Gründen auch immer in einer solchen Weltoffenheit wohlfühlt und keine eng begrenzte kulturelle Identität einer heimischen „Leitkultur" benötigt. Aber das sind eben nicht alle – und keinesfalls auch nur die „Zukurzgekommenen," die „Verlierer" der Globalisierung.

Der Verlust der bisher mehr unterschwellig vorhandenen als im öffentlichen Diskurs betonten „deutschen" Identität und die zunehmende, ganz reale Begegnung mit Menschen fremder Herkunft, die sich weigern, in Deutschland kulturell integriert zu werden, mit Menschen, die ihre fremde Religion hier etablieren und daraus politische Ansprüche ableiten, mit Menschen, die Eigennamen in den deutschen Alltag einführen, die fremd klingen und nicht erkennen lassen, ob sie einen Mann oder eine Frau bezeichnen, all dies und vieles mehr wirft die Frage auf: wer sind wir? Bislang ist darauf keine befriedigende Antwort gegeben worden.

Viele Menschen aller gesellschaftlicher Schichten haben das Gefühl, dass es eine durchaus wohlvertraute und gute Lebenswelt zu verteidigen gibt. Aber wie diese Lebenswelt zu definieren ist und auf welcher ideologischen Grundlage sie zu bewahren ist, das bleibt ungewiss. Der Begriff der „Leitkultur" hätte es wohl ermöglicht, sich damit auseinanderzusetzen, was diese „Leitkultur" denn bedeuten könne, welche Traditionen darin noch vorkommen könnten und welche neuen gesellschaftlichen Ansprüche aufzunehmen seien. Doch das war nicht möglich, weil es momentan gar keine Einigung geben kann, welche kulturelle Entwicklung wir nehmen. Alle sind überfragt. Die Entsolidarisierung ist bereits weit fortgeschritten.

So ist es nicht verwunderlich, dass sich viele Einzelidentitäten bilden und der Bevölkerung angeboten werden. Diejenigen, die sich angesichts des Fehlens einer motivierenden Gesamtidentität hinter die eine oder andere Gruppenidentität scharen, sind der Überzeugung, das gefunden zu haben, was ihnen Halt gibt und das es zu verteidigen gilt. Die ehemaligen „Volksparteien" haben ihre Anziehungskraft auf weite Teile der Bevölkerung verloren, weil es das Ganze, das große, alle vereinigende Ziel nicht mehr zu geben scheint. Der gesellschaftliche Zusammenhalt, den eine allumfassende Identität noch bis in den 1970er, 1980er Jahre zu garantieren schien, geht, nicht nur in Deutschland, zunehmend verloren,

Damit endet eine Epoche, die vor zwei Jahrhunderten ihren Anfang nahm. Wir stehen am Anfang einer neuen Zeit, die sich eine Identität, unter die sich weite Teile der Bevölkerung unterordnen können, erst noch schaffen muss. Man mag die heutige Situation der europäischen Staaten mit denen der deutschen Staaten vor gut zwei Jahrhunderten vergleichen. Die Bedrohung durch das napoleonische Frankreich erweckte die Kräfte, die eine gesamtdeutsche Einigung suchten, um Angriffe von außen wirksam abwehren zu können. Die einzelnen deutschsprachigen Staaten waren zu schwach; nur ihre Einigung bot den gewünschten Schutz. Der Versuch, Europa zu einer Staatengemeinschaft zu einen, sollte demselben Zweck dienen.

Zahlreiche Initiativen landesweit, europaweit sind bemüht, das zu erreichen, was zumindest für einen Teil der deutschsprachigen Staaten erreicht wurde: einen Zusammenschluss unter einer Fahne, diesmal unter der Europafahne. Was Napoleon für die deutschen Staaten war, das sind die USA, Russland und China heute für die europäischen Staaten. Es ist nicht so, dass von jeder dieser

Großmächte eine Invasion in eines oder mehrere der europäischen Staaten zu befürchten wäre. Aber es liegt im Interesse aller drei, vornehmlich aber Russlands und der USA, die Einigung Europas zu verhindern.

Hier müssten die Versuche ansetzen, eine europäische Identität aufzuzeigen. Eine solche europäische Identität, wenn sie denn je in den Köpfen der Menschen zu wirken begänne, könnte eine Motivation erwecken, sich für Europa einzusetzen, ungeachtet ob man Finne oder Portugiese, Pole oder Ire, Kroate oder Niederländer ist, so wie im Laufe des 19. und frühen 20. Jahrhunderts die Menschen sich für „Deutschland" eingesetzt haben, ungeachtet ob sie sich als Badener oder Preußen, als Sachsen oder Bayern, als Württemberger oder Holsteiner fühlten.

Das „Deutschsein" als eine für lange Dauer gültige Identität zu definieren, war eine Zeitlang wirkungsvoll, auch wenn es sich nach zweihundert Jahren als eine Illusion erweisen sollte, die der Realität und dann dem Wandel der Verhältnisse nicht standhalten konnte. Das „Europäischsein" als eine gültige Identität zu definieren, die aus der Schutzbedürftigkeit jedes einzelnen europäischen Staates erwächst und den Willen bestärkt, sich mit der Gesamtheit dieser Staaten zu identifizieren, mag sich, diesen Eindruck kann man zur Zeit gewinnen, sehr viel rascher als eine Illusion erweisen. Das hat zumindest zwei Ursachen.

Zum einen, die Befürworter der deutschen Einheit konnten auf die Bedrohung durch Napoleon verweisen. Die Befürworter der europäischen Einigung wagen es nicht, die Bedrohung Europas von außen beim Namen zu nennen. Sie führen zur Stärkung der europäischen Identität mancherlei Gründe an, warum es sich lohnt, Europa zu einen und für Europa einzustehen. Aber die Folgen eines Scheiterns der europäischen Idee werden nur allzu vage und im Allgemeinen angesprochen. Folglich können die Befürworter der europäischen Einigung auch keinen wirklich zündenden Grund dafür aufzeigen, warum es sich lohnt, sich mit Europa zu identifizieren und es zu schützen.

Doch dann gibt es noch eine zweite Ursache für einen Misserfolg dieser Bemühungen und das sind die inneren Feinde Europas. Auch die deutsche Einigung drohte mehrfach, an inneren Gegnern zu scheitern, und schließlich schlossen sich auch nicht alle deutschsprachigen Länder dem großen Einigungswerk an. Aber die Gegensätze zwischen den deutschen Ländern waren mitnichten mit denen zu vergleichen, die heute noch immer unsichtbare, aber tief im Bewusstsein verankerte Grenzen zwischen den europäischen Staaten wirksam sein lassen. Noch wirkt der nationalistische Geist des 19. und frühen 20. Jahrhunderts fort; noch sind die Wunden, die die Staaten sich gegenseitig zugefügt haben, nicht geheilt. Die innereuropäischen Gegner Europas setzen alles daran, diese Wunden nicht verheilen und die unselige Saat des Nationalismus weiter oder auch wieder aufgehen zu lassen.

Kann es einen Bismarck auf europäischer Ebene geben, der mit allen Mitteln der diplomatischen Kunst das Werk einer europäischen Einigung zustande bringt, der vielleicht nicht alle europäischen Staaten ins Boot zu holen imstande sein wird, aber doch eine ausreichende Zahl, um ein zumindest für eine geraume Zeit lebensfähiges politisches Konstrukt zu bilden, bis sich die Zeiten erneut grundlegend geändert haben und neue Strukturen fordern? Und werden sich diesem neuen Bismarck, aus welchem europäischen Land er auch erwachsen mag, ähnlich eindrucksvolle Dichter, Künstler, Literaten und andere Meinungsbildner zur Seite stellen, die ähnlich wie in den deutschen Staaten seit Anfang des 19. Jahrhunderts Appelle nicht nur an die Vernunft, sondern Botschaften an die Gefühle aussenden, um der europäischen Einigung auch die erforderliche emotionale Grundlage zu vermitteln? Das bleibt abzuwarten.